网络一代信息行为研究

陈成鑫　著

海洋出版社

2016年·北京

图书在版编目（CIP）数据

网络一代信息行为研究/陈成鑫著 . —北京：海洋出版社，2016.1

ISBN 978 - 7 - 5027 - 9367 - 8

Ⅰ . ①网…　Ⅱ . ①陈…　Ⅲ . ①互联网络 - 信息学 - 研究　Ⅳ . ①G203

中国版本图书馆 CIP 数据核字（2016）第 087136 号

责任编辑：杨海萍　张　欣

责任印制：赵麟苏

海洋出版社　出版发行

http：//www. oceanpress. com. cn

北京市海淀区大慧寺路 8 号　邮编：100081

北京朝阳印刷厂有限责任公司印刷　　新华书店发行所经销

2016 年 8 月第 1 版　2016 年 8 月北京第 1 次印刷

开本：787mm × 1092mm　1/16　印张：14. 25

字数：249 千字　定价：48. 00 元

发行部：62132549　邮购部：68038093　总编室：62114335

海洋版图书印、装错误可随时退换

序

　　欣慰陈成鑫博士的大作《网络一代信息行为研究》即将付梓问世，在此谨表热烈的祝贺！

　　陈成鑫本科毕业于中国人民武装警察部队学院，硕士就读于天津师范大学情报学专业，2008 年考取我的博士研究生，2011 年 7 月毕业。现为中国人民公安大学侦查与反恐怖学院的一名教师。在我所有的博士生中，她给我的印象非常深刻，最深刻的一点就是品质坚毅。也许因为她是军人出身。她虽在职攻读博士学位，但 3 年来坚持几乎全脱产学习，克服诸多困难，攻破道道难关，终于完成学业，顺利获得博士学位。

　　陈成鑫的博士学位论文题目是《网络一代信息查询行为与对策研究》。这是我给她布置的一个研究课题。什么是网络的一代，简单理解就是伴随着网络出生和长大的一代，在我国通常是指 90 后及 00 后。互联网（包括移动互联网）的出现和发展是人类发展史上最重大的事件之一。当今我们每个人的职业和生活都或多或少受互联网的影响，从科学研究到日常购物，从看电影到网络订餐，从微信支付到出行打车，无一没有互联网（移动互联网）的影子。

　　在这个时代出生和长大的一代，注定与他们的父辈有太多的不同。在他们的成长过程中，无时无刻不被注入了网络的基因。他们习惯于使用网络，他们更善于利用网络。网络对他们须臾不可离开。如果没有网络，在他们的世界中是不可想象的。我们这些 60 后，近 40 岁才开始接触计算机，更是后来才开始用网络，现在也是没有网络就怅然若失，网络的影响太大太强了。为此，我们必须正视网络的影响，特别是对网络一代的影响。

　　陈成鑫自接触这一选题起就倾注了巨大的热情与努力。博士学位论文研究期间，她对国内外（尤其国外）的研究进行了系统的调研和总结，做了大样本的数据调查和分析，对网络一代信息查询特点进行了深度的揭示和剖析，也发表了若干篇论文，可以认为是国内最早开始对这一问题给予密切关注和系统研究的人。博士毕业以后，她又承担了与网络一代相关的研究课题，对这一主题进行了多角度和更深入的研究与思考。这本书就是她这些年来对网络一代信息行为开展研究的最重要成果。

社会在发展，时代在进步。网络作为一种技术、环境和基础设施，正在发挥越来越大的作用，产生的影响更加全方位，也更加深刻。我们不能拒绝它，就像我们不能拒绝创新与发展一样。我们要保持开放、宽容、积极的心态看待互联网以及互联网所带来的一切变化。90后、00后等网络一代本身拥有强大的网络基因，拥有真正的互联网思维，更拥有时代给他们所创造的一切有利的环境，相信他们会更好地驾驭网络，会充分地利用网络，将一切做得更好，不仅改变着现在的生活，也将创造一个更加美好的未来。

祝愿陈成鑫在教书育人的同时，继续做好学术研究工作，在今后漫长的学术和教学生涯中，硕果累累，桃李芬芳。

初景利

2016 年 7 月 9 日　北京　中关村

初景利：博士，教授，博士生导师，博士后合作导师。享受国务院特殊津贴。中国科学院文献情报中心科技期刊研究与培训中心主任。《图书情报工作》杂志社社长兼主编，《知识管理论坛》主编，《智库理论与实践》执行副主编，《中国科技期刊研究》常务副主编。多年从事图书情报发展战略、用户服务、学科服务以及科技期刊编辑出版领域的研究、实践和教学。出版著作5部，在国内外学术期刊上发表论文150篇。

目　录

1 导 论

自上个世纪 90 年代互联网引入中国，互联网便以其独有的魅力征服了信息用户，网民的数量成倍增加。网络很大程度上改变了用户的信息环境，影响了用户的信息行为，也为信息服务提出了新的挑战。伴随着网络成长起来的用户（本书称之为"网络一代"），他们中大多数处于青少年时期，面对日益繁杂和海量的网上信息，其信息行为呈现出与老一辈用户诸多不同的特点，其网络行为的研究成为不容忽视的问题。面对与日俱增的网络一代群体，信息服务部门也必须改变自己的服务导向，更好地适应网络一代的信息需求和行为的变化。

1.1 研究背景

目前中国青少年的数量已达到三亿七千万，比美国、俄罗斯、日本等大国全国人口还要多。中国的青少年已是流行消费的一员、信息社会的一员、地球村的一员，他们是真正的新生代。在现代社会，青少年是社会的焦点，他们不仅是家庭的中心，成为连接亲情的纽带，也是社会的中心，承载着民族的未来，承载着国家的发展和希望。同时，在一个人的成长过程中，青少年时期是一个极其重要的时期，是一个进行知识储备、学习知识的时期，他们对新生事物非常敏感。中国因特网网络信息中心 2009 年 7 月发布的报告称，截止到 2009 年 6 月 30 日中国青少年网民规模为 1.75 亿人，半年增幅 5%，目前这一人群在总体网民中占比 51.8%，青少年和青少年网民的数量急剧增加。网络技术为青少年网上遨游、冲浪提供了无可替代的工具和手段，网络资源成为青少年学习和生活的重要的部分。作为一个庞大的群体，青少年的价值观以及在价值观引导下的理念和行为，很大程度上影响中国未来社会的命运和走势。

1.1.1 新的信息技术改变了用户的信息环境

从 1993 年开始，互联网（Internet）以令人难以想象的速度发展，至今已渗透到社会的各个角落，其所构建出来的网络世界，比电视对人类文明具有更大、更深远的冲击，并把人类文明带向一个新的征程。收音机普及用了 38 年、电视普及用了 13 年、互联网只用了 4 年，社会网络技术的普及速度更快。

网络充斥着我们的生活的各个方面，所有需要的信息基本都可以通过网络获得；网络可以使交流随时随地地发生，多种交流方式（E - mail、微博、新闻组、博客、WiKi、meme、播客、个人主页）可以方便交流。

随着互联网技术的日新月异发展，Web 2.0 以应用的开放性、技术的渗透性、信息传播的交互性，通过个性化的传播方式、读写并存的表达方式、社会化的联合方式、标准化的创作方式和便捷化的体验方式，与人类的生活、生产紧密相连，并已深刻影响和改变了人们的工作和学习方式。而如今 Web3.0——一个全新的人机对话时代，一种更加高效、鲜活且具有个性化的网络新生活，一个融合了新技术的互联网新时代正向我们走来。4G 技术、移动互联网、云计算、物联网等多种技术层出不穷，让用户应接不暇。

1.1.2 网络一代所处的信息环境的特点

（1）数字化学习生活空间

生活上：网络无处不在，手机、电脑等随处可见，互联网的普及面很广，在更大的范围内深度渗透，手机上网可以随时搜集所需要的信息，随时随地和朋友进行联系和交流。人与人之间的交流方式也增多，上网、电子邮件、即时通讯等方式，用户的多向互动增强，用户可以自由地借助内容媒介，创建起一个个社群，发生各种社会性的网络行为。可以预见未来的信息技术还要以惊人的速度发展，对新的用户的信息交流环境产生深远的影响。

学习上：数字网络环境下，新的学习与交流空间开始出现，具有代表性的如：电子化学习（E - LEARNING）和数字科研（E - SCIENCE）。电子化学习是现代教育的一次突的革新，Cisco CEO 约翰·钱伯斯曾预言说：E - LEARNING 是互联网应用的第三次浪潮。电子化的学习与交流空间为用户提供了一个互动的学习和交流平台，在这个环境里创建、管理和传递内容，多个部门积极主动地、有计划地协作，不同的人承担不同的职责和角色，合作和协作变得至关重要。

（2）移动的互联网技术

现在的移动网络是网络发展的一个重要的阶段。移动通讯系统不断增强的实用性、小型化和更快更好的数据传输，结合智能传感器和传输设备，将可以实现个人服务器的完全移动通讯。个人服务器将通过无线个人局域网（Wireless Personal Area Network，WPAN）、无线局域网或者无线广域网，与分布在全球的服务器连接。现有的4G通信网络将支持更高的数据传输速度和更好的服务质量。移动业务环境是一个拥有许多机制的业务环境，通过各个异构网络的协同以支持不同的移动无缝连接，同时泛在智能终端及传感器网络能够进行环境感知和上下文信息采集，支持信息空间与物理空间的融合。

在移动泛在业务环境中，网络将如同空气和水一样，自然而深刻地融入人们的日常生活及工作之中。电脑与智能手机正逐步走向融合，4G 与 Wi－Fi 的充足带宽，让 Web2.0 的一切在手机上重现。同时，手机随身携带的特性，让人们可以随时随地使用 Web2.0 服务。通过移动互联网设备和 Web2.0 用户可以想写就写（Blog）、想唱就唱（Podcasting）、想看就看（RSS）、想找就找（SNS）、想编就编（WiKi）彻底摆脱了网络巨头们的阴影，成为网络真正的主人，从网"虫"摇身而成网"人"。

同时移动互联网依托很多的平台和工具进行聚合，如 PDA、微型计算机和 Ipod 等。互联网技术正在向更高更强的阶段迈进。

（3）日渐丰富的数字化资源

Web2.0 的发展注重人人"织网"，极大丰富了网络信息资源。如图片网站 Flickr 的图片资源全部来自于用户，图片的分类也是由用户自己完成的，用户可以对图片任意的发表评论，在一定程度上为用户提供了更多参考源，极大地丰富了用户的选择范围。

微内容的出现更加丰富了数字化资源，首先，微内容的出现使数字化资源去中心化，微内容丰富的数字化资源是去中心化的，宏内容环境下由少数信息生产者控制的、以工业化方式生产的信息传播模式，逐步转向以大众生产的方式。因此在短时间内便能产生海量的微内容，势必导致去中心化。微内容具有原创性，这些原创性的内容，过滤了主流的意识形态，从自己个体的角度来阐述事物，现如今，大量重复的内容充斥互联网，对信息服务提供商（如网站）来说，能够提供原创性的内容无疑是最受访客欢迎的，对某个产品的一条评论，对某篇文章的一个回应等等这些微小的原创内容，通过聚合以及分类，形成了巨大的力量，影响到用户。

开放获取的趋势使各种资源更加丰富：在国际资源开放获取的倡导下，网络上很多学术资源都是免费使用；网络资源极大丰富，使更多的资源趋向开放获取。

（4）海量资源的自组织

在网络环境下，网络信息量指数级增长的同时，无序化倾向日趋严重；论坛、BBS、博客等，用户几乎可以随意地发布信息，表达自己的观点；标签以及自由分类法的使用让用户参与信息的管理、组织和分类。一方面，信息资源的无序性、信息缺乏统一的规范和监督使用户在心理和行为上都具有很大的自由性，用户可以自由发布信息、修改信息。另一方面，这种自由性又加剧了信息资源的无序，使网络资源的管理更加困难，使真正有价值的信息湮没在冗余的信息海洋中，给使用者带来极大的不便。

海量资源的自组织，打破了社会精英阶层的话语垄断权，在社会网络中没有身份和地位的高低之分，精英与草根间没有了绝对的区分，所区别的仅是网络代号的不同而已，同时社会网络近乎不设门槛，用户只需进行简单的注册即可。社会网络中个体不仅是信息的消费者，而且是信息的生产者、所有者、信息价值判定和信息交流的主体，个人话语权的提升、身份的高度认可使用户乐于积极参与成员间的交流，以期提升自身价值和被认可度，个体通过撰写博客、发表评论、修改条目、推荐内容、点击链接、收藏网页等与其他成员交互，由此形成具有特定主题的将具有共同兴趣爱好者聚集的种群，而不同的种群由于个体的联结则形成更广泛的群落，个体成为社会网络中不同主体间交互的驱动者和实施者。

网络一代面对海量的信息资源，信息查询能力是他们很重要的信息能力，在海量的环境中快速的定位所需要的信息关系到他们未来的各项学习和成长。

1.1.3　新的信息环境改变了用户的信息行为

信息环境的变化，使用户的信息行为发生了很大的变化。年轻的一代可以"教育"年纪较大的一代，年轻一代更娴熟地使用各种新的技术，父母、教师及其他年纪较大的成人有可能向年轻一代寻求电脑的相关知识和信息。

网络一代从一开始认知就接触网络，他们不仅懂得使用软件来娱乐、休闲，同时还会利用数据媒体学习、运用数据媒体网络作为通讯工具。网络一代在新的网络环境下，改变了自己的检索行为、交流行为、购物习惯，同时他们的学习能力和感知能力也发生了变化，形成自己独有的特点：

数字式行为：网络环境下资源的网状结构、超链接、可以随意的复制和粘贴等特点使网络一代从一开始就适应这种环境，并能在这种环境下进行快速的沟通、交流。

更多的 DIY（do it yourself），网络环境下赋予每个使用者更大的力量，使得权力慢慢由极权的中心，下放到每个人的身上，网络一代在这种环境下更喜欢自己动手做很多事情，同时网络环境的互动性使其更有机会沟通和学习，他们在获取新知识的时候也是不断地通过尝试和反权威的方式获取。

有可能形成信息异化：过度消费必然对生态环境产生压力和破坏，因为信息产品都是由某种物质形式来载负的；把大量的时间与精力消耗在浏览海量信息中必然要付出更多的机会成本；对信息或衍生品的过量需求或畸形消费，必然会让人们从精神、心理和生理上产生大量的"网络综合症"，带来人生意义的失落和信息能力的退化，最终导致人的异化。

社区化信息交流：传统的媒体是一点对多点，目前三网融合的新媒体是多点对多点。比如，传统的电视是单向的，没有办法做到互动，但未来基于IPTV 和数字电视则可以做到多点互动，因为那时电视是一个智能终端，人们可以让它做更多的事情。另一方面，互动很容易形成虚拟社区，即由共同话题或相投趣味聚合而成一个虚拟人际网络，这是一个中维度的交际范围，是信息分众服务的主要形态，也是获取信息的重要场所。

网络一代的信息查询行为、信息使用行为、信息交流行为都发生了深刻的变化。

1.1.4　网络一代的信息查询行为的改变对我国信息服务带来新的挑战

1994 年互联网走进中国，造就了我国的网络一代。网络一代的信息行为、信息需求的改变，对图书馆的存在价值、存在形式以及图书馆的各项服务提出新的挑战。为了使网络一代高效的、准确地获取信息，更好的使用信息服务，信息服务部门应该根据形势的变化和用户的需求，及时改变自己的服务理念、服务策略和服务方式应对网络一代的需求。

1.2　概念界定

1.2.1　网络一代的界定

关于网络一代（web generation），不同的研究者根据研究的需要有不同的划分标准，有的研究者根据出生年月和接触网络的时间对其进行划分，有的研究者则根据使用技术的情况进行划分。对网络一代的具体界定和划分如下：

（1）按出生年代划分

不同的研究目的和不同的研究需求对网络一代的划分是不同的，有的研究者把网络一代定位于 1980 年到 2000 年出生的人，把他们称为"数字部落"的公民，他们是伴随着计算机、网络游戏、互联网以及其他的技术成长起来的，他们能灵活地运用数字世界的各种语言①。有的把出生于 1978 年到 1983 年之间的这部分人称为 generation Y（这个概念是与 generation X 相对应，generation X 是指 1978 年以前出生的人）。有的研究者把具有认知能力就拥有网络环境，并且能够上网的用户称为 generation @ 。有的研究者把出生于 1982 年到 1991 年之间的，生长的过程是伴随着电脑和其他的电子设备长大的用户称为 net gens。英国 JISC 则把 1993 年以后出生的用户称为 Google 一代。另外还有 millennial，digital natives，gen y，next gen，screenagers 不同的称号②。

美国对各个年龄段的人有明确的定义：婴儿潮一代（1946 年 1 月——1964 年 12 月出生的人）；X 世代（1965 年 1 月——1976 年 12 月），也称生育低谷期一代；N 世代（1977 年 1 月——1997 年 12 月）也称 Y 世代，千禧一代；下一代用户指 1998 年 1 月出生到今天的人，也称 Z 世代。美国未来学家唐. 泰普斯科特把伴随着数字与通信技术的发展而成长起来的一代青少年成为"N 时代"，实际就是网络一代，认为这一代孩子正以与他们长辈截然不同的方式积极地学习、娱乐、沟通、工作以及创造社群；他们只要利用指尖就可以毫不费劲地横跨世界。

---

① Breeding, M. Web services and the service – oriented architecture ［EB/OL］. https：// publications. techsource. ala. org/products/archive. pl？article ［2008 – 10 – 14］.

② Joan Lippincott. Net Generation Students and Libraries ［EB/OL］. http：//www. educause. edu/Resources/EducatingtheNetGeneration/NetGenerationStudentsandLibrar/6067 ［2009 – 11 – 1］.

（2）按使用技术的情况划分

认为伴随着 Web1.0 出现的用户为现在的主流用户，伴随着 Web2.0 出现的用户是新一代的网络用户，把网络一代定位于伴随着 Web2.0 的出现而出现的一代人。即网络一代成长于 Web2.0 时代，他们更多的参与了图书馆的资源建设，见证了共同参与的历史。在图书馆服务的过程中他们有了更多的参与欲望，在共享的网络空间中，网络一代已经从使用互联网转变为创建互联网的内容，网络一代能够创建并张贴内容，模糊了信息提供者和信息消费者之间的界限，以更方便的方式获取同行的观点和经验；掌握了更多的网络技术，而且能够以更快的速度创建自己的网络内容、建立虚拟网络社区并且以虚拟社区的形式与其他人快速交流和合作，合作的空间和机会更加的广泛。但是，人与人之间的面对面联系将减少①。

有学者认为只要能随着新技术的出现改变自己的信息行为的用户都是新一代的网络用户，即网络一代，而不管其年龄和出生年月，以前的网络用户在新的网络技术和 Web2.0 出现时，信息行为和信息需求随之发生变化，而变成网络一代的一部分，被称作"数字移民②"。

还有学者从能否主动选择和生产信息划分，认为：网络一代就是能主动比较和选择信息和服务的一代，是主动的信息消费者，与以前那些被动的信息接收者有本质的不同，是图书馆及其他信息机构的信息客户，他们更精通于网络技术，更清楚自己的信息需求，他们因懂得技术而更具有竞争力③。Nicholas and Rowlands 的研究结果表明④，网络一代逐步转化为信息的消费者，他们能够在商业搜索引擎、社会网络站点、维基、用户自组织信息以及图书馆提供的其他电子资源的服务中灵活方便的选取自己所需要的资源。

（3）本书对网络一代用户的界定

笔者认为，关于网络一代的划分很多，广义的网络一代指现在使用网络的人群，狭义的网络一代指网络原生代，也就是伴随着网络成长起来的人。

---

① David Bawden. Towards Curriculum 2.0：library/information education for a Web 2.0 world ［J］. Library and information Research，2007（12）.

② 数字移民．［EB/OL］. http：//www. hudong. com/wiki/% E6% 95% B0% E5% AD% 97% E7% A7% BB% E6% B0% 91 ［2009 – 11 – 1］.

③ Breeding, M. Technology for the next generation ［J］. Computers in Libraries 2006（10）.

④ Nicholas, D. Rowlands, I. Digital Consumers ［EB/OL］. ［2008 – 10 – 18］http：//emeraldin-sinht. com/0001 – 253x. htm ［2010 – 11 – 14］.

互联网在 1993 年风靡世界，随后 1994 年被引进中国，在国内 1994 年以后出生的人是当之无愧的网络原生代，由于 0～3 岁之间没有完全认知能力，信息行为活动也少，信息需求也不明显，所以 1990 年——1994 年之间出生的人也可算作网络原生代，即网络原生代指 1990 年以后出生的用户。现在使用网络的主体是部分 50 后、60 后、70 后、80 后以及部分 90 后。但是 90 后作为网络的原生代，其生长环境和其他网络使用主体是不同的，所以其信息行为与其他网络用户应该有所不同。

本书选自的网络一代是狭义的网络一代，也就是网络原生代，即传统意义上的 90 后，一般来说是高中生、初中生和小学生，刚上大学的学生。本书在研究中选择了高二的学生和刚入大学一年级的学生，这部分学生是网络一代中年龄最大的，年龄越大的孩子认知能力越好，信息查询不只是以娱乐为目的，而且这部分学生没有受过正规的信息素养教育，所有的信息查询行为都是"原生态"的一种表现。在本书中提到的网络一代都是指网络原生代中的年龄较大者、且没有受过系统化信息素养教育的学生。

网络一代（web generation）是固有名词，是专指伴随互联网长大的一代人。网络一代肯定属于网民，而且是积极活跃的网民，但并不能等同于网民。网络一代整体上所表现出来的特征与网民整体所表现的特征有一定的不同。部分网民也许表现出更多的网络一代的特征，但并不能代表网络一代总体所有特征。正如不同年代的人（50 年代、60 年代、70 年代、80 年代、90 年代）具有很多不同的特点一样，网络一代的信息行为也与非网络一代不能相提并论。

1.2.2　网络一代的特点

本书中研究的网络一代，也是所谓的青少年一代，在本节中主要对青少年的某些行为特征进行总结，更全面的了解信息查询主体的特征。来自网络上对这个群体有一个全面特征总结：比如不问问题，只查谷歌和百度；电脑里肯定有一种聊天工具；QQ 号等级在一个太阳以上；没事喜欢看看手机有没有短信、微信；所有的电器都不看说明书；不看 500 字以上的帖子；键盘磨损的很快等。具体来说，网络一代的特点是：

（1）物质的一代

中国关于青少年行为的调查显示：中国的青少年越来越富裕、也越来越不会节约，并总是影响逐渐增长的家庭消费。北京美兰德信息公司2007年4月发布一项调查称①，中国的青少年"手提100亿，脚踩100亿"，即中国青少年手机市场规模每年超过100亿元；中国的运动市场规模每年超过100亿元。

独生子女居多，他们的物质需求影响家庭的消费，物质条件是拥有和使用新技术的支撑条件，据调查显示，随着4G网的普及和推进，移动上网设备的使用逐渐普及，移动上网设备以其方便、快捷的方式成为获取信息的主要设备。调查发现网络一代和研究生的移动上网设备的拥有率都比较高，都高达97%，这与4G网络普及、手机上网简单有关。其中他们使用的主要移动设备是手机，新工具使用也很多，本研究的调查显示ipad产品在2010年上半年在国内才有销售，9月份正规的行货才上市，在11月份进行调查，使用率就高达30%，研究生的使用率却只有3%，这也充分说明，国内的网络一代虽然学习任务很重，但是这丝毫没有影响他们对于新技术的喜爱。

（2）考试的一代

在中国的很多城市，人们公认的"工作最辛苦的人是中小学生"，2009年2月中国青少年研究中心公布了对北京、上海、广州、长春、等六个城市的2 498名8～13岁，正是小学3～6年级和初中一、二年级的学生进行生活状况的调查结果，其中有66.6%的小学生和77.1%的中学生睡眠不足②。

这一代青少年从小肩负着父辈的高期望，在竞争的氛围中成长。尽管他们中有"另类"，以其强烈的反叛性和极端性与现行教育体制"决裂"，但他们中绝大多数人，仍然按部就班的沿着规定的路线行走，上学、参加补习班、考试是证明自己的方式，是步入社会的"通行证"，也是获得幸福的敲门砖。在访谈中发现，网络一代学习的信息技能，绝大多数是因为中考或者高考的需求，而他们之所以没从老师那里学到什么技能也是因为考试不考。可见考试的指挥棒对网络一代的影响是很大的。

（3）早熟的一代

网络一代生活中目睹并感受了中国社会的巨大发展，也遇到了很多新问

① 胡泳．网络一代的兴起及其影响（上）．[EB/OL]．[2007-4-11] http：//media. ccidnet. com/art/2651/20061127/961577_ 1. html.

② 中国青少年研究中心调查．[EB/OL]．[2005-2-24] http：//news. cnbb. com. cn/health/jiankangxinxi/baojianchangshi/20050224/145062. html.

题——社会结构转型、社会流动加剧、社会分化明显、多元文化冲突，特别是随着经济的高速发展，城乡差距的拉大，社会不公的加剧，贫富鸿沟的出现，使他们中一些人过早的体会了"世态炎凉"，或者过早的享受富裕的生活，普通人生存的艰难已经在他们的心中投下阴影。

这种社会现实为青少年打造了一个多元价值观的基础。同时，青少年对社会基本原则和社会游戏规则的把握，及其人生观、价值观的形成，现在绝大部分经由全球化、信息化手段实现，而不是通过传统社会、学校教育或家庭完成。

（4）震荡的一代

"震荡"是一种客观现象，指生活在某一文化圈中的人首次接触到另一种文化模式时所产生的思想混乱和思想压力。此处使用"震荡"一词，意在描述青少年的行为对成人社会的传统观点和生活态度予以有力冲击，构成了一种文化上的反哺。所谓文化反哺就是青年的反向社会化，主要是指传统的受教育者对施教者反过来实施影响，即年长一代向年轻一代学习的文化现象。"弟子不必不如师，师不必贤于弟子"成为普遍现象，教师的知识结构与能力结构遭遇巨大的挑战。

当代新技术革命的发展，孕育了一种和以往完全不同的文化状态——后喻文化，这是一种全新的文化传递方式，即由年轻一代将他们不断变动的社会生活的理解和不断涌现出的新知识传递给他们生活在世的前辈。正因为如此，如今的父母们正丧失着他们过去在孩子面前拥有的天然权威。

1.2.3 网络信息行为的界定

对于用户网络信息行为的界定，有很多不同的说法，这里选择了一下几个有代表性的定义。曹双喜和邓小昭："我们认为网络用户信息行为指网络用户在信息需求和思想动机的支配下，利用网络工具进行网络信息查询、选择、吸收、利用、交流和发布的活动①。魏力更："因特网用户的信息行为主要指用户的网络检索行为。网上检索行为是指用户通过特定的网上信息检索工作来满足特定信息需求的行为。它主要包括：信息获取途径的选择（如 E - mail、数据库、搜索引擎、网站链接等）、检索提问式的编制和重构、布尔操

① 曹双喜，邓小昭．网络用户信息行为研究述略［J］．情报杂志，2006，（2）：79－81．

作符的使用、网页浏览与存取技巧、检索问题的解决、检索结果的评价、由任务类型决定的检索时间等①。"李书宁："网络用户信息行为是网络用户，在信息需求和思想动机的支持下，利用网络工具，进行网络信息检索、选择、交流、发布的活动②。"马力认为："网络用户行为是一个广义的概念，它是指用户在使用网络资源所呈现出的规律。网络行为可以用某些特征量的统计特征或特征量的关联关系定量或定性的表示，可以在应用层、传输层及网络层有不同的表现③。"喻华林认为："从广义上讲，网络用户信息查寻行为是指用户在使用网络信息资源时所呈现出的特点及规律，通过特定的检索方法和技术，用某些特征量的统计特征或特征量的关联关系定量或定性来表示。从狭义上讲，网络用户信息查寻行为就是网络用户在信息需求和思想动机的支配下，利用网络工具，进行网络信息检索、浏览和选择的活动④。"参照以上对网络用户信息行为的定义，笔者认为网络用户的信息行为是指网络环境下的用户在其信息需求的支配下，利用网络工具，进行网络信息检索、选择、使用、交流、发布等的一些活动。

用户网络信息行为的类型有多种，胡昌平教授认为，用户的信息行为按过程的不同和活动的区别，可以分为信息需求的认识与表达行为、信息查寻行为、信息交流行为、文献与非文献信息感知行为、信息选择行为、信息吸收行为、信息创造行为等⑤。上述的信息行为也体现在网络信息用户的身上。网络用户的信息行为主要有以下几种类型。（1）信息需要行为。用户没有意识到的信息需求被视为潜在的信息需求。用户的潜在信息需求用语言表达出来的过程就是信息需求的认识和表达行为。用户的信息需求是其信息行为的动力，当用户的信息需求得到满足后，会产生新的更高一层次的信息需求，需求层次不断地提高，用户的信息需求行为也在不断地持续。（2）信息查询行为。用户的信息查寻行为受到用户个人的信息意识、信息素养、个性心理以及所处的社会信息环境的影响。用户的信息查寻一般是就近舍远、先易后

---

① 魏力更. 高校网络用户信息需求与信息行为研究［J］. 情报资料工作, 2005,（5）: 103 - 105.

② 李书宁. 网络用户信息行为研究［J］. 图书馆学研究, 2004,（7）: 82 - 82.

③ 马力. 一种 Internet 的网络用户行为分析方法的研究［J］. 微电子学与计算机, 2005,（7）: 124 - 126.

④ 喻华林. 网络用户信息查寻行为研究［J］. 机电产品开发与创新, 2006,（3）: 107 - 108.

⑤ 胡昌平. 信息服务管理［M］. 北京: 科学出版社, 2003: 140.

难，先利用个人收藏，如果信息需求得不到满足，才会采取其他方式。网络用户的信息查询行为受信息技术的影响很大。（3）信息选择行为。用户依据一定的标准对查到的信息做出甄别的过程就是信息的选择行为。信息选择是一种综合了判断、评价与决策的行为。网络用户的信息选择主要依据下列标准：一是正确性，由于每个人都可以在网上发布信息，使得网上的虚假、错误信息比较多，用户需要的是正确的信息，所以正确性是用户选择信息的第一个标准。二是相关性，用户选择信息时，总是选择那些和自己信息需求相关的网络信息资源，这样才能满足自己的信息需求。三是适用性，用户一般要选择适用自己的信息。（4）信息利用行为。一般说来，获取信息并不是用户的最终目的，获取信息后，用户要对信息吸收和利用，转化为自己知识的一部分，用于解决工作和生活中的问题，这是一个连续的动态过程。信息利用行为是建立在信息吸收基础上的，是信息得到利用的关键环节。（5）信息交互行为。交互性是互联网最主要的功能。网络用户的信息交互行为分为人－机交互和人－人交互两种。人－机交互是指网络用户与网络信息系统之间的双向数字信息传送，用户不仅从系统获取数据，也对信息系统存在反作用，即对系统数据的更新施加了作用；人－人交互行为是指网络用户之间以因特网为平台相互在线交流信息的行为，包括一对一、一对多或多对多的即时信息交互行为和一对一、一对多、多对多的异时信息交互行为。（6）信息发布行为。Internet 是一个开放的网络系统，用户可以在网上自由地发布自己的信息，如发布网页、在 BBS 上"灌水"、往 FTP 服务器上传文件、建立自己的 blog 等。正是因为互联网的开放性，才使网上的信息资源日益丰富，互联网在全球得到了迅速发展。（7）信息创造行为。用户在利用信息的过程中具有能动性，能把获得的信息换成自己的新知识。此外，用户通过利用获得的信息，编制出新的目录、题录、文摘、索引、综述、述评等信息产品，这些信息产品也是用户信息创造行为的一个表现。

　　国内外学界关于网络信息行为的界定，并没有实质性的差异，基本上倾向于把网络信息行为定义为网络用户在信息需求和思想动机的支配下，利用网络工具进行网络信息查询、选择、吸收、利用、交流和发布的活动。也就是说，在网络空间进行的所有与信息搜寻、使用和传播相关的行为，都属于网络信息行为。本书在研究网络一代信息行为时着重选择信息查询行为、信息使用行为和信息交流行为三种，其中信息发布是信息交流的一种形式，信息创造贯穿于信息行为的全过程中。

1.2.4　信息查询行为的界定

（1）信息查询行为的界定

关于信息查询的中英文词都很多，英文中相关的词汇有 information retrieval、information searching、information finding、information browsing、information seeking、information queryinging 等。中文有信息检索、信息浏览、信息查询、信息查寻等。根据维基百科的解释，information retrieval、information searching、information finding 是查找文献、信息等活动；information browsing 是关于浏览信息、查看信息的活动；information seeking 是查找、寻找信息的过程；information querying 是使用检索式进行查找的活动，并在一定的情景和技术环境下获取信息，以及询问等，包括的范围更广。本书使用信息查询这一广义的词汇，对应于英语中的 information querying。

通过对概念的区别和分类才能更好地理解概念，国内关于这一问题有很多分类法：一种分类法是根据查询问题性质的：与学习和研究相关的（research – based information seeking），另一种就是日常生活相关的信息查询行为（everyday life information seeking）。一种分类法是根据查询问题的来源：被动的查询和主动的查询。每种查询又分为目标明确性和非目标明确性的。一种分类法是把查询行为笼统的分为信息检索和信息浏览。

有观点认为①信息查询指用户为获取所需信息，在与网络互动过程中所采取的一系列身体活动和心理活动，它主要通过检索与浏览这两类信息行为来完成。网上信息检索行为是指通过特定的网上信息检索工具来满足特定信息需求的行为；网上信息浏览行为则是指事先缺乏明确信息需求目标或特定意图，循着超链接在不同网络信息节点间自由游移的网上信息查寻行为。有作者认为②，网络信息查询行为分为信息检索行为和信息浏览行为，网络信息检索行为是指具有明确信息需求的网络用户借助专门信息检索工具和使用信息检索语言获取所需信息的活动，属于基于提问（Quering）的信息查询行为；而网络信息浏览行为是指缺乏明确信息需求目标的用户利用超文本链接方式

---

① 王艳，邓小昭．网络用户信息行为基本问题探讨［J］．图书情报工作 2009（53）：16.
② 黄少华．青少年网络信息搜寻行为研究［J］．淮阴师范学院学报，2008（5）．

获取信息的活动，属于基于浏览（Browing）的查询行为。邓小昭教授认为①，信息检索行为是通过提炼关键词、构建检索式的信息查询行为，是正式的信息查询；信息浏览行为是用户不通过明确查询策略，或对特定关键词不熟悉、对某一领域初步了解时的一种探索和确认性的行为，不是一种正式的查询行为。

　　以上的分类都是有交叉的，而且每种分类都有其合理性，本书作者认为，信息查询（information queryinging）和查寻（information seeking）、信息检索（information retrieval）、信息浏览（information browsing）等概念的涵义各有所侧重。信息查寻包括信息检索和信息浏览过程，而信息查询行为是网络用户获取信息的总称，包括信息检索、信息浏览等主动行为以及信息推送、信息互动和信息偶遇等被动行为，其中也包含询问别人，寻求帮助的一个过程。具体关系如图（1－1所示），检索和浏览的具体区别将在下一节中详细说明。信息查询行为整个过程包括需求表达、策略选择、结果选择、结果提取等。

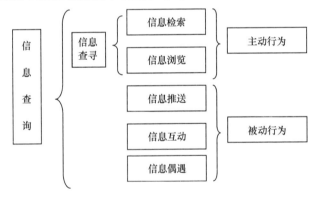

图 1－1　信息查询概念的示意图

（2）检索和浏览行为的界定

　　在图书馆学界，浏览通常与开架环境下读者不一定有清楚目标的随意翻阅资料的行为有关。在情报学领域，浏览这一概念则起源于任务导向、问题导向的技术环境，它被当做一种无需精确表述信息需求或无需使用布尔逻辑式的检索策略，其主要的目的就是能够通过以外发现来查询到相关的信息。

---

① 王庆稳. 基于寻路理论的网络用户信息浏览行为研究［D］. 重庆：西南大学，2009.

正如 case 所言，浏览是表示非正式或无计划查询行为最为核心且最古老的概念①。

检索与浏览两个概念被广泛应用在图书馆学、情报学、文献学等领域。各个学科、在不同的历史时期，对于它们的认识却有不同的理解。经过综合比较共有三种不同的观点，分别是：

第一种观点认为检索与浏览是两类截然不同的行为。Cole 将浏览视作与检索相对立的另外一种行为，是一种随意的、不知所措的行为②。

第二种观点认为浏览是检索的上位概念，即浏览概念涵盖检索概念。Harris 曾指出，许多我们视为检索的行为，经过仔细思考时，其实是浏览；在习惯上我们将浏览与检索区分开来，将后者视作较严谨的范畴，但实际上这只是区分不同层次的浏览，而不是将检索与浏览划分不同的两极行为③。

第三种观点认为浏览是检索的下位概念。即浏览也是一种检索行为，是一种偏重随意、较无具体目标的行为。Courtright 认为，当信息用户开始信息检索时，常处于知识不明确的状况，且可能在检索的过程中，改变其兴趣。而从无计划的浏览性检索中，往往因意外发现而产生许多宝贵的联想④。

对于以上三种观点，本书认为，浏览和检索是两种不同的信息查询行为。但是浏览概念本身依据是否有明确的目标而有不同层次的含义。譬如以目标区分不同层次的浏览，林珊如将浏览分为搜寻性浏览（目标导向）、一般目的性浏览（半指示）、意外性浏览（非目标导向）⑤。Cove 和 Walsh 将浏览分为搜寻浏览、一般目的浏览、善于意外发现浏览⑥。因此，不能将是否有明确的目标或是严谨与随意的程度定义检索和浏览。

① Donald O. Case, Looking for information [M] UK: Academic Press, 2007.

② Spink. A, Cole, C. Human information behaviour: Intergrating diverse approaches and information use [J]. Journal of the American Society for information Science and Technology 2006 57 (1): 25 – 35.

③ Harris, Roma M, Patricia Dewdney. Barriers to information: How formal Help systems fail battered women [M]. Westport: Greenwood Press. 1994.

④ Courtright, C. Context in information behavior research. [C] Annual Review of information Science and Technology, 2007 (41): 273 – 306.

⑤ Kari, J, Savolainen, R.. Relationships between informan seeking and context: Aqualitative study of Internet searching and the goals of personal development. [J] Library&Information science Research, 2007 (29): 47 – 69.

⑥ Hargittai, E., Hinnant, A. Toward a social framework for information seeking [C]. New directions in human information behavior. Dordrecht, The Netherlands: Springer, 2006, 55 – 70.

本书作者认为，检索者检索之前，已经对问题有一定的了解或者是定题检索，在检索时能够输入关键词或者构建布尔逻辑表达式进行查询，即信息检索是基于提问式、使用一定的检索工具和检索语言进行的信息查询活动，检索是一种正式的查询行为。狭义的浏览是一种"挑拣嫩叶"的行为，是用户对某个信息需求或者某个主题有兴趣时的一种有意图的行为。浏览是以用户的确认为依据，是用户不通过明确查询策略，或对特定关键词不熟悉、对某一领域初步了解时的一种探索和确认性的行为或者是在一定的结果中筛选更为合适的结果的过程。广义的浏览除了包括上述行为外，还包括事先缺乏明确的信息需求目标或者有一定的信息需求但是难以表达信息需求的网上信息查询行为。它表现用循环超链接在不同结点间自由游移的网上信息查询行为，其中包括随意网上查看信息、点击检索结果相关超链接、阅读及与此相关的保存、收藏、复制等行为还有对导航技巧、历史记录等功能的使用。由于随意的网上浏览行为带有很大的随意性，一般是休闲娱乐为主，所以本书没有把这项活动作为研究内容，本书所指的浏览就是对信息需求不太明确的一种筛选过程。

（3）本文研究的信息查询

本书作者认为，信息查询按任务分为娱乐性和知识性的，日常生活相关的和学习任务相关的。一般来说日常生活相关的可以是娱乐性的也可以是知识性的，学习任务相关的一般都是知识性的。本书研究的信息查询行为指网络一代以学习为目的，寻找知识性问题答案的查询活动，这种查询活动是有一定的目的性、不是漫无目的的查找。查询问题的描述有可能是几个关键词、或者一个问句、或者是一个事件的描述。用户的查询行为是主动的，但是最终的结果中有可能会有被动的信息获取行为。

1.3 研究方法

1.3.1 问卷调查

2013 年 9 月，笔者对 1 000 名刚入某大学一年级学生（全国招生的学校）和北京、天津两所高中的共 1 000 名高二学生做问卷调查，对其信息技术的使用、信息行为的诸多方面进行全面的调查，问卷回收 1 800 多份，经过筛选有效问卷达 1 766 份,这些作为网络一代的数据使用。同时,对三所大学共 100 名 80 - 85 年出生的研究生二年级和研究生三年级的学生以及 100 名同一年龄段的社会人员进行调查,问卷回收 126 份,有效问卷 96 份,作为网络一代的对照组使用。考虑到被调查对象的年龄,防止一次性题量太大,结论不准确,特意把问卷分成三部分、分三个时间段进行发放,但是每个问卷都进行编号,最后能够有效地合成一份问卷。问卷调查的具体操作如下:采取多阶段随机抽样的调查方式,试图勾画出这个群体的大致轮廓。

(1) 数据采集:选取的学校是全国招生的军事院校。学校根据人口比例在全国 32 个省、市、自治区都有招生。选取的 1 000 人主要根据性别和文理科进行分层随机抽样。高中生则也是根据性别和文理科进行分层随机抽样,数据的收集方式采取回收问卷的方法。研究生则主要根据学科进行分层随机抽样和回收问卷的方法,社会人员采取北京地区随机抽样的方法。

(2) 数据清理:人工逐一查对的数据清理方式,从年龄和答题数量筛选人数。网络一代超过 22 岁的删除,非网络一代对照组低于 25 岁的删除;或者超过 5 个题不做的也删除。使用 SPSS 17.0 进行数据分析。

(3) 信度检验:信度即可靠性,是指在不同的时间,或其他不包含实质变化的维度上,采用相同的方法是否会得到一致的结果。信度衡量的是方法的可重复性和稳定性,根据分析方法的不同,可以分为再测信度、复本信度和折半信度 3 种类型。本书主要采用再测信度进行检验。

再测信度是用同样的问卷和调查方式对同一群受访者间隔一定时间重复调查,检验两次调查结果的一致性,以此衡量人们的偏好是否保持一致。本书在间隔 2 周后,用同样的问卷和调查方式从已经调查者中随机的选取 100 人进行了再测。得到 3 个调查表的总体相关性如下表:表 1 - 1 说明本书的调查信度比较好。

表 1 - 1   第一次调查与第二次调查三个调查表的相关性

调查	相关系数
网络信息查询的工具调查	0.955 5
信息查询的过程调查	0.963 4
网络信息查询行为的结果调查	0.952 6

(4) 效度检验:效度即有效性,是指调查的度量标准反映某一概念的真

正含义的程度。效度分为 3 种类型：内容效度、准则效度和结构效度，本书主要采用内容效度进行分析。

内容效度是指调查的清晰明确与客观中立，包括问卷不应对受访者产生诱导；提供的信息不应引起误解；问卷的实施过程应避免对调查结果产生影响等。内容效度检验是指测量内容的适合性和相符性，即测量所选的工具是否符合测量的目的和要求。

通过专家把关和预调查的内容效度检验，发现本研究的调查具有良好的效度。

1.3.2　访谈法

为了对某些行为的原因和趋势进行更加深入的分析，在问卷调查的统计和分析的基础上，根据研究的需要，提出访谈的提纲，访谈大约有 10 个大问题，问题涉及网络一代对新技术的看法及使用、信息行为的过程中的诸多问题等，做 30 个网络一代和 10 个研究生的深度访谈。主要的步骤如下：

（1）数据采集：选择的访谈对象为上一阶段问卷调查后分析的用户，样本选择采取随机抽样的方式，数据采集则使用一对一面访笔录的方式。

（2）数据分析：对访谈的笔录进行整理，采取定量化和定性化分析相结合的方式，分析每个问题，获得相应结论。

1.3.3　综合实验法

实验法是心理学研究最重要的方法之一，人为地、有目的地控制和改变某些条件，使被试产生所要研究的某种心理现象，然后进行分析研究，以得出心理现象发生的原因或起作用的规律性的结果①。本书使用心理学的理论，但不完全是心理学的研究方法，这里使用的实验法是综合实验的方法。即通过实验前的访谈和实验后的访谈，实验过程中出声思维法以及软件检测的方式来寻找检索结果，共 20 个网络一代和 10 个研究生参加了实验。

1.3.4　比较分析法

比较法贯穿文章的始终，比较的对象是网络一代和研究生二年级或三年级的学生，他们之间的年龄差是 5 ~ 8 岁，也就是传统意义上的"80 后"和

---

① 莫雷. 心理学研究方法 [M] . 广州：广东高等教育出版社，2007.

"90后"，通过比较，能更清晰地区分网络一代信息查询行为的特点。

　　总之，在方法的使用上是定性和定量相结合，比较分析法贯穿其中，通过问卷、访谈、实验等多种方法搜集实验数据。

1.4　研究意义

1.4.1　理论意义

　　（1）从行为科学和认知科学的角度认识信息查询行为

　　图书馆学情报学的理论既是对图书馆、情报工作实践的高度概括和总结，又对图书馆、情报工作实践具有重要的指导意义。本书把"问题解决理论"引入信息查询行为的研究过程，把信息查询行为看成问题解决的过程，在问题解决理论的框架指引下，总结网络一代信息查询行为的行为过程和认知心理过程，构建网络一代信息查询行为的行为图。从行为科学和认知科学的双重角度总结网络一代的信息查询行为的影响因素。

　　（2）揭示网络一代信息行为规律

　　网络一代成长过程中的信息环境、计算机技术、检索工具、信息服务、网络资源等诸多方面与传统用户存在着很大的不同。本书通过两个相似年代用户群信息查询行为的对比，揭示网络一代用户信息查询行为的规律和趋势，从认知心理的各个方面和自身能力、经验、条件、状况等多方面总结网络一代信息查询行为，把信息查询过程看作是一个认知上、情感上乃至行为上一个综合的相互作用过程，洞悉网络一代用户未来科研信息需求的倾向。同时总结了网络一代信息使用行为和信息交流行为的各个方面特点。

　　（3）为个性化的用户研究提供研究框架

　　用户研究是图书馆学情报学研究的永恒的主题。随着时代的发展进步和信息技术的长足发展，用户研究在经历了"以文献为中心"向"以系统为中心"的重点转移之后，于上个世纪80年代，进入了"以用户为中心"的研究时期，并突出体现在信息行为的研究上。无论是研究的角度、研究的方法、还是研究的内容也越来越复杂，并呈现一种由"分散"向"综合"发展的趋势。随着90年代网络的蓬勃发展，网络一代作为伴随网络成长的新生一代有诸多不同的特点，越来越被学者们所关注。本书希望从一个特殊的用户群入手，体现信息用户研究的个性化和精细化，更深刻认识特定用户群体行为的差异性。

1.4.2 实践意义

（1）加强"信息素养教育"，提高网络环境下用户获取信息的效率

网络一代信息查询在开始阶段往往不知如何选择关键词，在浏览的过程中容易陷入迷路，在结果选择的过程中普遍存在求快、求便、求实、经济等多种心理，挫折、沮丧、焦虑、恐惧、回避等这些情感或情绪不时地伴随着网络一代，不同程度地影响着网络一代信息获取的效率和成功地进行信息获取的自信心。了解和掌握影响网络一代信息查询效用的因素，从而因势利导，加强指导和培训，能够使网络一代建立适合于自身信息需求的信息获取捷径、提高获取技能、规避情绪化因素。并根据形势更新信息素养教育的内容，使网络用户更规范的使用资源、信息和服务。

（2）构建自助平台，优化信息系统设计

在网络环境下，信息查询从形式上来说是通过"界面"来实现的，但在内容上来讲却是和信息系统的设计分不开的。信息系统对信息源的组织、二次信息的揭示、用户界面的友好程度等因素将直接影响到用户信息查询的效用。本文的研究成果，不仅可以有助于我们正确地认识网络一代的信息查询需求和特点，而且有助于优化适应网络一代乃至未来用户特定需求和特点的信息系统，力求使系统具有移动式、自助式、虚拟性和吸引性等特点，并在系统设计中不断提高设计者的创新能力，吸引网络一代参与设计，体现网络一代对信息系统的不同期望和需求。

（3）整合多种资源，创新信息服务模式

图书馆通过多种方法整合搜索引擎以及其他馆藏资源，使网络一代方便的获取，提高异构资源的获取效率。同时信息技术、网络技术发展，改变了人们生产信息、存储信息、发布信息、传播信息、获取信息的方式方法，也改变了传统的图书情报机构所固有的习惯和服务方式。通过对网络一代用户的信息行为的系统分析与研究，有利于我们对网络信息活动的规律和本质产生新的认识，有利于信息工作者重新定位和重新设计，根据网络一代的需求有针对性、多样性和知识性地提供服务，加强信息服务的创新性，调整服务模式和服务手段，推进文献情报服务的适应性转变。

2 文献综述

2.1 研究方法和研究理论

2.1.1 网络一代信息行为研究的方法

在国内外及我国台湾地区，研究人员在进行用户检索行为研究时惯常使用的研究方法，包括：问卷调查法、访谈法、小组讨论法、实验法、观察法、出声思维法和记录分析法等 7 种。其中用户调查是用户研究中最重要的研究方法[①]。从研究方法学角度而言，研究方法包括研究策略、数据采集、分析方法三大部分[②]。研究策略是一种对内容研究而言的整体性方法，典型的研究策略有调查策略、定性策略、案例或行动研究策略以及实验策略等；典型的数据采集方法包括：结构化问卷调查、访谈、采访、小组讨论、出声思维等定量或定性的方法；在分析方法上，有统计分析、归纳性内容分析、数学分析等典型方法。

网络一代的网络信行为研究使用了传统的信息行为的研究方法，比如日志分析法、问卷法、访谈法、调查法、实验法和观察法等。同时在研究中对传统方法进行了一些改进：问卷法不只是通过发放问卷的方法，还应用了电子邮件、网络等新的技术方式，它充分利用了网络的开放性、自由性、平等性、互动性、实时性、方便性等优点，并集成了调查方法的调查面广、内容丰富、易开展等优势。网络调查分为两种：E - mail 的问卷调查法、站点问卷调查法。访谈法也不仅仅是面对面的访谈法、电话访谈等方式，还包括电子

① 胡岷. 用户行为研究常用调查方法略述 [J]. 成都理工大学学报：社会科学版, 2005, 13 (3)：542 - 557.

② I NGERSEN P, JARVEL I N K1 转折：在情境中集成信息查寻与检索 [M]. 张新民, 等译. 北京：科学技术文献出版社, 2007：80.

公告栏访谈、讨论组和新闻组访谈、聊天室访谈、网络会议系统访谈等多种方式。

对于网络一代的研究是建立在更广范围内的调查的基础上，调查的客体包括网络一代本人、家长和老师，调查内容包括网络一代的心理和认知、在学校和家庭的全方位、多角度的网络信息行为。调查的方式集国家力量的调查、网络日志分析和监测、电话访谈、讨论组等形式。参与调查的组织包括：美国 PEW 调查中心（Pew internet and American life project）、加州大学洛杉矶分校调查中心（UCLA）、国家学校委员会联盟（The national school boards foundation）、加拿大 Environics 研究组织（Environics research group）、英国图书馆和联合信息系统委员会（JICS）、中国互联网中心（CNNIC）。

对于网络一代信息行为的研究方法不同于以往用户信息行为的研究方法。随着对网络一代信息查询行为研究的增多，对于新方法的需求进一步加强。新方法主要有以下几种：

（1）出声思维法

出声思维法是要求被研究对象在信息行为的过程中，其行动和思维过程用语言表达出来，这些独白被研究人员录下来，用以研究使用。这种方法可以帮助研究者更精确详细地了解伴随用户行为的思维过程，并得出用户行为的动机、态度等，这种方法常与观察法结合使用。

Nahl 的文章中通过对谈话的内容自动的记录，分析在线的网络环境中外界的影响、个人的认知以及感觉等因素对信息行为的影响①。

（2）小组讨论法

小组讨论法起先是人力资源管理方面的一种方法。是将一组人选集中在一起就某个话题展开讨论，面试考官在旁进行观察筛选的一种甄选方式。小组讨论法的优点在于把访谈者从大量重复性的提问过程中解脱出来，同时给被访谈者自由发挥的空间，这就有助于访谈者在更好的状态下准确把握应聘者的一些关键特征，效率和准确性都较为高，并且可以对被访谈者进行比较。但是被访谈者的一些诸如动机、要求等内在的东西无法考察。

网络一代的研究中也引入这种方法，为了测试网络一代利用社会网络站点、以及他们对于网络站点的满意程度，Abbas 对四组 10－13 岁的孩子采用

---

① Nahl, D. A. Discourse analysis technique for charting the flow of micro－information behavior［J］. Journal of Documentation 2007, 63, 323－339.

小组讨论法进行测试，测试他们对于网络的界面的感知程度①。

（3）荟萃分析方法

荟萃分析（Meta - analysis）方法的思想可追溯到 20 世纪 30 年代，最初应用于教育学、心理学等社会科学领域。70 年代初，Ligh 和 Smith 提出了可以由不同研究结果汇总原始数据进行综合分析，1976 年由 Glass 首次命名 Meta - analysis。Meta - analysis 一词的意思是 more comprehensive，即更加全面的综合或超常规。国内译为元分析或荟萃分析。这些名称都表示这样一个概念：即对以往的研究结果进行系统的定量分析、统计学的合并和严谨的综述方法。有学者提出在进行文献综述时，应尽量采用荟萃分析方法以取代传统的描述性的方法，从而可以得到一个最后的可以信赖的结论，因此，有人称之为分析的分析。典型的综述是主观的，因此它易引起偏差和误差，而 Meta - analysis 可克服这些缺陷②。

Todd 在 2003 年使用荟萃分析的方法研究青少年的信息查询行为和学术使用行为③。另一个研究荟萃分析方法是 Shenton 等，它集中于研究信息检索行为的共性的东西、不管信息的来源或形式④。Dresang 通过这种分析的方法对数字时代用户的信息搜寻行为进行总结，研究了数字环境资源的特点、获取情况、内容质量等⑤。Ankem 利用这种方法获得的多项随机控制实验性科研结果，对一系列的关于人口和环境变量等因素影响的用户的信息需求进行研究⑥。

（4）网络一代研究的特有方法

网络一代信息行为研究的特有方法"日间跟踪法"（tween day approach），

---

① June Abbas, SUNY Buffalo. Creating Metadata for Children's Resources: Issues, Research, and Current Developments ［J］. Library trends 2005 （4）.

② Meta - analysis ［EB/OL］. ［2009 - 8 - 29］http：//en. wikipedia. org/wiki/Meta - analysis ［2010 - 12 - 4］.

③ Todd, R. J. Adolescents of the information age: Patterns of information seeking and use, and implications for information professionals ［J］. School Libraries Worldwide, 2003 9 （2）, 27 - 46.

④ Shenton, A. K., Dixon, P. Issues arising from youngsters' information - seeking behavior ［J］. Library and Information Science Research, 2004 26 （2）, 177 - 200.

⑤ Dresang, ET. The Information - Seeking Behavior of Youth in the Digital Environment ［J］. Library Trends 2005 （4）.

⑥ Ankem, K. Factors influencing information needs among cancer patients: A meta - analysis ［J］. Library and information science research. 2006 （28）: 7 - 23.

这种方法是 Marcoux 在 2007 首次提出：对被研究者全天的信息行为进行跟踪，对所有的结果进行汇总，以期发现规律性的变化。Marcoux 通过这种创新性的方法学习十几岁的孩子（9～13 岁）的信息检索行为，对十几岁孩子每天的信息行为进行检测和描述，并对使用的描述性方法的期望目标进行交代，对环境的、社会因素的、认知因素的信息需求等变量进行总结，最后对三个不同位置的人员进行测试。这篇文章勾画出年轻用户的整体信息需求，并且对未来的信息需求研究进行了指导①。Agosto 使用这种方法对十几岁孩子的信息需求进行总结，建立了包括社会、情感、和认知等 7 个方面的信息需求模型②。

（5）视线跟踪法

视线跟踪法就是通过眼动仪，利用图像处理技术，使用能锁定眼睛的特殊摄像机，通过摄入从人的眼角膜和瞳孔反射的红外线连续地跟踪记录视线变化，从而达到记录分析视线追踪过程的目的，然后再对这些原始数据进行加工和分析③。视线跟踪法及其技术始于 19 世纪（我国始于 19 世纪 80 年代），最早运用于心理学研究，尤其是对阅读心理学的研究，目前该方法已经被推广用于运动心理学、广告心理学、语言心理学、认知心理学以及临床医学和人机交互等领域的研究④。视线跟踪方法在人机交互领域的应用主要是基于该技术开发一种眼控鼠标来增加人机交互时的输入渠道，这种眼控鼠标通过眨动眼睛就可以代替鼠标执行左右健的点击操作⑤。

2.1.2　网络一代信息行为研究的理论

信息行为的研究是一个新兴的学科，本身的理论大多数来自于其他的学科。Mckechnie 等报道 64.4% 的信息行为理论是来自社会学科学领域，28.7%

---

① Karen E. Fisher, Heidi julien, Information behavior [C], Annual Review of Information Science and Technology. 2009 (43).

② Karen E. Fisher, Heidi julien, Information behavior [C], Annual Review of Information Science and Technology. 2009 (43).

③ 廖卫华 视线跟踪技术在人机交互中的研究 [J]. 长春师范学院学报（自然科学版）. 2005 (6): 130－132.

④ 邓铸. 眼动心理学的理论、技术及应用研究 [J]. 南京师大学报（社会科学版），2005 (1): 90－95.

⑤ 胡畔. 基于视线跟踪技术的眼控鼠标 [J]. 天津师范大学学报（自然科学版），2007 (9): 68－71.

的资源是来自于信息科学，5.9%的来自自然科学，1.0%来自人类学领域①。近几年来信息行为研究的理论逐渐得到重视，Case 指出：理论研究逐渐得到重视，说明这个学科逐渐走向成熟②。从上个世纪的 80 年代，信息行为的理论研究逐渐发展，理论主要集中于三个方面：关于信息行为的认知理论、信息行为的社会理论、信息行为的综合理论。

2005 年，Karen E. Fisher、Sanda Erdelez、Lynne （E. F. ）Mckechnie 编辑了《信息行为的理论》（Theories of information behavior）。这本书包括了 85 位作者写的 75 篇关于信息行为的理论的综述，涉及包括信息贫穷理论、生命周期理论、小世界理论等多个方面、多个角度的信息行为理论③。这本书应该是信息理论的全面综述。

总体来说，网络一代信息行为的理论研究在近几年的研究中呈现以下特点：以用户为中心，研究动机、能力、学习、环境、情景之间的交互关系；去线性化、去流程化、去用户单一性质化为理论导向，社会学理论、组织行为学理论、心理学理论作为理论基点。

2.1.3　信息查询研究视角的转化历程

（1）信息查询理论发展的三个阶段

Ingwersen 在其 1992 年出版的专著《信息检索交互》（Information Retrieval Interation），把信息检索的研究方法划分为三类：传统信息检索（系统导向的信息检索）、用户导向的信息检索、信息检索交互的认知方法④。这三个方法也映射着信息查询发展的三个方面。

第一阶段：系统导向的信息查询是把用户需求作为常量，用户需按照系统的程序进行操作。其核心要素是文本表征、系统对象和检索技术，形成严谨的信息查询系统，侧重于通过实验改进算法提高查询系统性能。研究人员试图通

① Karen E. Fisher, Heidi julien, Information behavior ［C］. Annual Review of Information Science and Technology. 2009 （43）.

② Case, D. Information behavior ［C］. Annual Review of Information Science andTechnology. 2006 （40）.

③ Karen E, Fisher, Sanda Erdelez, Lynne （E. F.）Mckechnie. Theories of information behavior ［M］. Information Today. 2005.

④ Ingwersen P. Information Retrieval Interation ［M］. London：Taylor Graham Publishing 1992：61 - 201.

过研究信息系统和用户所使用的信息资源来理解用户和他们的需求，通常根据人口统计、地理、结构和其他类似不变的准则来决定信息行为。系统导向的信息查询将计算机技术和查询技术融合取得了丰硕的成果，仍然是目前人们生产和使用的主要信息查询产品，但是用户和相关性方面的深化遇到瓶颈。

第二阶段：用户导向的信息查询把用户由信息查询系统常量变为多种需求、信息行为的变量，从数理统计、社会调查等方法研究用户信息需求、查询和获取行为。

第三阶段：认知导向的信息查询主要研究信息查询过程中用户认知行为、影响因素及检索模型。认知信息查询在某些方面带有浓厚的用户导向范式色彩，但多数情报学家认为用户导向的信息查询和认知导向的信息查询在研究内容和研究方法上存在区别。用户导向的信息查询把用户作为客观对象，认知导向的信息查询把用户作为信息吸收和利用的主体。

认知导向、用户导向和系统导向的信息查询并不是完全割裂的，而是发展和继承的关系；同时，前者也不可能取代后者，在信息查询系统的实际应用中三者应该是相互融合的，共同促进信息查询系统的效率和质量的提高。

（2）认知导向的信息查询理论的三个阶段

认知信息查询理论的发展经历了三个阶段：认知观形成、认知观发展成熟、社会认知观和整合认知理论兴起阶段。认知观期间形成了经典的理论和模型：比较著名的有 Willson 模型、Kuhlthau 模型、Saracevic 模型和 Ingwersen 模型。

应该说认知信息查询理论和模型研究还处于初期的发展阶段，更好的整合各方面因素的"整合认知信息查询系统"的实现需要长期的发展过程。但是也应该看到，认知观理论给情报学、信息查询理论研究提供了一个新的视角，在模型设计、系统构建、查询交互的过程中增加认知维度和社会认知维度情境要素的必要性和可行性。

（3）认知科学的兴起

认知科学是 21 世纪的前沿学科，这是一种借用信息加工的理论来研究感知觉、注意、记忆、学习、思维、认知过程及认知发展的科学，关注个体用户的内在认知加工过程和机制。近些年，基于认知理论的用户信息搜索行为研究逐渐被情报领域所重视，该理论为传统信息查询行为的心理与行为规律研究提供了有效的解决途径。

在以往关于信息行为与认知科学相交叉的各种研究中，不仅包括大学图书馆信息学院一类机构，而且更多的涉及信息技术研究机构，甚至包括心理学研究机构，跨机构合作研究很多。

其中不少主题往往是综合表现在某项研究中的，比如大多文献都会以网络信息搜索行为表现作为因果关系研究中的因变量，由此来观测或者是用户的任务需求理解、或者是搜索策略选择学习、或者是搜索结果判断能力、或者是用户个体的认知情感因素，或者是不同的心智结构对其的影响。有关任务需求理解的问题一直得到研究者们的关注，尤其是 2008 年，其中大多涉及如何改善用户任务需求理解以提高搜索效果；其次，比较多的研究都涉及了用户搜索策略问题，尤其近年来人们更多在关注网络搜索中的策略特点以及如何帮助用户学习和改善；关于认知风格、学习风格以及情感等因素对用户搜索行为的影响，一直是较经典的研究内容；此外，用户搜索中的心智模型与学习问题研究也一直持续不断地进行着，其中学习问题研究近几年比较活跃，如何在网络平台下，为用户构造一个良好的学习环境，并由此探索用户的心智结构应该说是近期研究的特点。

国内关于认知心理的网络信息行为主要研究机构和研究内容：南京理工大学信息管理系主要研究数据库网站用户学习行为实验研究、信息用户心智模型实验研究、网站用户满意度、网站信息构建；西南大学计算机与信息科学学院主要研究网络用户信息浏览、信息搜索实验研究、网络用户行为研究；北京大学信息管理系主要研究网络用户搜索行为中搜索语言的使用、搜索效果的评价；武汉大学信息管理学院主要研究信息构建、交互式信息服务研究；华中师范大学信息管理系主要研究基于用户认知心理的信息组织研究。

2.1.4 网络用户信息查询行为的模型研究

用户信息查询行为模型是用户信息查询行为研究的重要内容，模型是对理论的简化和直观表达。作为表示和呈现用户信息查询行为复杂过程的一种方法，信息查询行为模型主要被用于解释用户在信息活动过程中感知与表达信息需求、查询信息、评价和选择信息、修正信息行为等具体过程；模型也可表达影响用户信息行为的内部和外部因素。研究表明，信息查询行为的框架模型不单是来源于实践，还来源于社会科学的各种理论。主要的经典模型有：

（1）Wilson 模型

英国情报学家 T. D. Wilson 早在 1981 年就提出了自己的信息查询行为

模型①，后经过两次修正，在 1996 年 Wilson 的模型②已不再局限于情报科学的研究领域，而是把信息查询行为视为交叉学科来进行研究。该模型的中心问题仍是信息需求，原模型中的"障碍"由"干扰变量"所代替，有 3 个相关的理论出现在此模型中，它们是压力/适应（Stress/coping theory）理论、风险/报偿（Risk/reward）理论和自我能效（Self – efficacy）理论。

（2）Dervin 模型

Dervin 模型③是建立在"意义构建"理论之上的。Dervin 认为它不是一种简单的"信息查寻行为"模型，而是"一系列的假设、一种理论的探索、一种方法论上的方法、一套研究策略以及一种实践"，是用来认识"既混沌又有序的现实世界"的一种工具。意义建构（sense – making）源自杜威哲学和学习理论，它把信息作为解决知识鸿沟的中心要素，且强调人们知识的形成是主动构建而非被动地接受。"意义构建"理论最初由 3 个要素构成，即 Situation（状态）、Gap（差距）、Outcomes（结果），后来又发展到 4 个要素，即增加了 Bridge（桥梁）。由于某种认知差距的存在，意义建构者（即信息用户）可能在某一情景停顿下来，此时，他就会用"桥梁"来填平沟壑，最终建构新的知识。按照 Dervin 的意义建构论，需求认知和信息利用是用户主动建构内部心理表征的过程。这种建构是双重意义的建构：第一，对新信息的理解是通过运用已有经验，且超越所提供的新信息建构而成的。第二，从记忆系统中所提取的信息本身，也要按具体的情景进行建构，而不是简单的提取。同时在用户的意义建构的过程中，信息系统担负着情景创设的任务，它必须对用户的意义建构中知识利用和策略运用方面给予辅助和支持。

（3）Ellis 模型

Ellis④ 在对各类社会科学家个体信息搜寻模式的特点进行比较分析的基础上，归纳出信息搜寻活动的 8 个特征（Feature），分别为开始（Starting）、连接（Chaining）、浏览（Browsing）、区分（Differentiating）、跟踪（Monito-

① Wilson，T D. Models in information behaviour research ［J］. Journal of Documentation，1999（3）：249 – 270.

② Wilson，T D. Human Information Behaviorl Information Science ［J］. 2000（2）：49.

③ Brenda Dervin，An overview of sense – making research：concepts，methods and results to Date ［C］. International Communication As sociation annual meeting，Dallas，1983（5）.

④ Ellis D，Haugan M. Modeling the information – seeking patterns of engineers and research scientists in an industrial environment ［J］. Journal of Documentation 1997（53）：384 – 403.

ring)、萃取（Extracting）、验证（Verifying）、结束（Ending）。该模型提供了个体的信息搜寻模式，但是无法确定这些特征之间的前后次序以及组合方式，这也是该模型的不足。

（4）Kuhlthau 模型

Kuhlthau 的模型①是在"个人建构理论"（Personal Construct Theory）基础上，通过对高校学生进行研究而发展起来的一个阶段式的过程模型，Kahlthau运用意义建构理论来描述用户在信息查询行为过程中如何建构他们所遇到的信息。这个模型的阶段是开始（Initiation）、选择（Selection）、探寻（Exploration）、构建（Formulation）、收集（Collection）、结束（closure）等6个阶段。每个阶段都与特定的思想、情感因素和具体的行为联系起来。即开始察觉信息需求、选择查询课题、探寻一般的文献情形以增加初步了解、明确信息需求、收集相关信息、直到完成查询开始写作为止。Kuhlthau 理论为信息检索过程的各个阶段赋予了思想和情感，从而确立了他的信息查询行为是现象学而不是认知科学的研究观点。根据该模型，用户因其信息需求的不确定性所引起的疑惑与挫折会随着信息查询过程的推进、获取越来越多的相关信息而减少。

（5）Ingwersen 模型

Ingwersen② 在 2005 年对传统认知观进行修正，提出整体认知理论的概念，2008 年扩展系统导向信息查询模型的同时，把整体认知理论改为整合认知理论（Integrated Cognitive Theory）。整合认知在系统导向的信息查询界面的基础上增加了社会文化、组织情境。用户信息查询是在特定的信息查找、工作任务过程、与工作相关或不相关的情境中进行的。

（6）Wang 的模型

Wang 等③提出一个基于用户—网络交互的多维模型。该模型由3部分组成，即用户、界面、网络空间。用户是第一也是最重要的要素，网络空间是用户与之交互以获得所需信息的地方，用户和网络空间的中间是界面，用来

---

① C. C Kuhlthau1. Inside the search process: information seeking from the user Perspective [J]. J ournal of the American Society for Information Science, 1991 (5): 361 – 371.

② Ingwersen, P, On the integration of information seeking and retrieval in context [EB/OL]. http: //www. info. uta. fi/tutkimus/fire/archive/2007/ICTIR07. pdf [2011 – 1 – 12].

③ Wang, Peiling et al. Users Interaction with World Wide Web resources: An Exploratory Study Using A Holistic Approach [J]. Information Processing and Management, 2000 (2): 229 – 251.

传递二者之间的交流。

（7）Bates 的模型

该模型认为①，用户在信息查询的过程中，可能随着新信息的吸收而产生新的想法，用户的信息需求和提问也随之发生变化。用户需求不是被一个查询结果所满足，而是通过一系列信息选择而满足。真实的信息查询过程类似于采野莓一样，所以此模型定义为"采莓模型"。这个模型的最大功绩在于体现了以用户为中心的研究思路，同时强调了以不需要明确提问的自由浏览和导航作为信息查询模式。但是此模型没有深入分析影响信息用户认知的具体要素以及用户可能通过哪些方式去实现调整和改变的问题。

（8）Foster 模型

2004 年，Foster 提出了信息查询的非线性模型（Nonlinear Model of Information seeking），该模型包括 3 个核心过程—开始、定位、整合，三个层级的情境—内部情境、外部情境和认知方法之间的交互，每一层次的交互都由若干个别活动和特征组成。该模型描述的交互性及变化性表明信息查询行为是非线性的、动态的、历史的和流动的，信息搜索行为中的活动是不断变化的②。

（9）Saracevic 的分层式检索模型

分层模型的主要要素有用户和计算机。用户界面提供两者在表层层次上的一种交互，用户方面涉及用户的生理感知、用户认知、情感以及情境等层次；计算机方面涉及工程、处理以及内容符号等层次。这个模型把信息查询涉及了感知、用户认知、情感以及情境等四个层次，并将计算机和用户并列为核心要素。从历史的角度来看，是首次将用户—系统交互理论引入信息行为的研究③。

总之，信息查询行为的模型研究有两个维度，一个维度是系统导向、用户导向和认知导向的线索，另一个维度是传统环境、网络环境的变革。以上的模型是不同的时期经典模型的代表，没有对模型进行严格分类。不同的模型解决不同的问题，关注和研究的侧重点不同。

---

① Bates M J. What is browsing – really? A model drawing from behavioural science research [EB/OL]. http：//informatiour. net/ir/12 – 4/paper330. html [2011 – 1 – 12]．

② Foster A. A Nonlinear Model of Information Seeking Behavior [J]．Journal of th e American Society for Information Science and Technology, 2004, 55（3）：228 – 237.

③ Saracevic T. The stratified model of information retrieval in teraction：Extension and applications. [2009 – 10 – 11]．http：//comminfo. rutgers. edu/ ~ tef ko/Proc AS IS1997. doc.

2.1.5 网络一代信息查询行为的模型研究

网络一代的信息搜寻模型的研究从上个世纪 90 年代开始，从认知模型开始，近几年的信息行为模型主要集中于个别的、细节性的模型研究，主要的研究成果是：

（1）影响因素模型：Urquhart 和 Rowley 模型研究了网络一代用户利用数字资源时信息行为的影响因素模型①。Hersberger 等 2007 年提出一个分析在线的信息社区的综合模型，把影响因素作为研究的重点，影响因素包括框架的、认知的、行为等变量②。Bruce 提出个人期望的信息需求框架，集中于个人的信息积累，有 5 个方面的影响因素：集中于不确定性、期望、敏感、信息资源的价值等③。Williamson④ 研究了一个动态的信息检索模型，强调了社会和文化等因素可以影响信息检索行为，这个模型认为信息检索行为是在一定的信息需求下的行为，但是他们在日常的生活中也能不自觉的获取各种信息。其中社会文化背景和价值、物理环境、个人的性格、社会经济地位和生活方式决定了他们如何经营个人的网络，个人网络决定了他们如何获取个人的信息。Meyers 对 9～13 岁孩子的每天的信息查询行为进行研究，研究了处于成年人和孩子之间的这部分年轻的网络用户在什么场景下寻找信息、利用什么样的资源、为什么要选择这种资源、什么场景可以提高其信息分享的效率，以及什么因素阻止其信息查询等进行了综合的分析⑤。

（2）信息搜集模型：Abrahamson 和 Fisher 模型，集中于网络一代日常信息行为问题，把信息行为与信息鸿沟和信息行为相关的任务问题进行联系，

① Urquhart, C. Rowley, J. Understanding student information behavior in relation to electronic information services: Lessons from longitudinal monitoring and evaluation [J]. Journal of the American Society for information Science and Technology. 2007, 57 (8): 1188－1197.

② Hersberger, J. A., Murray, A. L., Rioux, k. S. Examing information exchange and virtual communities: An emergent framework. Online [J]. Information Review. 2007, 31 (2), 135－147.

③ Bruce, H. Personal anticipated information need [J]. Information Research, 2005, 10 (3).

④ Williamson, K.. Discovered by chance: The role of incidental infor mation acquisition in an ecological model of information use [J]. Library and Information Science Research, 1998 59 (1), 19－40.

⑤ E. Meyers, K. Fisher, E. Marcoux. Making Sense of an Information World: The Everyday－Life Information Behavior of Preteens [J]. The Library Quarterly. 2009 79 (3): 301－341.

研究了没有信息经验的人如何搜集信息①。Hughes – hassill 和 Agosto 模型，集中研究了十几岁的孩子每天如何搜集信息②。Kim 通过定性和定量的分析方法总结了不同任务下的 14 种信息搜集策略，通过这个结果发展了一个信息搜集模型的策略模型③。Urquhart 和 Rowley④ 总结了信息检索的模型，并认为 Google 将是未来信息检索的主要工具。

（3）日常信息检索模型：芬兰图书馆学家 Savolainen 提出的"日常生活信息搜寻"（Everyday Life Information Seeking, ELIS）模型⑤，应用社会学理论和方法，第一次将人们在日常生活中的信息寻求行为模式化，对休闲、消费、健康等非工作领域中信息行为研究有着重要意义。在 ELIS 模型中有两个核心概念：生活方式（style of life）和生活支配（mastery of life）。生活方式指事物的次序或偏爱；生活支配指维持事情的次序，属于人的认知或情感范畴。Williamson 研究了一个十几岁用户每天信息检索的生态模型，作者强调了影响信息检索行为的社会和文化的因素。文章指出虽然年轻用户会有目的的寻找一些信息去满足他们特定的需求，但是他们也会在这个过程中获得其他的一些意想不到的信息。用户的社会文化背景、价值观、物理环境、个人性格、经济状况、生活方式决定他们对于信息的需求和获取⑥。Mckenzie 提出了一个社会互动为基础的日常信息检索模型，这个模型强调了社会关系和社会背景在每天的信息选择和信息检索的类型上的作用。这个模型描述了与信息源相关的两个方面的过程（与信息源建立联系、与信息源发生联系），并且建立了四个信息检索的模型（活跃的搜寻、活跃的浏览、没有目的的监测、获取信

---

① Abrahamson, J., Fisher, K. E. What's past is prologue：Towards a general model of lay mediary information behaviour［EB/OL］. ［2009 – 7 – 26］http：//www. pubmedcentral. nih. gov/articlerender. fcgi? artid = 2568838. ［2010 – 10 – 11］.

② Hughes – hassill, Agosto. Modeling the everyday life information needs of urban teenagers［M］. Youth information seeking behaviors：context, theories, models and issuesScarecrow. 2007（2）：27 – 61.

③ Kim, J. Describing and Predicting Information – Seeking Behavior on the Web［J］. Journal of the American Society for information Science and Technology. 2009（4）：679 – 693.

④ Urquhart, Christine and Rowley, Jennifer. Understanding student information behaviour in relation to electronic information services：lessons from longitudinal monitoring and evaluation［J］. Journal of the American Society for Information 2002 53（1）：34 – 46.

⑤ Savolainen, R.. Everyday life information – seeking：Approaching information – seeking in the context of way of life［J］. Library & Information Science Research, 1995（17）：259 – 294.

⑥ Williamson, K. Discovered by chance：The role of incidental information acquisition in an ecological model of information use［J］. Library and Information Science Research, 1998（59），19 – 40.

息），这些模型都是依赖于信息需求和环境的变化而变化的①。

（4）其他方法的引进：Musoke 集中于互操作性的模型研究②。Kari 和 Savolainen 提出了一种分类方法，集中于研究者场景对于每天信息检索的作用③。Hepworth 建立了一个关于信息行为的本体论，并且认为信息行为的理论对于设计信息服务和模型都有重要的意义④。Spink 和 cole 评论了三个过去使用的理解信息使用的方法（感知方法、搜集方法、问题解决方法等），并且在进化心理学的基础上建立一个综合的信息使用模型⑤。

2.2　网络一代信息行为的研究

2.2.1　情境与信息查询行为的研究

"情境（context）"作为认知为导向的情报研究的一个分支，在上个世纪的 80 年代后期，被引入到信息行为的研究中，"情境"这个概念在信息科学中已经被大量使用。Rosenbaum⑥ 认为："情境"是指社会技术行动所发生的社会和组织环境，社会技术行动置于这些社会和组织环境中与设计、实施、维护和使用 ICT 相关的信息密集型活动。当情境作为信息行为的研究对象时，表明信息行为的研究已经跨越了以系统为中心的视角，也跨越了单纯以用户主观认知为中心的视角，而要将诸多要素结合起来，包括信息行为的主体、信息系统（信息资源和信息工具）、行为主体所在的社会环境和组织环境等诸

---

① Mckenzie, M. L. Managers look to social network to seek information［J］. Information Resaerch. 2005 10（2）.

② Musoke, M. G. N. Information behaviour of primary health care providers in rural Uganda：An interaction – value model［J］. Journal of Documentation 2007 63（1）：299 – 322.

③ Kari, J, Savolainen, R. Relationships between information seeking and context：A qualitative study of internet searching and the goals of personal development［J］. Library&Information science research，2007 29（3）：47 – 69.

④ Hepworth, M. Knowledge of information behaviour and its relevance to the design of people – centred information products and services［J］. Journal of Documentation 2007 63（1）：33 – 56.

⑤ Spink. A, Cole, C. Human information behaviour：Intergrating diverse approaches and information use［J］. Journal of the American Society for information Science and Technology 2006 57（3）：342 – 365.

⑥ Rosenbaum H. Social context and information environment：A structurational approach to understanding sociotechnial action［EB/OL］.［2004 – 06 – 03］http：//www. soc. napier. ac. uk/ ~ keith/ USTA04Proceedings. pdf［2011 – 1 – 20］.

多的要素，以及这些要素之间的互动。

　　Courtright① 将情境在信息实践研究中应用分成三种类型：第一类是将情境作为容器，在这类研究中，情境界定了信息行为发生的背景，信息行为主要是从主要特征来描述，而不是从与情境的关系来分析。第二类是以个人为重心的构建情境，也就是从用户角度来检验情境要素，情境要素大多数是用户感知和构建的。第三类是以社会化要素来构建情境。"以个人为中心"的情景模型批判者认为：用户作为社会人，是通过社会交互来构建信息，而不仅仅使用它们的头脑来构架信息②·③。这些学者强调信息行为中社会交互的重要性，认为个体作为一个社会用户，其信息行为受个体之外的社会化因素的影响。正如 Nardi④ 所说，如果研究单元知识独立的人，而没有考虑与其他人或人造物的接触来完成任务，则理解人们如何学习和工作是不可能的，我们必须研究情境来理解个人、人造物和社会团体之间的关系。

　　构建情境类型分为三类：以个人为中心构建的情境模型，描述了对个体信息行为产生影响的内在和外在的因素，如 Marchionini 提出的 PII 情景模型（Personal information infrastructure）⑤，这个模型是从用户的认知出发，认为信息查询发生在查询者、任务、系统、主题领域、工作场所和检索结果之间的相互作用中，主要从影响因素方面进行研究。Sonnenwold⑥ 的"信息水平线"模型也是一个从用户感知出发的模型，这个模型将用户放在一系列的要素中心，包括信息资源、社会网络、问题情景等，这些因素是有个体感知而构建的，不足以反映信息查询行为的本质。另外从社会化要素来分析，最为典型

　　① Courtright C. Context in information bebavior research ［J］. Annual Review of Iinformation Science and Technology. 2007，41（1）：273－306.

　　② Talja S，Keso H. The production of context in information sddking research：a metatheoretical view ［J］. Information Procdssing and Management. 1999，35（751）：763.

　　③ Lievrouw L A. New Media and the Pluralization of life－worlds：A Role for Information in Social Differentiation ［J］. New Media & Society. 2001，3（1）：7－28.

　　④ Nardi B A. Studying context：Acomparison of activity theory，situated action models，and distributed cognition ［C］. Context and Consciousness：Activity Theory and Human－Computer Interaction. Washington，D. C：MIT Press，1996：69－102.

　　⑤ Marchionini G. . Information Seeking in Eletronic Environments ［M］. Cambridge University Press，1995.

　　⑥ Sonnenwald D H. Evolving perspectives of human information behavior：Contexts，situations，social networks and information horizons ［M］. In Exploring the Contexts of Information Behaviour，Wilson，T D. London：Taylor Graham，1999，176－190.

的代表就是"信息使用环境"模型（IUE, information use environment），这个模型是由 Taylor① 提出的。用户的信息选择不仅与研究主体相关，而且与用户生活和工作的其他情景要素相关。IUE 由四种要素构成，即：人、要解决的信息问题、信息问题的解决方案、解决问题的情景等。这个模型被称为"情景模型的里程碑"，它体现了应该从社会和文化要素考察信息活动。

不同的研究者研究不同的情景侧面，近几年主要的研究结论如下：

Harris 等认为信息查询行为是与一定的信息场景和信息情境联系在一起的（个人的、社会政治的、休闲的、工作相关的背景等），并且通过场景下的信息行为能够上升到信息需求②。Courtright 试着分析情境等问题，包括：背景、环境、信息世界、人的世界和信息环境等问题③。Kari 和 Savolainen 认为情境理论是信息检索的重要动力，需要被重点关注的问题，情境是个人发展的一个重要的因素，情境理论和信息查询行为的活动性之间存在密切关系，并提出了一种类型学的方法，把情境与信息检索行为建立了 11 种关系，其中有四种是普通的类型——分开、联合、位置、相互关系④。Hargittai 和 Hinnant 从社会学的观点集中于研究信息情境问题，并且集中于研究信息鸿沟问题，少量的信息获取问题不但与本身的素质有关，而且与整个大环境有关⑤。Savolainen 讨论了场景的因素，比如时间问题等。认为时间影响信息的检索，时间是信息检索问题的一个基础因素（比如任务是不是很着急，这个问题是独立的还是中心任务的一部分），并且时间有可能为信息检索问题设置一些障碍⑥。Slone 研究了检索的情景限制问题，研究表明，查询过程有无时间限制并没有

① Taylor R S, Voigt M J, Value Added Processes in Information Systems［M］. Greenwood Publishing Group Inc. Westport, CT, USA, 1986.

② Harris, Roma M,, Patricia Dewdney. Barriers to information：How formal Help systems fail battered women［M］. Westport：Greenwood Press. 1994.

③ Courtright, C. Context in information behavior research［C］. Annual Review of information Science and Technology, 2007（41）：273 – 306.

④ Kari, J, Savolainen, R.. Relationships between informan seeking and context：Aqualitative study of Internet searching and the goals of personal development［J］. Library&Information science Research, 2007（29）, 47 – 69.

⑤ Hargittai, E., Hinnant, A. Toward asocial framework for information seeking［C］. New directions in human information behavior. Dordrecht, The Netherlands, Springer, 2006：55 – 70.

⑥ Savolainen, R. Time as a context of information seeking［J］. Library&information science research, 2006（28）：110 – 127.

增加信息查询的真正时间①。Chelton 和 Cool 发表了第二部专著集中于年轻一代用户的背景和所处的环境的研究②。近年，Ingwersen 引入情境（context）这一概念，在情境框架下集成信息查寻与检索。主要体现在 ①阐述情境在个体认知中的作用，提出社会与个体认知影响的互补原理 ②在框架中详述社会情境的作用，社会情境与组织和文化一起构成认知模型的重要组成部分③。

Fisher 和 Naumer 把几个研究成果进行综合，把信息情境与小世界理论在认知领域的地理和社会因素进行联系④。Counts 和 Fisher 把信息情境理论与社会网络服务的在线交流进行联系，从 19 个学生的日常的生活进行监测，对他们 15 个月的行为进行监测，作者强调了信息分享的类型和信息利用的问题，以及通过信息系统学习的知识，信息分享的类型等⑤。Fisher、Landry 和 Naumer 利用他们的研究结果，研究 729 个大学生怎样寻找他们每天的信息并如何形成用户—地点—信息三分法的方法，综合了 15 种信息情境的特点，讨论了他们如何在社会背景下完成信息流动的问题。作者认为，更好的理解信息情境的特点，信息专家和系统设计者可以更好的发展社会空间去学习信息的流动和人们的交互⑥。

2.2.2　网络一代信息查询研究

（1）网络一代信息查询行为的总体情况

国外的信息查询的研究有较长的历史，从图书馆使用、书本的检索到 CD－ROM 软件的检索，到互联网络信息的查询过程。一般来说都是集中于两个

① Slone, D. The impact of time constraints on Internet and Web use [J]. Journal of the American Society for Information Science and Technology. 2007 58 (4): 508 –517.

② Chelton, M. K, Cool, C. Youth information seeking behaviors: Context, theories, models and issuses [C]. Lanham, MD: Scarecriw Press, 2007.

③ Ingwersen P, Jarvelin K. The turn: Integration information seeking and retrieval in context [M]. Dordrecht: Springer. 2005.

④ Karen E. Fisher & Charles M. Naumer Information Grounds: Theoretical Basis and Empirical Findings on Information Flow in Social Settings [J]. Information Science and Knowledge Management, 2006 8 (3): 93 –111.

⑤ Counts. S, Fisher. K, E. Mobile social networking: an information grounds perspective [C]. 41th annual hawai' international conference on system sciences, Hawai 2008.

⑥ Fisher, K. E., Landry, C. F, Naumer, C. M. Social spaces, casual interactions, meaningful exchanges: information ground characteristics based on the college student experience [J]. Information Research, 2007 12 (2).

方面的研究，第一个方面就是：信息查询的地点和信息检索的内容（where 和 what 的问题）；第二个方面就是关于信息查询如何进行（how 的问题）。一般来说都是在一定的场景下进行定量化的观察研究。这些研究都是关于使用不同的信息源进行查询的问题，也就是信息查询的使用宽度问题，第一类的研究没有把信息的使用宽度作为一个很重要的方面，但是第二类的研究就很重视信息查询的依托和检索的宽度问题。

（2）网络一代信息查询行为的对比性研究

网络一代用户的信息环境明显比以前用户要好得多，但是他们与传统用户有很多的相似性。很多学者对网络一代用户的信息查询行为的研究中采用对比性研究：网络一代用户与信息科学的毕业生进行对比研究、网络一代用户与普通成年人进行对比研究、网络一代用户的网络行为与非网络行为进行研究等。Bilal 和 Kirby 对比中学生（7 年级的学生）和成年人（信息学科的大学毕业生）研究表明：这两个群体之间有很多的相似性和不同、关键词的选择趋同、都认为主体检索比关键词检索的成功率高、都使用回溯检索和超链接、都会在浏览的网页中检索、都不使用导航快捷键（历史条目、主页、书签）、在面对困难时都有决心战胜困难。但是总体来说大学生的信息查询的效率和有效性比中学生强很多，研究生们能够很快地把这些不良的因素去除。他们之间的不同主要体现在三个方面：去除不良影响的能力、使用导航的类型、对任务的理解程度[1]。Abbas 对孩子们的网络信息行为与其他非网络的信息行为进行研究，比如 CD – ROM、超文本基础以及在线书目系统的学习中很多非网络行为进行对比研究[2]，Large，Beheshti，Breuleux 和 Renaud[3] 把使用电子资源和非电子资源进行对比研究。

（3）网络一代信息查询行为的调查结果

通过定量研究和定性的判断，网络一代在信息查询方面有很多自己的特

---

① Bilal, D. Children's search processes in using World Wide Web search engines: An exploratory study ［M］. Proceedings of the 60th annual meeting of the American Society for Information Science, 1998 （35）: 45 – 53.

② Abbas, J. Children and information technology ［M］. Encyclopedia of library and information science. 2005, Marcel Dekke.

③ Large, A., Beheshti, J., Breuleux, A., Renaud, A. A comparison of information retrieval from print and CD – ROM versions of an encyclopedia by elementary school students ［J］. Information Processing and Management, 1994 （30）: 499 – 513.

点。大英图书馆 2007 年对网络一代的调查显示①：网络一代在信息搜寻时不能正确地选择检索词，在检索的时候不能合理地分配时间，他们倾向于一页一页的对检索结果进行浏览，但是却花费很少的时间去比较和消化检索到的信息，并缺乏对网页的相关性判断。通过对北美的学生的调查显示②，所有学生不能很好地表达自己的信息需求、不能很好地利用检索策略。但是老师和学生们对自己的信息检索行为都很乐观，认为自己找到了自己所需要的资料。互联网调查显示③，网络一代的信息素养并没有随着技术的发展得到提升，实际上他们利用计算机的便利掩盖了一些令人担忧的问题。网络一代网络搜索的速度意味着他们在鉴别信息的相关度、准确性和权威性上的时间非常少。在检索之前对自己的信息需求缺乏了解，很难制定检索策略，在检索时他们更愿意用自然语言进行检索，很少分析哪些关键词更有效，很少使用高级搜索功能，认为搜索引擎能够理解他们的查询；在搜索和导航时缺乏耐心，对任何延迟他们所需信息的情况都表现出"零忍耐"，在检索之后面对长长的检索结果列表，网络一代很难鉴别这些搜索结果的相关度，并且对检索结果的使用情况不好。Todd 分析了在校学生的信息需求变化和其知识结构问题，同时发现他们对于事实型问题的依恋程度远远高于对于摘要型问题的依恋程度④。Madden、Ford 和 Miller 研究表明，随着年龄的增长，年轻人对于来自于非正式场合的信息资源的依赖性减弱，他们更依赖于公开的、正式的信息来源⑤。Shenton 在其以前对英国 4～18 岁青年人研究的基础上，提出了 5 个关于青年人不能有效地得到所需信息的原因：需求和资源的不相匹配、知识匮乏、技术缺陷、心理障碍和社会上对于其没有引起足够的重视，并提出改进的方式⑥。网络一代的技

---

① Ankem, K. Factors influencing information needs among cancer patients: A meta - analysis [J]. Library and information science research. 2006 (28): 7 - 23.

② Joan. K. Lippincott. Net Generation Students and Librar [EB/OL]. [2009 - 9 - 18] http: // liber. library. uu. nl/ [2010 - 9 - 12].

③ 中国互联网络信息中心 [EB/OL]. [2008 - 10 - 14]. http://www. cnnic. com. cn/upload-files/pdf [2010 - 12 - 13].

④ Todd, RJ. From information to knowledge: charting and measuring changes in students' knowledge of a curriculum topic [J]. Information research. 2006 11 (4): 4 - 11.

⑤ Madden. AD, Ford. NJ, Miller. D. Information resources used by children at an English secondary school [J]. Journal of Documentation 2007 63 (3): 340 - 358.

⑥ A. Shenton, The information - seeking problems of English high schoolers responding to academic in-formation need [J]. Library Review, 2008 57 (4): 276 - 288.

术水平明显强于他们的父母和老师，他们更加适应网页的快速浏览并找到自己所需要的网页进行阅读，但是他们更加倾向于用自然语言检索，倾向于使用自然检索语言表达式的网站①。Valenza 研究网络一代对于信息组织、结果呈现和不同检索界面的喜好，研究表明他们对技术内涵的理解能力有限，产生这些问题的原因是他们没有得到学校和家庭方面的规范指导，解决问题的有效方式就是对他们进行数字技术使用和原理方面的更多培训②。

（4）网络一代信息查询行为的影响因素分析

网络一代用户信息搜寻行为受很多因素制约，性别、经验、认知类型和自我效能感等都是重要的影响因素。

a. 年龄。2005 年以前很多学者致力于研究孩子在不同年龄阶段的智力水平，一般认为每三年一个智力档次，随着年龄的增长，孩子们的智力水平、经验、认知都自动提高③。不同的年龄阶段的信息搜寻者有不同的行为习惯和认知，年龄是信息搜寻行为的重要影响因素。选择不同的年龄阶段的被研究者，就会得到不同的研究结论。

b. 性别。性别一直被研究者认为是信息搜寻行为的重要影响因素。很多研究表明，性别可以影响用户的信息行为。通常来说，男生对技术的敏感程度强于女生，男生的好奇心比女生强烈等。以前的调查结果显示男生的网络使用率和上网时间都多于女生，男生相对使用更少的检索词、使用更多的检索策略。同时不同性别的网络一代有不同的阅读行为、喜欢不同的材料类型。

c. 经验。网络一代利用互联网查寻信息基本上分两步：先找到合适的网站，然后在该网站中查找相关信息。Lazonder 等人就用户的网络经验对信息查寻过程的影响进行了专门的实验和调查，发现有经验的人比新手更擅长定位网站，这缘于其具备使用搜索引擎的技能。

d. 认知类型。研究表明：人们的认知可以分为两种类型，一是场独立型，二是场依存型。场独立型的人能够在复杂的情景中理清问题的脉络；而场依存型的人在复杂领域中会被一些不重要的但较显著可见的线索分散注意力。

① Hay L. Educating the Net Generation [EB/OL]. [2009 - 7 - 22] http：//www. aasa. org/publications/saarticledetail. cfm? mnitemnumber [2010 - 12 - 12].

② Valenza JK. They might be gurus [J]. Teacher Librarian 2006 34 (1)：18 - 26.

③ Valerie Nesset An Exploratory Study into the Information - Seeking Behaviour of Grade - Three Students. [EB/OL]. [2009 - 8 - 15] http：//www. cais - acsi. ca/proceedings/2005/nesset_ 2005. pdf [2010 - 10 - 12].

研究发现，在网络信息查寻中，有着相同检索经验的个人，不管是何种认知类型，其效率几乎相同；然而，对新手来说，认知类型对效率有着显著的影响，场独立型的人效率要比场依存型的人高。网络一代基本都是检索策略不足，其认知类型对于检索问题的影响很大。

e. 自我效能感。自我效能感（self efficacy）是指用户自我感觉到的信息查询、检索相关信息源、获取信息的能力，它类似但不同于自信度。自我效能感的增加与态度、情感经验、检索表现等有关。自我效能感与网络信息搜寻是相互促进的，较高的自我效能感会导致更多、更有效的网络信息搜寻，而更多、更有效的信息查寻将进一步增强自我效能感。

（5）两类信息查询行为的研究

a. 学术信息的信息查询行为研究：最开始的研究是以检索书本信息为主，一种是特定任务的检索，一种是他们为了获取某方面信息、满足自己的信息需求而进行的检索，主要的研究者有 Kuhlthau①、Moore② 等。随着技术的发展，网络一代开始逐渐适应新的交流方式，即以 IT 技术为主导的新的交流方式，如远程的书目系统、磁盘检索系统和网络检索系统。他们网络检索的题目有的是自己选择，有的是定题查询行为，其中 Bilal 在 1998 年到 2002 年之间对这一问题进行了一系列的探讨③·④·⑤·⑥。

b. 日常信息检索行为（everyday life information seeking，ELIS）。对于这

---

① Kuhlthau，.C. C. Developing a model of the library search process: cognitive and affective aspects [J]. Reference Quarterly, 1988 28（2）: 232 - 242.

② Moore. P. A., St George. A., Children as information seekers: the cognitive demands of books and library systems [J]. School Library Media Quarterly, 1991 19（3）: 8 - 161.

③ Bilal, D. Children's search processes in using World Wide Web search engines: an exploratory study. Proceedings of the 60th Annual Meeting of the American Society for Information Science, Information Today, Medford, .1998 35: 45 - 53.

④ Bilal, D. Children's use of the Yahooligans! Web search engine: I. Cognitive, physical and affective behaviors on fact - based search tasks [J]. Journal of the American Society for information science 2000 51（7）: 646 - 665.

⑤ Bilal, D. Children's use of the Yahooligans! Web search engine: I. Cognitive and physical behaviors on research tasks [J]. Journal of the american society for information science and technology. 2001 52（2）: 118 - 136.

⑥ Bilal, D. Children's use of the Yahooligans! Web search engine: I. Cognitive and physical behaviors on fully self - generated search tasks [J]. Journal of the american society for information science and technology 2002 53（13）: 1170 - 1183.

一问题前边已经综述，关于网络一代的日常信息查询行为主要由两种，第一就是非明确任务下的信息检索行为，为了解决一定的问题而设定的，另一个方面来说这种信息检索行为不是为了解决学校布置的作业或者是工作相关的信息检索行为，为他们从未成年向成年转变积蓄资源的一种信息行为。举例说明，早起打开电视获取当日的天气预报、在午饭时光浏览网页看八卦新闻、晚饭时光在家看报纸等行为都属于日常的信息检索行为。从上世纪70年代开始研究，研究日常信息需求和信息检索行为、信息使用行为等，近几年这项研究集中于网络上的信息需求和网络信息检索和信息使用。总体来说日常的信息需求受认知、情感、文化和环境等各项因素的影响。

2.2.3 网络一代信息使用研究

（1）网络一代利用网络的目的研究

网络一代利用网络有很多的目的，这些目的可以分为三类：①教育：互联网的知识可以支持学校的一些学习、辅助完成作业；②休闲：可以在互联网上找到图片、游戏等娱乐设施；③交流：通过聊天室等方式和其他人在线联系。上世纪90年代末对网络一代上网目的研究中认为：网络一代上网的首要任务是社会交流、其次是娱乐。Synovate研究表明，网络一代上网娱乐是最主要的方式，81%的网络一代上网听音乐，他们采用在线或者是下载的方式听音乐，这个数量远远超过音乐唱片的销售量。这个结果与最初把网络引入家庭是为了参与教育的目的是不一致的①。Weiler研究了学生们使用电视和网络满足他们信息需求的各种动机，并且认为网络成为年轻一代信息的首要来源，网络资源满足网络一代娱乐的、学术的和专业的各种需求②。网络一代除了接受学校的教育之外，还通过互联网进行相关课程辅导，网上教育功能与总体使用网络教育基本一致。"pew互联网与美国人的生活"2007年报告中一篇调查针对社会网络站点和青少年的问题。文章指出，55%的青少年使用社会网络站点，55%的建立在线个人简介，年纪稍大的女孩成为主流。社会网

---

① Synovate. Leisure time: clean living youth shun new technology [EB/OL]. [2009-7-22] http://www.synovate.com/current/news/article/2007/02/leisure-time-clean-living-youth-shun-new-technology.html [2011-1-1].

② Windham. Educationing the net generation [EB/OL]. [2009-7-26] http://www.educause.edu/educatingthenetgen/www.educause.edu/educatingthenetgen/ [2011-1-3].

络站点帮助提供公共和私人的交流工具，社会网络站点帮助年轻人维护和管理友谊①。总体来看，网络一代利用网络是从最初的娱乐和交友开始的，教育功能不是他们上网的主要目的，但是他们利用网络的教育功能也没有低于平均水平。

（2）网络一代利用网络的特点研究

大英图书馆和英国联合信息系统委员会（JISC）在调查中对网络一代的网络利用特点进行全面的总结②：网络一代具有超强的技术能力；通过"试错法"掌握计算机的技能；都是专家级的检索者。对通讯技术具有很高的期望；更喜欢交互的系统，正在摒弃被动的信息消费；已经最终转向数字形式的交流：文本而不是语音。在其生活的所有方面总是多任务处理；习惯于保持愉悦；对视频信息的喜欢超过文本；更喜欢容易消化的信息单元式的快捷信息，而不是整个文本。对时滞具有零忍受度，其信息需求必须立即得到满足；认为同行作为信息源比权威数字更可信；需要始终与网络连接在一起的感觉。是"剪－贴"的一代；认为网上无所不有（而且都是免费的）；他们不尊重知识产权。

（3）网络一代利用图书馆资源研究

网络一代也在利用图书馆的资源和服务，很多研究者对网络一代利用图书馆资源和服务的情况进行探讨：Valenza 发现高中生能够很好地利用他们学校图书馆，这种利用是复杂的、受个人影响的、积极的③。Silverstein 发现中学生能够更好地利用传统的数字参考咨询服务，指出更多的研究需要集中于假设孩子们使用这种服务的方法，并保证这种服务是建立在孩子们需要的基础上④。Chaplan 和 Hertenstein 调查了学生关于图书馆利用的问题，提出新条

① Amanda Lenhart, Mary Maddan. Pew internet project data memo: social networking websites and teens: an overview [EB/OL]. [2009 - 7 - 16] http: //www. pewinternet. org/pdfs/PIP - SNS - DATE - MEMO - JAN - 2007. PDF [2010 - 1 - 5].

② JISC Report. Information behavior of the researcher of the future. [EB/OL]. [2009 - 10 - 22] http: //www. jisc. ac. uk/media/documents/programmes/reppres/gg_ final_ keynote_ 11012008. pdf.

③ Valenza, J. K. Virtual libraries and high school students' information - seeking and use: A focus goup investigation [M]. Youth information seeking behaviors: context, theories, models and issues 2007, Scarecrow.

④ Silverstein, J. Digital reference services: Recommendations for supporting children's informal learning [M]. Youth information seeking behaviors: context, theories, models and issues 2007, Scarecrow.

件下图书馆需要改变资源的呈现方式，提供更多的资源与他们的用户匹配①。
Madden 等研究了中学生们利用信息资源的情况，研究表明：学生们一般认为
他们找到的信息是最主要的，不同的研究问题需要不同的资源类型，随着年
龄的增长，对同伴的信息依赖程度减弱，但是对书本和网络等信息资源的依
赖程度增强，对图书馆的利用增多②。也有一些研究展示了相反的结果：随着
网络资源的爆炸式增长，越来越多的网络一代对图书馆的认知在降低，他们
根本不知道很多资源由图书馆提供。Corradini 研究表明网络一代尽管每天都
在使用图书馆提供的信息，但是只有 42% 的人知道他们使用的信息由图书馆
提供③。Pavey 从个人的角度认为，大部分网络一代几乎没有从图书馆的公共
入口访问过资源，图书馆的很多有用的服务没有被使用④。Livingstone 认为学
生们之所以不使用图书馆的，一方面是他们对图书馆的认知不够，另一方面
是他们认为图书馆进行信息检索太麻烦⑤。通过以上的研究我们发现，为了让
网络一代知晓、使用图书馆，需要对其正确引导、对使用图书馆的行为进行
规范、并且把图书馆的界面和服务按照网络一代的特点进行设计。

2.2.4　网络一代信息交流研究

（1）使用 SNS 的动机研究

从国外的研究来看，比较典型的研究有：Ellison 等从娱乐、信息、联系
线下朋友、结识新朋友和从众等方面研究了美国大学生参与 Facebook 的动机，
并发现用户的参与动机包括联系线下朋友、娱乐和从众，但不包括信息性动
机⑥。Jung 等从娱乐、信息、社会交互、自我表现、打发时间、职业提升和

---

①　Chaplan. M. A, Hertenstein, E. J. Role – related library use by local union officials ［J］. Journal of the American Society for information Science and Technology 2005 56（5）：1062 – 1074.

②　Madden. AD, Ford. NJ, Miller. D. Information resources used by children at an English secondary school ［J］. Journal of Documentation 2007 63（3）：340 – 358.

③　Corradini E. Teenagers analyse their public library ［J］. New Library World 2006 107（12）：481 – 498.

④　Pavey. school librarians and the Google generation ［J］. ALISS Quarterly 2006 2（1）：3 – 7.

⑤　Livingstone S, Bober M, Helsper E. Active participation or just more information? ［J］ Information, Communication and Society 2005 8（3）：287 – 314.

⑥　Ellison N B, Steinfield C, Lampe C. Spatially bounded online social networks and social capital：The role of facebook ［C］. Charnigo P, Bamettellis P. The Annual Conference of the International Communication Association in Dresden. Germany：Information Technology Libraries，2006.

从众等 7 个方面研究了韩国用户参与 SNS 的动机,并发现娱乐、自我表现、职业提升、打发时间、与家人和朋友交流是主要动机。① Krisamic 从信息、娱乐、讨论、联系、购物、游戏、更新产品查询和印象管理等 9 个方面探讨了用户参与 SNS 的动机,并发现娱乐和联系动机是影响 Facebook 用户参与行为的前因。② Brandtzeg 和 Heim 采用开放式问题对 1 200 名挪威 SNS 用户进行调查后发现,用户参与 SNS 的动机非常多,包括结交新朋友、联系老朋友与他人交流、获取信息、讨论、使用免费短信、打发时间、共享信息、娱乐、浏览他人空间以及与家人联系等,前三者是最重要的动机因素,并且他们将这些动机归为 4 类:信息、娱乐、社会交互和个人空间冲浪③。Kim 等从寻找朋友、社会支持、信息、娱乐和便利 5 个方面探讨了美国和韩国用户参与 SNS 的动机,并发现社交娱乐和便利动机对美国用户的态度有显著影响,社会支持和便利动机对韩国用户的态度有显著影响,而信息性动机对两国用户的态度都没有显著性影响④。Guo 等针对中国用户的研究认为,寻找有用的信息是人们使用 SNS 的主要动机之一⑤。

从国内的研究来看,夏芝宁针对中国 SNS 用户的研究表明:信息性、娱乐性、社交性和游戏动机对用户的参与强度有显著影响。⑥ SNS 的本质特征体现在不仅能帮助用户扩展新的人际关系,而且能帮助用户维持和管理原有人际关系⑦。郝若琦将美国大学生用户使用 SNS 的动机归纳为人际关系的建立与维系、打发时间、虚拟社区参与、娱乐消遣、寻找陪伴、信息获取、信息

---

① Jung T, Youn H, McClung S. Motivations and self – presentation strategies on Korean – based Cyworld weblog format personal homepages [J]. CyberPsychology and Behavior, 2007, 10 (1): 24 – 31.

② Brandtzag P B, Heim J. Why people use social networking sites [J]. Lecture Notes in Computer Science, 2009, 5621: 143 – 152.

③ Brandtzag P B, Heim J. Why people use social networking sites [J]. Lecture Notes in Computer Science, 2009, 5621: 143 – 152.

④ Kim Y, Sohn D, Choi S M. Cultural difference in motivations for using social network sites: A comparative study of American and Korean college students [J]. Computers in Human Behavior, 2011, 27 (1): 365 – 372.

⑤ Guo C Q, Shim J P, Otondo R. Social network services in China: An integrated model of centrality, trust, and technolog y acceptance [J]. Journal of Global Information Technology Management, 2010, 13 (2): 76 – 99.

⑥ 夏芝宁. SNS 网站成员参与动机研究 [D]. 浙江工商大学,2010.

⑦ Boyd D M, Ellison N B. Social network sites: Definition, history, and scholarship [J]. Journal of Computer – Mediated Communication, 2007, 13 (1): article 11.

分享、跟随潮流、避免面对面的交流①。

上述文献表明：社交（包括维旧动机和扩新动机两个方面，一些研究对这两方面的社交动机进行了区分，另一些研究未作区分）和娱乐动机被学者们提及得最多，其次是信息和从众动机；不同国别用户的参与动机存在差异。

（2）多种交流工具的使用

网络原生代使用多种交流工具，交流的过程中使用网络、邮件或者即时通讯设施，其中手机和手机上网在 2009 年发展最为迅速，他们使用手机上网进行交流、通过手机发送即时信息，通过手机接收即时信息并通过手机发送邮件等②。

社会网络的使用率增加：PEW 中心的调查发现，年轻一代使用博客的量在降低，更喜欢阅读别人的博客而不是自己写博客，截止到 2009 年只有 14% 左右的年轻人使用博客。但是他们使用社会网络站点的数量在增加，大约四分之三的在线年轻用户都使用社会网络站点，喜欢在社会网络工具上分享他们的个人信息，喜欢利用社会网络工具在别人的站点上进行评论，但是在这个过程他们对于知识产权的保护意识很少，Facebook 是网络原生代使用最多的社会网络，其次就是 myspace③。

电子邮件、社会网络以及其交流工具为用户提供了低成本的机会，让用户创建、加强社会联系纽带，让用户的社会交流和社会联系向纵深方向发展。网络让交流变的便宜、没有地理的限制、没有时间的限制，把人很容易的联系到一起。85% 的人认为由于网络的存在，交流加强，只有 14% 的人认为网络的存在让人与人之间的关系更加疏远④。

2.3 国内网络一代信息行为研究现状

国内的研究只是集中于中小学生的信息利用、图书馆的使用以及对他们

---

① 郝若琦. 美国大学生社交网站使用动机研究 [D]. 西安：西北大学，2010.

② Mobile Access 2010 [EB/OL]. [2010 – 7 – 18] http：//www. pewinternet. org/Reports - Mo-bile – Access – 2010. aspx.

③ Millennials will make online sharing in networks a lifelong habit [R/OL]. [2010 – 7 – 18] ht-tp：//www. pewinternet. org/Reports – Future – of – Millennials. aspx.

④ The future of social relations [R/OL]. [2010 – 7 – 18] http：//www. pewinternet. org/Reports – The – future – of – social – relations. aspx.

的信息素养教育等方面。只有很少的研究集中于他们作为"网络一代"的信息需求和信息行为研究。

图书馆利用方面：通过各种服务和教育加深中小学学生对图书馆的认识，引导他们使用图书馆①。利用图书馆进行阅读及信息素养的教育②。信息素养教育方面：有研究分析我国中小学生信息素质教育现状，通过完善评价标准体系、开展图书馆的教育、利用现有的网络资源并加强合作来提高信息素养③。有研究认为图书馆应该成为未来用户网络信息素养教育的主要引领者：通过加大网络建设和数据库建设的力度，增强图书馆的吸引力；通过加强与学校教育的协作，共同做好未来用户的信息素养教育。

儿童图书馆的建设：公共图书馆的建设少儿化，少儿图书馆的建设要社会化④，这两类图书馆都承担着共同的历史使命，都拥有较丰富的信息资源，都面对着不同年龄的读者群体，都开展着服务当地公众的各项工作，有针对性地指出存在的问题，探讨公共馆和少儿馆职能相互拓展和搞好延伸服务的举措。少儿图书馆要根据新世纪少年的需要在原有的基础上作延伸服务，如网络化的服务指导、信息素养教育和阅读兴趣的培养等⑤。少年儿童图书馆的网站建设，根据本土化的少年的特点吸收国外的经验，对我国的少年图书馆的网站建设进行规范⑥。我国大陆儿童网站信息可理解性现状，从平衡网站整体建设、加强网站设计引导化、确定网站的受众定位、加强与儿童图书馆的合作、争取政府的支持方面提出了促进我国大陆儿童网站信息可理解性的建议⑦。

教育技术领域关注信息科学知识、信息能力、信息情感意识和信息伦理道德四个方面。例如叶燕等人对湖北省民族地区的城镇中学生进行了上述四个方面的信息素养调研，提出开展信息技术教育和将信息技术和信息文化整

① 路倩. 浅谈如何培养中小学生的图书馆意识 [J]. 中小学图书情报世界，2008 (7)：28.
② 黄群莲. 县公共图书馆与中小学生信息素养教育 [J]. 图书馆杂志 2006 (11)：33 - 34.
③ 赵晓辉. 中小学生信息素养教育探讨 [J]. 情报探索 2009 (2)：31 - 33.
④ 周国梁. 公共图书馆与少儿图书馆职能的相互拓展 [J]. 图书情报工作，2009 (53)：1.
⑤ 陈克杰. 图书馆延伸服务 [M]. 上海科学技术文献出版社，2009.
⑥ 王妍. 少年儿童图书馆网站建设刍议 [J]. 河南图书馆学刊，2007 (5)：28 - 30.
⑦ 马毓. 促进我国大陆儿童网站信息可理解性的建议 [J]. 图书情报工作，2009 (10).

合的对策研究①。王海燕和付丽萍对西北地区 56 所学校的学生、教师和管理人员的调查表明陕西省和西北其他省份的信息素养存在显著差异,学校级别和性别对信息意识和信息能力存在显著影响,管理导向、教师的信息素养是影响中小学生信息意识和信息知识的重要因素②。吴萌等人对北京市中小学教师的信息素养的调查还包括教师实施信息素养教育的情况,提出了提高学生信息素养的意识和能力的三点建议:提升中小学教师信息素养,整合本地网络资源、增强学科教师等③。钟志贤等人对南昌市东湖区的 11 所"全国中小学信息技术教育实验区"的学校在职教师为研究对象进行相关调研,总结和"教师信息、教学技能、教学设计水平有待提高"的五条现状④。这些研究更为侧重教师以及教师和学生的互动关系,而没有将学生作为独立的信息行为研究主体进行研究。

网络调查分为正式的官方调查和非正式的草根调查。正式的网络调查,中国互联网中心和中国青少年网络协会等单位对青少年的上网问题进行调查。2009 年中国互联网发展统计报告指出⑤,网络游戏在所有的网络应用中排在第六位,但在中小学生的应用排序中占第三的位置,网络游戏是中小学生上网的一个重要应用。同时认为中小学生上网的目的分为网络媒体、信息检索、网络通讯、网络社区、网络娱乐、电子商务等。中小学生对互联网的应用深度不高,仅有即时通信、博客、网络音乐、网络视频等几个项目超过总体的应用,这四种应用基本上可以定位在娱乐和社交两个领域,与这个年龄段好玩、好奇的心理需求基本一致。2007 中国未成年人互联网运用状况调查报告,显示我国未成年人上网的目的主要是娱乐消遣、学习求知、了解时事、完成作业和交友沟通,其比例分别为 58.50% 11.90% 10.30% 8.80% 和 6.00%。在使用手机上网的未成年人当中,除收发短信息、下载彩铃、炫铃等外,未

---

① 叶燕. 湖北民族地区城镇中学生信息素养的现状和对策研究 [J]. 现代情报, 2005 (12): 186 - 188.

② 王海燕, 付丽萍. 西北地区中小学生信息素养现状的调查分析 [J]. 中国电话教育, 2007 (12): 35 - 38.

③ 吴萌. 北京市中小学学科教师信息素养调查研究 [J]. 中国电话教育, 2007 (12): 24 - 28.

④ 钟志贤. 关于中小学教师信息素养状况的调查研究 [J]. 电化教育研究, 2003 (1): 65 - 69.

⑤ 2007 中国未成年人互联网运用状况调查报告 [EB/OL]. [2007 - 11 - 4] http://www.cnypa.org/shjy/dcyj/200811/t20081119_ 101268. htm [2010 - 12 - 1].

成年人使用最多的是：用手机下载图片和音乐占 44.00% 使用其他业务如"无线下载"、"应用手机邮箱"分别占 18.50% 、16.20% 。很明显，未成年人使用互联网以娱乐取向为主①。中国青少年网络协会等单位发布的《小学生互联网使用行为调研报告》显示，大城市中八成小学生 9 岁前开始接触网络，"看电影、看动漫、下载音乐"、"玩网络游戏"等娱乐追求是小学生上网的主要目的②。草根基层的调查"学生不去图书馆，喜欢网络订阅阅读"，调查显示：大部分人不支持学生时代形成网络阅读的习惯③。

只有少数的文章把中小学生和大学生作为"网络一代"（数字原生代）提出④，认识到他们的需求和行为可能与现在的传统用户有所不同，但是，国内这方面的研究只是在综述国外的研究成果，没有建立在调查和深入的研究基础之上。

与国外研究现状相比，国内网络一代研究有着明显差距。这种差距表现在：尽管论文数量多；但局限于国外研究成果的介绍、概念的阐述以及信息教育方式的理论探讨；研究主要从教育者的视角出发，而不是以教育对象—未成年人的需求、行为为依据来研究信息素养；缺乏事实支撑和数据分析。因此只有进行大量实地调研，才能进一步提升国内网络一代信息需求、信息行为研究的科学性和合理性。

2.4　国内外研究存在的问题

（1）国外的研究样本量小

根据 JISC 2008 年对未来用户研究的统计发现，国外对网络一代的研究样本量超过 1 000 的占总数的不到 10% ，大部分的研究采用小样本量。如表 2 - 1 所示：

---

① 八成小学生九岁前就上网，主要玩游戏［EB/OL］．［2009 - 8 - 18］http：// xy. club. sohu. com/r - univtop10 - 389336 - 0 - 0 - 900. html［2011 - 1 - 20］.

② 2007 中国未成年人互联网运用状况调查报告［EB/OL］．［2007 - 11 - 4］http：// www. cnypa. org/shjy/dcyj/200811/t20081119_ 101268. htm［2010 - 12 - 1］.

③ 学生不去图书馆，喜欢网络订阅阅读［EB/OL］．［2009 - 11 - 1］http：//i. chinaren. com/ group/msg/14235/123872398089819［2010 - 9 - 12］.

④ 李建平，符勤. 数字原生代读者需求与高校图书馆服务创新初探［J］. 图书馆，2009（4）： 77 - 79.

表 2-1 国外关于网络一代研究的样本量①

样本量	研究数
0-10	1
11-20	8
21-30	6
31-40	4
41-50	5
51-60	2
61-70	0
71-80	0
81-90	1
91-100	0
101-200	6
201-1 000	6
>1 000	3
没有明确说明	7

　　大样本量的调查和统计如 PEW 中心连续几年的调查采用的样本量比较大，但是缺少研究的成份，只是一个现象的统计，没有太多的实际意义。

　　（2）研究的片面性

　　网络一代信息行为的研究很多，但以认知心理学为基础对整个过程进行监测的少。关于网络一代网络信息检索行为的研究是网络一代信息查询行为研究中最多的，但是每篇文章的研究都是针对某个方面。

---

① Information Behaviour of the Researcher of the Future（Work Package II：The Literature on Young People and their Information Behaviour）[EB/OL]. 2007. http：//www. ucl. ac. uk/infostudies/research/ciber/downloads/GG% 20Work% 20Package% 20II. pdf [2011-3-4].

研究影响因素的每篇文章都使用一种或几种影响因素，有些研究是集中于孩子们的认知行为和一两个影响因素的研究和实证：比如表现、喜好、挫折等方面（Bilal & Wang, 2005[①]; Shenton & Dixon, 2003[②]; Large & Beheshti, 2000[③]; Sullivan Norris Peet 和 Soloway 2000[④]; Hirsh, 1999[⑤]。Bilal 在 2000[⑥], 2001[⑦], 2002[⑧] 分别研究了中学生在雅虎网站的信息检索的行为，以及检索行为的影响、认知和物理行为。其中 2000 年的文章研究以事实为基础的任务行为、2001 年的文章研究以学术为基础的检索行为、2002 年的文章研究自己感兴趣的问题的检索行为。在对影响因素的考察中包括使用网络的兴趣、困惑、动机、忍耐程度和坚持、任务的描述、资源的描述、搜索引擎的描述）。

（3）网络一代娱乐性信息查询行为研究多，与课程相关的信息查询行为少

课程相关的研究就是为了完成一定的任务而进行的资料收集工作直到最终的任务完成。日常信息查询（everyday life research）是为了解决日常生活中

---

① Bilal, D. , & Wang, P. Children's conceptual structures of science categories and the design of Web directories [J]. Journal of the American Society for Information Science and Technology, 2005 56 (12), 1303 – 1313.

② Shenton, A. K. , & Dixon, P. A comparison of youngsters' use of CD – ROM and the Internet as information sources [J]. Journal of the American Society for Information Science and Technology, 2003 4 (11): 1029 – 1049.

③ Large, A. , & Beheshti, J. The Web as a classroom resource: Reactions from the users [J]. Journal of the American Society for Information Science and Technology, 2000 51 (12), 1069 – 1080.

④ Sullivan T. , Norris, C. , Peet, M. , Soloway, E. When kids use the Web: A naturalistic comparison of children's navigation behavior and subjective preferences on two WWW sites. [EB/OL]. [2005 – 4 – 18] http: //www. pantos. org/ts/papers/wkutw. [2009 – 12 – 12].

⑤ Hirsh, S. G. . Children's relevance criteria and information – seeking on electronic Resources [J]. Journal of the American Society for Information Science, 1999 50 (14), 1265 – 1283.

⑥ Bilal, D. Children's use of the Yahooligans! Web search engine: I. Cognitive and physical behaviors on research tasks [J]. Journal of the american society for information science and technology. 2001 52 (2): 118 – 136.

⑦ Bilal, D. Children's use of the Yahooligans! Web search engine: I. Cognitive and physical behaviors on fully self – generated search tasks [J]. Journal of the american society for information science and technology 2002 53 (13): 1170 – 1183.

⑧ Bilal, D. Children's use of the Yahooligans! Web search engine: III. Cognitive and physical behaviors on fully self – generated search tasks [J]. Journal of the American Society for Information Science and Technology, 2002 53 (13): 1170 – 1183.

的各种问题而进行的信息检索行为，比如健康和减肥、金融和商业、新闻、政治和信仰等。对于课程相关的检索行为来说，又分为特定的老师布置的作业、明确的检索目的，老师布置的作业不明确的检索目的，自己要求的有明确的目的，自己要求的模糊的检索目的。日常信息行为是关于个人的，无需使用学术图书馆的信息检索。日常信息行为是一个开放性的信息检索问题，学生们以兴趣为导向，没有固定的标准和链接路径。日常的信息检索行为以好奇心为基础，但是课程为基础的却不能只有好奇心为基础，需要一定的技术，出现的错误可能会引起致命的错误。

课程相关的信息查询行为以研究生、博士生以及科研人员研究比较多，日常信息查询以网络一代及青少年的研究比较多。总之，与网络一代或者青少年相关的课程方面的信息查询行为研究很少。本文对日常信息概况进行研究的基础上，对网络一代与课程相关、设问明确的信息查询行为进行研究。

（4）浏览行为研究存在的问题

关于浏览行为的研究有一定的成果，但是针对网络一代没有专门的浏览行为研究，对普通用户浏览行为的研究在这里不再赘述。普通用户浏览行为的研究存在的问题主要是，第一：用户浏览行为的数据或者资料的搜集上，主要集中于对日志的统计分析上，较少的使用调查、观察等方法对用户浏览行为的意义建构过程、信息浏览机制、影响因素和浏览效果进行认识。第二，对用户信息浏览行为的统计分析上，缺少对多重因素的交叉分析和相关分析。第三，将信息浏览和信息检索行为的整合研究不多。本文希望研究网络一代的浏览行为过程中，规避普通用户信息浏览行为研究存在的问题。采用观察和实验的方法、多重因素交叉分析并将信息浏览和信息检索统一于信息查询的过程中研究。

（5）本书研究的重点

网络一代的查询行为可能不同于其他的用户，本书希望建立一个本土化的网络一代信息查询的流程框架。在研究内容范围上，之前大量的研究仅是对检索过程的某个环节或者某几个环节的研究，较少完整对整个查询过程进行整体的考察，但是完整的信息检索的过程各个环节之间存在很高的相似性，单纯的某些方面的结果不能完整的反映网络一代的信息查询特点，本书拟对整个信息查询过程进行分析，包括信息需求的识别和考察、信息查询的策略和过程、查询结果的选择和使用以及随后的信息交流等三个方面。之前很多研究只针对信息查询的实施过程，较少的研究信息查询行为的认知过程，本书不但研究行为过程还研究自身的认知过程，并全方位的研究网络一代信息查询行为的影响因素。在研究方法上，之前的研究主要采用问卷调查法、日志分析法、较少的使用实验法对信息查询的行为进行分析，本书拟采用问卷、访谈和实验三种方法。

3 基于问题解决理论的网络一代信息查询的行为过程研究

网络一代是在特定信息环境下成长起来的一代，其信息查询行为与其他普通的用户有相同之处，也有其不同的特点。如何客观地认识网络一代信息查询的行为特点，并深入地分析其行为的理论基础和内在驱动因素，系统地揭示网络一代信息查询行为的规律和特点，是需要我们认真思考和深入研究的一个问题。

3.1 网络一代信息查询的理论选择

数字环境下，网络一代的信息查询特点伴随着新的信息资源和工具的使用得到了提升和改进，某些方面与非网络一代相比发生了根本的变化。网络一代的信息查询行为的诸多方面是一个社会化、受认知支配的，因此研究网络一代的信息查询行为不仅要研究行为本身，而且还要强调个人的认知因素、个人的自然因素以及社会和信息环境等多方面的因素，同时在这个过程中需要了解信息行为发生者的认知、情感和心理的各方面的因素。本书对于整个网络一代信息查询行为的研究不是基于个体的思想和动机而是一个共同体成员的动机和行为的研究。因此我们需要找一种能够统领信息查询行为的全过程、并且能把社会情境和个人认知、情感等多个方面集中到一起的理论。

3.1.1 情境理论关注外部变量

学者普遍认为"情境"是一个复杂的动力学问题，与很多的资源和动力相联系。情境是认知信息检索的一个重要的概念，即把用户作为动态的变量，用户在其感知的工作任务和信息获取行为的情景中进行信息查询。情境是指查询者具有的知识结构、信息查询的交互经验等内在的信息素养以及查询者所处的时间、地点、社会文化、组织环境、工作任务等外部环境的集合。情境与查询所涉及的工作任务、动机、情感、偏好、系统以及领域相关，用户处在与其积累的经验、文化、组织等情境和当前查询交互的情景之中，产生认知层面的交互才是最有效的信息查询交互。因此可以说情境是影响查询者认知行为和检索效果的重要的外部变量。

通过研究我们发现，"情境"的定义存在争议，同时，情境在研究中的应用也存在不一致性。情境理论的各要素之间彼此对立，缺乏紧密的联系，有些因素的概念化也存在一定的困难。对于网络一代信息查询行为的研究应该找一种有效的理论分析工具，把内部变量和外部变量统一起来。

3.1.2　认知科学的应用

网络一代所处的信息环境与传统的用户不同，资源数量、类型繁多，增长速度快，研究网络一代时不仅需要研究影响因素还需要从其内部的吸收机制进行研究。认知科学主张把各种认知过程综合、整体地加以分析，了解人的认知过程、记忆知觉、思维等认知形象是怎样相互交织在一起的。认知科学的研究为用户情报认知行为的研究提供了条件，使我们能突破传统的研究模式，深入探讨用户情报认知行为特性。

认知科学能够把用户的认知、情感、心理等多种人的因素，以及社会技术、社会环境等情境因素结合起来。为了更清晰的了解网络一代在查询过程中的认知、情感、心理因素以及社会技术、社会环境对信息查询的影响，更清晰的表达网络一代信息查询在信息查询过程中的情境与问题、解决问题的方法与心理等诸多方面，本书拟采用认知心理学中的问题解决理论作为网络一代信息查询行为研究的理论框架。

3.1.3　问题及问题解决的释义

（1）问题的释义

问题解决理论很早就得到重视，问题解决理论的传统理论是"联想理论"和"格式塔理论"，也就是"顿悟"和"试错"，但都没能解释整个问题解决过程。20世纪50年代这一理论出现转机，Newell，Shaw和Simon从信息加工观点出发，把其看成是问题空间的搜索过程，当前信息加工观点成为问题解决的重要方向。目前西方心理学界比较流行的问题的定义是由美国心理学家

Newell 和 Simon① 提出的，即：问题是这样的一种情景，个体想做某件事，但不能即刻知道做这件事所需采取的一系列行动。现代认知心理学表明一个问题包括一个既定的状态（即，对现存情景的描述）和一套算子（即，从某一种状态移动到另一种状态的规则或程序）。当情景处于某一状态而问题解决者希望该情景能进入另一种状态，而这时又存在着某些障碍物阻碍从一情景向另一情景顺利转换，问题就是在这种情况下发生的。我们可对"问题"作以下几个方面的理解和认识：问题是一种情境状态；问题解决中的"问题"，并不包括常规数学问题，而是指非常规数学问题和各种应用问题；问题是相对的。尽管问题是多种多样的，心理学家们对"问题"的表述也不尽相同，但是多数心理学家们都认为，所有的问题都包含有 3 个基本的要素：给定，一组已知的关于问题条件的描述，即问题的起始状态；目标，关于构成问题结论的描述，即问题要求的答案或目标状态；障碍，正确的解决方法不是直接显而易见的，必须间接通过一定的思维活动才能找到答案，即达到目标状态，而这个过程充满了各种的障碍。

（2）问题解决的释义

问题解决，通常被定义为一系列的有目的指向性的认知操作活动过程②。这是认知心理学家基本上公认的问题解决定义。该定义包括三点：首先，问题解决具有目的指向性，前面在界定问题时已说明了这一点；其次，问题解决是一系列的操作，问一个成人 1 + 1 = ?，他立即就能说出来，这算不上是问题解决；最后，这种操作当然是认知操作，也就是说问题解决本质上是一种思维活动。

问题空间是问题解决者在问题解决过程中对一个问题所能达到的全部认识状态③，这里指的人的状态包含了问题的初始状态，一系列中间状态，目标状态以及状态转换算子（Operator）④。具体可以用两种方法对问题空间进行描述，一种是问题行为图，另一种是树形图⑤。问题行为图是从个体解决问题

① 巢乃鹏．网络受众心理行为研究——一种信息查寻的研究范式［M］．北京：新华出版社，2002：1441.

② Greeno J G. Nature of problem solving abilities［C］. Human information proces sing. NJ：Lawrence Erlbaum Associates，1978.

③ S·lan Robertosn．问题解决心理学．北京：中国轻工业出版社，2004.

④ 王廷、汪安圣．认知心理学．北京：北京大学出版社，1991.

⑤ S·lan Robertosn．问题解决心理学．北京：中国轻工业出版社，2004.

的实际行为中而得到的，它是个体的心理空间；树形图是基于对问题解决的逻辑分析或算法而得到的，它是一种逻辑空间或算法空间。这两种空间互相紧密联系着，逻辑空间可以转化为心理空间。

现实生活中的问题是多种多样的，Re1ntlna 根据问题怎样被规定，将问题分为两大类：一类是有一定规则的、简单而明确的问题，即问题空间界定明确的问题，也称为结构良好问题（well – sturcture porblem）；另一类是规则和条件不明确，算子不清楚、具有很大不确定性的问题，也称结构不良问题（ill – structure Prbolem），也称不确定性问题①。结构良好的问题有两个明显特征：问题有唯一正确的解决途径；解决问题必须遵循特定的程序、步骤和方法。这种问题只要运用形式运算或形式逻辑即可解决。结构不良问题经常是给定的目标或者条件没有被清楚地说明，一般需要在经验的作用下将感情和认知高度地整合起来，运用辨证运算或辩证逻辑加以解决。

问题解决过程包含许多相继的步骤，从大的范围来说，问题解决可以分为 4 个阶段②：问题表征、选择算子、应用算子、评价算子等。

3.1.4　网络一代信息查询行为选择问题解决理论的理论意义

（1）从理论本身来看

以"问题解决理论"作为信息查询行为研究的理论基础，是认知科学引入信息行为研究的尝试，集中体现了信息查询行为研究以及后续的信息素养研究的重要变化，也意味着信息素养教育的一个根本性的变革。

网络一代信息查询过程作为研究主题具有三个特点：第一，网络一代的信息查询问题有较强的探究性，信息查询的方式虽然千差万别，但是确实又很有技巧可以使用，正确的使用信息查询的技巧能够达到事半功倍的效果。网络一代的信息查询有很多的方式可以找到多种信息，是一个充满探究性的过程；第二，网络一代的信息查询行为具有启发性和可发展空间，一个好问题的可发展空间是说问题并不一定在找到解答时就会结束，所寻求的解答可能暗示着对原问题的各部分做种种变化，由此可以引出新的问题和进一步的结论。网络一代对于一个问题的查询可以牵扯多个方面的知识，或者纠正他们以前对问题的片面认识，或者帮助他们建立对问题的正确认识，或者帮助

---

①　沈祖袍等．心理学教程［M］．南京：南京大学出版社，1991.

②　王廷，汪安圣．认知心理学［M］．北京：北京大学出版社，1991.

他们找到更新的线索；第三，网络一代信息查询行为具有开放性，网络一代的信息查询是有实际意义的，帮助网络一代获取各种知识，同时这种查询结果不是唯一的，有多种解决的办法，我们的目的是试图通过信息素养教育帮助网络一代更快更好地找到问题的合适答案。

网络一代信息查询行为也符合构成问题解决的三个条件：第一，可接受性，本书研究的信息查询的问题都是网络一代学习有关的、可能感兴趣的、有目的性的问题，所有问题都是网络一代可接受的问题。第二，障碍性，即网络一代当时很难看出问题的解法、程序和答案，对问题的反应和处理有一定的习惯模式，这些问题需要网络一代查询相关的信息获取，而不是凭原有的知识就能找到答案，并且这些问题的答案并不是唯一的，有多种解释方面。如果受过信息素养教育或者领域知识比较丰富的人，也许这些问题已经不具有障碍性，但是对于网络一代来说，这些问题具有很大的障碍性。第三，探索性，指问题能促使网络一代深入地研究和进一步思考，展开各种探究活动，寻求新的解决途径，探求新的处理方法。

（2）从网络一代信息查询的行为本身来看

本书研究的网络一代信息查询行为只包括给定问题的信息查询行为，不包括基于娱乐和目的性不强或者无目的的随意查看。网络一代信息查询所碰到的问题则应属于结构不良问题，或不确定性问题。事实上它与解数学难题不太一样，因为信息查询解决问题至少没有特定方法，尽管可以遵循几个步骤，但是我们可以在这个网站上找，也可以从另一个网站找；可以使用分类查找也可以使用主题查找；一切取决于个人经验、偏好；同样信息查询问题解决也没有一个十分明确的答案，我们经常认为这个查询结果基本符合我们的要求，那个查询结果的一部分内容有用，在这种情况下我们可以认为此次查询基本达到了目的，也可以还不满足继续往下找。

对于网络一代的信息查询问题，在实际中对应每一个查询环节的不同内容可以形成无数的信息查询过程，比如概念分析，每个人是难以一致的，信息源的选择也可以是千差万别的，查询式的选择也是因人而异的，反馈结果的确定也是无法统一的，因此对于一个不确定性的信息查询问题的解决，其逻辑空间的描述事实上是难以实现的，因此我们更多的是采用心理空间描述方法对信息用户查询行为轨迹进行描述，即通过构建问题行为图的方法。

总之，应用问题解决理论，能够更好的辅助勾画出网络一代信息查询的

"问题行为图",通过比较发现网络一代和研究生在行为图的流程和具体实施过程中有什么不同。在问题行为图中结合社会情境和个体的认知心理能够找到网络一代信息查询行为的影响因素。

（3）从网络一代信息查询行为的心理过程本身来看

从"问题意识"角度来看：网络一代信息查询行为开始之前,首先是问题意识,问题意识是由信息意识转向信息行为的枢纽,只有当困惑转换为明确的问题,才能为进一步的信息求助提供基础。从发生机理上看,信息意识和问题意识,都是在信息的刺激下,将某些信息与已有的观念联系起来的意识,所不同的,只是信息意识强调刺激信息来自外部,而且,已有的观念通常是已经存在的问题。问题意识不强调刺激信息是外来的,而强调在已有观念的综合中发现问题。因此,对于信息行动来说,信息意识和问题意识并不能截然分开,信息意识到问题意识归结为两个小问题：对解决问题与获取信息的认识；引起信息查询的问题类型,即信息查询的动机。问题意识并引发的信息查询行为适用"问题解决理论"。

从"问题解决思维过程"角度来看：现实生活中的思维活动大多都是与问题情境相联系。按照最新的信息加工观点,认为问题解决本质就是对"问题空间"的搜索过程。问题解决就是要通过对问题空间的搜索,找到一条从问题的初始状态（问题的理解与表述）到达目标状态（问题的解决）的通路。因此信息查询的问题解决是一种高级智力活动过程,是问题解决者在特定的问题情境中,认知问题情境（即外部信息吸收过程）,产生预期概念,并在此概念驱动下,激活内在认知图式,随着情境性因素和个体经验交互作用（即信息加工过程）增强,推动概念转换,由此逐步地构建出最佳问题表征,并在头脑中对此心理表征执行序列化的认知操作（即进一步利用图式对问题进行解决的过程）,以达到目标状态的信息加工过程。可以将本文网络一代的信息查询行为看作是一种目标查询行为（goal - seeking behaviour）。

总之,问题解决是人类思维活动的一种,它被定义为一种任何指向目标的认知操作程序。网络一代的信息查询过程可以看成是一个用户思维活动的过程,它是一个对查询任务中的一系列问题的解决过程,同时又是一系列信息查询问题的解决过程。是一个包含多个问题解决的大的问题解决过程。

3.1.5　网络一代信息查询行为选择问题解决理论的实践意义

（1）问题解决理论能有效的统领信息查询的全过程：问题解决理论包括

问题表征、选择算子、应用算子、评价算子、目标完成等几个方面，这个过程正好符合网络一代信息查询的整体流程。问题解决理论中每个过程中包括问题的给定、障碍和目标，本文的研究首先找到网络一代在信息查询过程中的障碍然后就是研究障碍的解决方案和达到的目标。

（2）问题解决理论能够有效地探测行为者主体的认知心理：问题解决是认知心理学下的一个方面，从心理学的角度来说，"问题解决理论"主要探测思维方面影响因素、考察思维方面特征的理论，是一个以认知心理为主体的理论，所以以问题解决理论为基础，比较容易地找到认知心理方面的影响因素。

（3）问题解决理论能够有效地把情境、实践和认知进行有机结合：问题解决方案能够对信息查询行为的各个过程进行有机的统一，能够较为容易地找到认知心理方面的影响因素，并且在网络一代的信息查询过程中，很多行为的发生是外界情境通过心理和思维表现出来的，所以应用这个理论能够把行为发生的情景、行为者的认知和行为者的活动有机的串联起来，并引导多方面寻找影响因素。

（4）问题解决理论能够有效地勾画活动的"问题行为图"：从前边的研究我们发现，问题解决方案都是可以用两种方法对问题空间进行描述，一种是问题行为图，另一种是树形图。而且对于网络一代一个不确定性的信息查询问题的解决，其逻辑空间的描述事实上是难以实现的，因此我们更多的是采用心理空间描述方法对网络一代信息查询行为的轨迹进行描述。通过问题解决理论的使用，能够得到网络一代信息查询的"问题行为图"。

（5）通过问题解决理论研究网络一代的信息查询行为，可以有效地探测到网络一代在信息查询过程中的心理学原因、现实生活的各种情景和社会因素下的人的因素、信息查询的系统本身的因素等各个方面，并有效的构建服务对策。

3.2　网络一代信息需求的表达

问题解决理论的第一步就是问题表征，对应就是信息查询行为的信息需求的表达，并且根据自己的习惯或倾向找到合适场所进行查询。在需求表达的过程中包括两个部分，即入口的选择和关键词的选择。

3.2.1　信息查询入口以搜索引擎为主

通过网络一代与非网络一代的比较，网络一代选择信息查询入口有自己的很多特点，具体表现在信息查询的过程中首次入口和后续入口的选择以搜索引擎为主，而且选择搜索引擎的人数多于非网络一代；较之非网络一代，网络一代对百度情有独钟；网络一代经常使用移动上网设备，但是图书馆的使用比非网络一代少，网络一代对信息源的选择灵活性差，具体的分析数据如下：

（1）网络一代信息查询的首次入口比非网络一代更加喜欢搜索引擎

检索入口分为首次检索入口和后续检索入口。首次检索入口是用户第一次搜索所在页面，如果一个用户进入百度网页的界面，找到专业的网站的网址，然后在专业网站的界面上进行检索，那么我们界定的首次入口是专业网站而不是百度。后续检索入口是用户在调整、尝试和比较过程中使用的搜索界面。相对而言，首次检索入口对用户的影响更大，用户对其依赖也更大。

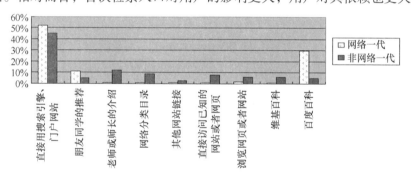

图 3－1　信息查询的首次入口比较

网络一代对在首次检索入口的选择中，以搜索引擎占大多数，搜索引擎是网络一代选择的主要入口。所谓搜索引擎是提供给用户进行关键词、词组或自然语言查询的工具，它将各站点按主题内容组织成等级结构，用户可以按照这个目录逐层深入，直至找到所需要的信息。通过本书的调查显示，网络一代在选择首次入口的时候，大约有 50.4% 的人在首次入口的时候会选择搜索引擎，再者选择百度百科的大约 29.3%，从严格意义上来说，百度百科是百度的一个子项目，百度百科也算搜索引擎的一种，所以网络一代首次入口选择搜索引擎的将近80%。网络一代选择入口的其他方式中使用最多的就是"朋友或同学推荐的网站直接进入检索",但是这个比例也不多,只占10%多点。非网络一代在首次入口的选择中以搜索引擎为主,但是也没有超过半数,大约有48.4%的非网络一代选择搜索引擎作为信息查询的首次入口,其他的方式比较平均,没有特别突出的。(如图3-1所示)

英国JICS关于非网络一代的研究人员查询入口的研究显示:22%的人通过书签,15%的人通过邮件,14%的人通过搜索引擎、门户网站或者字典,14%的人通过其他网站的连接,6%的人通过同事或朋友的推荐,5%的人通过老师或者长者的推荐①。JISC关于网络一代和非网络一代查询入口的研究显示:网络一代喜欢用页内的链接,直接在阅读文章的时候用页内链接,研究者更喜欢用图书馆提供的链接,专业人士、教授等可能从网站内直接找到需要的信息。原因可能是:他们对于专业知识的凌驾能力的不同,教授知道专业领域内的知识更多,直接从网站内找到自己需要的信息更有效,网络一代对专业的知识的认知能力比较弱,找到相关的信息是他们最需要的,所以他们会在网页内寻找自己所需要的信息②。

综合国内外以及本书调查研究发现,网络一代非常依赖搜索引擎,不能有效的采用更多的查询入口进行信息查询,但是研究生或者研究人员等非网络一代能够采用多种方式作为信息查询的首次入口。同时随着年龄的增长对搜索引擎的依赖程度降低,其中网络一代选择搜索引擎多于非网络一代的任何年龄段。中国青年报社会调查中心通过民意中国网和搜狐新闻中心对网民进行调查,结果发现更多的网络一代有网络依赖症。搜索依赖和网络依赖完全相关。网络一代对网络的依赖程度比上一代人大得多,他们的生活、消费、学习等信息很多都从网上得来。

事实上,成长在用户主导和个性化服务的网络时代,网络一代对通过搜索引擎查询和获取信息已经形成一种路径依赖。方便的搜索手段和新兴的点对点(P2P)社会化网络技术增强了用户的自信,使他们更倾向于DIY的自助服务,而不是像过去那样求助于图书馆员,在今天通过搜索引擎来查找所

---

① Information Behaviour of the Researcher of the Future (case study 1) [EB/OL]. [2009 - 12 - 13] http://www.ucl.ac.uk/infostudies/research/ciber/downloads/GG%20BL%20Learning%20Report.pdf.

② Student information - seeking behaviour in context [EB/OL]. [2009 - 11 - 13] http://www.ucl.ac.uk/infostudies/research/ciber/downloads/GG%20Work%20Package%20IV.pdf.

需资料已成为网络一代的一种习惯。

用户对查询的最终结果是否满意，在很大程度上取决于他对结果的期待，而查询需求产生，并准备启动查询行为就意味着用户期待的产生。网络一代的网络搜索引擎的使用习惯影响了他们的期待。由于网络一代长期以来视百度这样的搜索引擎为网络基本工具，他们的查询行为非常明显的体现出了"百度"习惯。他们习惯于错误的拼写能够被系统自动纠正，当发现统一检索系统不能接受任何拼写错误时感觉不满意；他们习惯于同时输入若干个检索词，系统会默认以"or"的逻辑进行检索，这就导致了他们在其他系统中有可能出现零结果，如果信息素养得不到及时提高，网络一代将一直依赖搜索引擎。

（2）网络一代信息查询的后续入口仍然以搜索引擎为主

后续检索入口是用户在进行检索调整时所使用的页面。与首次检索入口相比，用户在后续检索入口上停留的时间不长，容易回切到首次检索入口，或在后续检索入口处停止搜索过程。因而用户虽对后续检索入口有一定的偏好和依赖，但其强度明显不如对首次检索入口的偏好和依赖。用户进入后续检索入口依赖一定的环境，尤其用户执行当次搜索任务时所获搜索结果的影响，很大程度上不依赖习惯。选择后续入口有两种可能性：首次入口找到了需要的网站等信息，进入所需的网站时再选择下一步的入口；另一种情况就是用户在第一次输入信息后查到的信息和自己所需要的大相径庭，需要重新使用输入信息的入口。

根据本书的调查显示：网络一代的后续入口以搜索引擎、浏览网页或网站为主要的方法，其次就是接受同学和朋友等同龄人的建议，其他的各种方式选择的人均不足10%，（如图所示），非网络一代在选择后续入口时有多样性，通过网站提供的搜索引擎、网站分类目录、网站地图、浏览网页以及其他的方法去完成他们的二次入口。（如图3-2所示）。

（3）网络一代比非网络一代使用"百度"多

据第23次"中国互联网络发展状况统计报告"（CNNIC，2009）显示：中国网民对搜索引擎这种网络应用工具的使用率是68%，为中国第四大网络应用。2008年全年搜索引擎用户增长了5 100万人，年增长率达到33.6%。根据本文调查显示网络一代在首次检索入口时有77.4%的用户选择搜索引擎，在后续的入口中，大约有50%的人还是选择搜索引擎，非网络一代在信息查

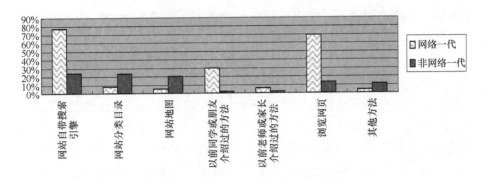

图 3 - 2   二次信息查询入口比较

询的首次入口选择中，搜索引擎也占了将近一半。可见无论是全体的网络用
户，还是网络一代，他们对于搜索引擎的使用都非常多。

根据本书的调查显示：网络一代使用的搜索引擎主要是百度：大约有
91.3%的网络一代使用百度进行查询，百度是网络一代使用的最主要的搜索
引擎。从对非网络一代的调查来看，非网络一代中使用百度和 Google 的人数
基本一样，都不足 50% 使用，非网络一代有英语语种信息的需求，所以使用
google 和百度的人数基本一致，而网络一代现阶段基本没有英文信息方面的需
求，所以使用 Google 的人数不多，对百度情有独钟。（网络一代和非网络一代
使用搜索引擎的情况如图 3 - 3 所示）

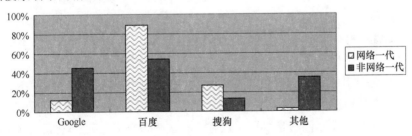

图 3 - 3   经常使用的搜索引擎比较

百度搜索引擎之所以会成为他们获取信息的重要渠道，这与网络一代所
生活的环境密切相关。他们大都具有较长的网龄，从出生就接触网络，日常
生活和学习也离不开网络。通过搜索引擎获取信息，信息来源广泛，信息量
巨大，而且形式多样，获取速度快。百度作为最大的中文搜索引擎，可以搜

索到最全面的中文网页，使用率很高。对于不太需要外文的网络一代来说，百度是他们的首选。同时百度的信息采集和处理比较规范，且更新及时，信息的可信度比较高，在专业信息资源的获取方面，采用了智能分词技术，可自动对输入的检索语句进行关键词提取，再加上其页面上提供的丰富的网页链接，所以在一般情况下还是可以获得比较专深的信息。根据本书的调查显示：在首次入口的情况下，网络一代比较多的使用了百度百科，大约占总人数的37%。通过本书访谈，网络一代认为百度百科和维基百科作为开放性的社区，通过大家的集体努力，虽然有时比较乱，但是基本能够反应这个问题的总体的走向和整体的趋势，快速地获取核心信息，有效的获取别人的帮助等，对于掌握基础知识非常有用。相比使用专业的学术网站和图书馆订购的专业数据库来获取，一般都需要检索技巧，而这正是他们大部分网络一代所不具备的。百度等搜索引擎以其高度的内容综合性和使用低门槛吸引了无数用户，它的成功值得信息服务部门的认真思考。如何整合资源，如何揭示资源，提供给用户使用的各种界面和工具是否简单、有效，都是信息服务部门必须重视的。

（4）网络一代比非网络一代使用移动设备多

随着4G网的普及和推进，移动上网设备的使用逐渐普及，移动上网设备以其方便、快捷的方式成为查询信息的主要设备。

通过本书调查发现网络一代和非网络一代的移动上网设备的拥有率都比较高，都高达97%，这与4G网络普及、手机上网简单有关。根据CNNIC发布的第25次中国互联网络发展状况统计报告：截止到2009年12月31日，中国手机网民规模增加1.2亿，达到2.33亿人，占整体网民的60.8%。手机上网成为互联网用户的新的增长点①。网络一代对新技术的接受更强，随着4G的发展，会有更多的网络一代使用手机等移动上网设备。PEW中心对网络一代拥有移动上网设备的数量进行了调查，在2004年拥有量是45%，2006年是63%，2008年71%左右②。

同时网络一代能经常使用移动上网设备查询资料，移动上网设备成为网

① 中国互联网络信息中心．第25次中国互联网络发展状况统计报告：2010［R/OL］．［2010－05－15］．http：//www.cnnic.net.cn/uploadfiles/pdf/2010/1/15/101600.pdf.
② Teens and Mobile Phones Over the Past Five Years：Pew Internet Looks Back［EB/OL］．［2009－12－22］．http：//pewinternet.org/Reports/2009/14－－Teens－and－Mobile－Phones－Data－Memo.aspx.

络一代经常进行信息查询所使用的设备，非网络一代使用却较少。本书调查显示网络一代对移动上网设备的使用率是 74.2%，非网络一代只是 17.7%。网络一代和非网络一代对于移动上网设备拥有率主要区别如图 3-4：

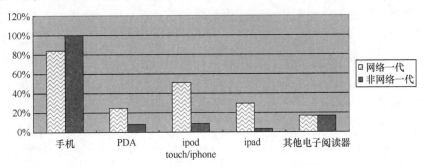

图 3-4 移动上网设备的持有情况

本书调查显示，在工具的使用上，网络一代使用的移动上网设备多种多样，但是非网络一代使用的移动上网设备比较单一，以手机上网为主。PEW 中心的调查也证实这一点：年轻一代对于新出现的上网工具和无线设备都很有使用的兴趣和欲望。绝大多数的 12~17 岁的孩子有经常上网的经历。30 岁以下的人使用无线网络的人在增多，年轻人在新技术的使用方面处于一个领先的地位[1]。60% 的年轻一代他们使用无线的上网设备，这个数量远远大于成年人的使用。年龄直接影响用户使用新技术，同时城市的设备以及无线网络的普及程度也不同程度对其产生影响[2]。

（6）网络一代信息源选择的其他特点

通过本书访谈总结，网络一代比非网络一代更相信同龄人的信息：在朋友同学推荐的信息和老师或者家长推荐的信息之间，网络一代更倾向于使用朋友同学推荐的信息，但是非网络一代更倾向于使用老师和家长推荐的信息。这种心理的形成也有多方面的原因，首先可能是网络一代处于叛逆期，对家长和老师的很多想法和说法不服气；其次，可能在技术的某些方面，网络一

---

[1] Going wireless all the way to the Web［EB/OL］. ［2010-1-13］http：//www. pewinternet. org/Media - Mentions - Going - wireless - all - the - way - to - the - Web. aspx.

[2] Social Media and Young Adults［EB/OL］. ［2010-12-13］http：//www. pewinternet. org/Reports - Social - Media - and - Young - Adults. aspx.

代更加具有开拓精神,他们很不屑于作为数字移民的家长和老师循规蹈矩的使用技术和信息的方式;最后,网络一代可能要开创后喻文化的时代(即年长者向年轻人学习的时代)。

网络一代对信息源不能灵活运用:对于书签、博客、论坛的评论等方式提供的信息源不能很好地使用,没有当成有效地信息源使用。网络一代更加喜欢通过对初步浏览结果的浏览比对来深入的挖掘信息源,通过浏览发现找到自己真正的信息需求、修正原来的信息需求,完成自己的信息查询任务。比如家庭作业方面调查者发现,网络一代们通常是以百度开始其查询,依赖于老师创建的互联网信息,或者找朋友或者用社交网络完成家庭作业。这些受调查的学生还指出,他们周围的成年人没能很好地意识到年轻人是如何使用科技的,所以在这方面没有给予足够的支持。

3.2.2　信息查询的关键词组配能力差

信息需求的识别和表达主要体现在网络一代在查询过程对于关键词的选择。本书通过调查的数据和实验的观察,总结网络一代与非网络一代相比在信息查询需求表达方面的特点:

(1)网络一代使用关键词进行查询,效果不好

在本书进行的信息查询的过程试验中,网络一代对于导航等辅助检索的工具使用很少,参与实验的20人,无一例外地都使用关键词进行查询。使用关键词进行检索是网络一代的主要选择,大量检索辅助工具形同虚设,样本所代表用户群体的信息素养需要提高。

本书问卷调查的结果显示网络一代对于检索词的选择带有很大的随意性,网络一代大约有65%的人直接把要查询的题目进行拆分,提取关键词进行查询。直接把要查询的问题去掉"为什么、和、也、吗"输入问题查询也有25%,只有10%的网络一代能够提取关键词进行查询。相比网络一代,非网络一代在选择关键词时更加理性,他们中大部分,大约是78%的人,能够通过提取关键词的方式进行查询,直接输入要找问题的人数有15%,直接把题目进行拆分的只有7%。(如图3-5所示)这个调查结果与大英图书馆2007年对网络一代的调查结果是一致的,同时网络一代很少分析哪些检索词更有效。

结合本书实验,进一步发现网络一代提炼查询式有三种方式:第一,自

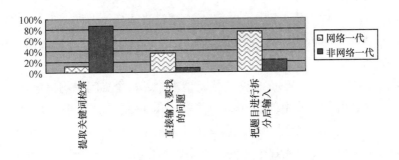

图 3 – 5　提取关键词方式比较

然语言法：如上文所示，直接把问题的虚词去掉输入问题。或者问题检索任务是确定的主题或概念，直接将主题和概念作为检索式进行搜索。如"水中重金属污染的危害和防治"，大多数网络一代输入的词就是"水中重金属、污染、危害、防治"，一块输入，"近视眼的手术治疗"问题的检索，绝大多数网络一代则直接输入进行检索。第二，使用中心词：提炼主要的名词或动词，即可能找到检索结果的中心意义的词汇。例如检索任务中的"蜱虫 咬伤的发病原理、预防、消毒、主要事项"，网络一代提炼的关键词就是"蜱虫 咬伤"或"蜱虫 咬伤的发病原理"等通过大的中心词找到更多的相关信息。第三，拆分法：把问题按自己的理解划分成几个中心思想，一个个的检索，或者把几个项按照自己的想法合并检索。第四，自我理解法，在访谈中网络一代特别提出，在很多时候如果提炼不出更好的关键词，他们会按照自己的理解找一个词或者一句话表达成一个检索任务。

　　非网络一代在选择关键词时则能用多种方法：第一，非网络一代在使用自然语言检索和中心词的过程中，能按题选择多种的布尔逻辑组配方法。第二，非网络一代能正确的排除不必要的检索词，比如"近视眼的手术治疗"，很多非网络一代在查询的过程中能去掉"治疗"一词，更有非网络一代能够仅保留检索词的词干。对剩余的可用检索词进行精炼处理，排除检索词中冗余的成分。对所保留的"近视眼"和"手术"这两个检索词分别减去了"手"和"眼"，只保留了"近视"和"术"，其中，"近视"一词足以表达近视眼这个概念，而"术"则是以此来覆盖所有以"术"来表述的各类手术。第三，非网络一代能理性的增加专有名词，这与非网络一代比网络一代领域知识丰富有关。

（2）网络一代构建关键词的方法——试错法选择关键词

Spink 曾对 Excite 搜索引擎的近 300 位用户做过实验发现，在被试验用户的检索提问式中，人均输入的检索词为 3.34 个①。Silverstein 对 AltaVista 的统计结果显示，在对 AltaVista 提交的检索请求中，每个提问平均仅包含 2.35 个单词或包含在引号内的短语②。Jansen 等对 Excite 的统计结果也显示，在 Excit 的用户访问中，每个提问均包含 2.5 个单词或包含在引号内的短语③。王继民的研究显示，多数用户输入的查询串中只含有一个词项④。本文关于使用关键词的个数调查中，网络一代使用关键词的个数是四个和四个以上，这个结果高于整个网络用户的整体水平。

本书实验发现网络一代在选择关键词时通过不断地试错，输入的关键词的个数明显地高于非网络一代，在找到的信息关联度比较高时再停手，而且网络一代在试错法的过程中使用的方法和非网络一代有很大的区别。

通过本书实验显示：网络一代试错法的主要方式是：第一，缩检：这种查询式调整仅限于改变实义词，不涉及辅助词和句法符号，改变的效果是缩小了检索结果的范围。在访谈中发现，网络一代喜欢从一个大范围的词入手，先对整体的信息有了解，再根据需要缩小范围，所以缩检的使用比较多。第二，很少变换自己的检索工具，都是通过自己熟知的术语或检索工具得到的。第三，新检索：查询式调整明显，调整前后的查询式在语义上基本没有重叠。实际操作中以概念的重合程度和检索结果的相似度为依据。第四，点击提示词：网络一代在第一次检索没找到合适的信息时，更喜欢点击搜索结果页面底部的提示词，认为系统提供的提示词比较好有助于表达自己的想法。

非网络一代在变换检索词时有一定的技术性，主要表现在：第一，根据既定检索结果的标题和摘要的判断修改检索词，可能是缩减也可能是扩检。

---

① Spink, Amanda, Jack L, X U Selected Result s from a Large Study of Web Searching: the Excite Study 1Information Research, [EB/OL] . [2008 – 12 – 23] http: //informationr. net ir/6 – 1P paper901html [2010 – 2 – 3] .

② Craig Silverst ein, Analysis of a very large Web search engine query log ACM SIGIR [J] . Forum archive 1999, 33 (1): 6 – 12.

③ Jansen BJ, Spink A, Saracevic T, Real Life, Real Users, and Real Needs: A Study and Analysis of User Querie s on the Web Information [M] . Processing and Management, 2000, 2 (36): 207 – 227.

④ 王继民，陈钟，彭波. 大规模中文搜索引擎的用户日志分析. 华南理工大学学报（自然科学版），2004，（11）：1 – 5.

第二，句法调整：查询式调整是改变辅助词或句法符号。第三，修改与调整：指除缩检、扩检和句法调整之外的查询式调整，修改前后的查询式在语义上有重叠。实际操作中以概念的重合程度和检索结果的相似程度为依据。第四，改换检索工具：被试从一种检索工具转换到另外一种检索工具，同一服务商的不同服务的转换亦入此。选择工具方面比较灵活。

总之，网络一代基本不能有效地表述自己的检索需要，很多学生对检索的问题不会分解和组合，因此查询信息时像动物猎食般盲目。

3.2.3 高级检索的使用少

高级检索中关键词组配方式也是很重要的一个方面，但是本书调查显示，网络一代的高级检索功能的使用非常少，本书访谈发现，很多网络一代根本不知道搜索引擎的高级检索功能，即使知道这个功能，也不能很好的组配关键词。通过下图的比较我们看出：网络一代经常使用和偶尔使用的高级检索功能的人数总共占人数的39%，而没有使用过或者不知道有高级检索功能的人数占61%。非网络一代中，使用过高级检索功能的占总人数的75%，经常使用的高达58%。（如图3-6所示）网络一代与非网络一代相比，使用高级检索功能的人数明显低。

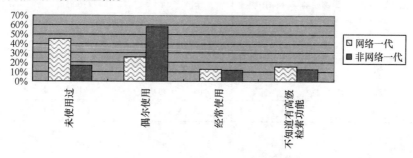

图3-6 高级检索的使用情况调查

网络一代不使用高级检索的原因：

（1）网络一代认为高级检索功能繁琐

经本书访谈，使用过高级检索的网络一代认为高级检索太麻烦，输入的信息太多；很多时候网络一代不知道那么多详细的信息，很难界定是要输入什么；而且界定的信息太多，容易找不到有用的信息。

（2）网络一代日均上网时间与高级检索功能的使用有相关性

把每天上网三个小时以上的用户认定为日均上网很多的用户，把经常使用高级检索功能和不经常使用以及不知道高级检索功能的作为一类进行相关性的比较分析，分析结果如表 3 - 1 所示，即日均上网时间越多的人，高级检索的使用频率越多。网络一代不可能每天有那么多的时间上网，所以高级检索的功能使用不会很高。

表 4 - 1　高级检索的使用频率和上网时间的相关性分析

相关系数

			高级检索的使用频率	上网的时间
Kendall 的 tau_ b	高级检索的使用频率	相关系数	1. 000	. 005
		Sig.（双侧）	.	. 819
		N	1 801	1 785
	上网的时间	相关系数	. 005	1. 000
		Sig.（双侧）	. 819	.
		N	1 785	1 788
Spearman 的 rho	高级检索的使用频率	相关系数	1. 000	. 005
		Sig.（双侧）	.	. 819
		N	1 801	1 785
	上网的时间	相关系数	. 005	1. 000
		Sig.（双侧）	. 819	.
		N	1 785	1 788

（3）"最小努力法则"

按照 Allen 的信息查询模型[①]，用户对信息渠道的选择几乎唯一地建立在可近性的基础上，网络一代信息查询行为也符合上述信息查询模型所描述的特点，最先选择的信息获取方式是自己熟悉的且方便快捷的方法。网络的便捷性和信息更新的及时性、网络一代对网络的钟爱以及百度等搜索引擎的简

---

①　Bryce Allen, Cognitive and task influences on Web searching behavior, Journal of the american society for information science and technology, 2002 (53)：2 109 - 119.

单检索的方便、易用等特点使网络一代能够更快、更方便、更新的获取自己所需的信息。选择最快捷的方式获取信息正好符合"最小努力法则",所以网络一代一般不选择使用高级检索功能。

3.3 网络一代信息查询的策略选择

问题解决理论的第二步就是"算子选择",所谓信息查询的"算子选择"就是通过使用检索策略,把自己的信息需求和机器界面进行沟通,通过自认为合适的信息查询的策略,对问题进行查询。

3.3.1 信息查询的技巧单一

网络一代使用的检索策略简单,本书调查显示,他们使用最多的策略就是使用多个检索词,位于第二位的就是按照网络提供的顺序进行检索,位于第三位的就是根据网络提供的类别中进行检索,还有11%的网络一代没有任何的检索技巧。对于布尔逻辑或者截词检索等网络一代使用很少。在对非网络一代的调查中显示,非网络一代使用这些方式的人数较之网络一代要多,但是他们没有突出的偏好(调查结果如3–7所示)。

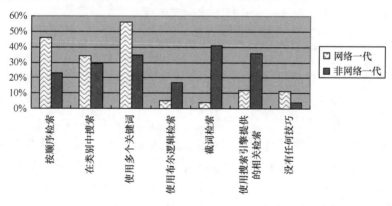

图3–7 信息查询的技巧比较

造成这种问题的原因可能是多方面的,首先:网络一代没有进行正规的信息素养教育,目前为止,网络一代大多数没有进入大学,进入大学的也都是处于大学的低年级,他们没有进行正规的文献检索课,即使有些高中进行某些信息技术和应用方面的教育，由于没有升学压力和实际需要，网络一代也不会引起足够的重视。通过对非网络一代中是否受过检索教育情况与是否使用布尔逻辑和截词检索的人进行相关性分析发现，正规的信息素养教育确实有利于用户使用更多的检索策略。

其次，网络一代对问题的探讨不深入，他们对很多问题的检索目的就是扫盲，不是为了更深入的研究和探究，所以他们满足于仅有的检索结果，很少使用复杂的方法去寻求更多的信息。

3.3.2 喜欢多任务并行处理

洛杉矶时报和彭博社认为网络一代喜欢同一个时间做好几样不同的事情，他们习惯于在看电视的时候通过手机聊天、做作业、吃东西或者与父母聊天等。在做作业的时候通过 ipod 听音乐，通过手持设备发送信息等，他们可以方便地进行多任务处理①。

通过本书实验发现，大多数网络一代的计算机的 QQ、MSN、飞信等都是开机自动登录，也就是说网络一代上网的时候都是使用这些即时聊天工具的。另外在进行查询实验的时候他们也会关注网络自动弹跳出来的很多新闻。在进行非网络一代的实验中，这些情况略低于本科生。

造成网络一代喜欢多任务并行处理的原因很多：

（1）获取帮助：通过本书进行的调查显示，网络一代在查询问题时的交互行为主要目的就是通过别人"获取新的知识"，大约占总人数的 60% 左右，其次就是"就感兴趣的问题进行探讨"，这也是获取别人帮助的一种方式，是通过探讨互相学习、取长补短、获取帮助的过程。在对非网络一代的调查显示，居于首位的目的就是"深入了解某一特定问题"，对某些问题进行进一步的探讨的过程，位于第二位的就是对感兴趣的问题进行探讨，这两个方面综合起来是一个探讨、提高的过程（调查结果如 3 - 8 所示）。所以网络一代的主要目的就是获取帮助，而非网络一代的主要目的就是提高能力。

（2）外在因素：外界诱惑太多。网络信息以问题新、速度快著称，很多最新的信息都是以弹窗的方式出现，"标题党"盛行，很多问题为了吸引人的

---

① Los Angeles Times/Bloomberg Survey of pop culture and entertainment in the United States: Jon Stewart? No Way. Teens Stay Caught Up By Watching Local News [EB/OL]. [2007 - 8 - 3] http://www. latimes. com/news/custom/timespoll/ [2009 - 3 - 5].

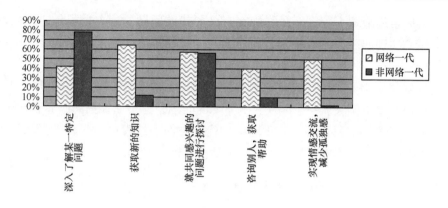

图 3 - 8   多任务并行处理的目的比较

眼球，拥有很炫的名字。

（3）内在原因：网络一代好奇心很重，对所有的问题都感兴趣，容易被外界的有趣信息吸引；自我调控意识比较差，很容易被外界的事物吸引。

（W1：很多时候就感觉好多人在网上说话，不去看一眼，心理不踏实。）

不能武断地认为多任务并行处理好还是不好，多任务并行处理作为网络一代比较突出的现象，如果能正确的引导，也许能发展成一种能力，使网络一代能应对未来复杂的信息环境；多任务并行处理也许能让网络一代发现更多的信息源，补充自己对问题的认知，找到更全面的信息源。

3.3.3   倾向于自上而下的策略

信息查询基本的检索策略分为三种，自上而下的策略，即查询者开始在一个全面的范围，然后依据系统的反应逐渐缩小范围；自下而上的策略，查询者以一个特定的查询词开始查询，然后扫描查询结果；混合策略，包括以上的两种策略。一般来说不管使用哪种检索策略，完整的方法就是先制定一个完整的查询方案，根据检索任务采用相应的检索策略进行查询。

但通过本书访谈发现，网络一代在查询之前，很少有人会制定一个完整的查询方案，他们都是在检索结果出来之后，根据结果的多少来选择同义词、近义词、更专指概念来调整查询策略。

本书实验发现网络一代信息查询时，一般都是找一个外延比较大的中心词或者关键词，或者把检索的问题整个输入，以特定的问题进入，对问题整体了解后再逐渐缩小范围，最终确定自己要找的问题，这个过程是通过反复的试错来实现的。如"水中重金属污染的危害和防治"这个检索式，大多数被实验的网络一代输入的都是"水中重金属"或"水中重金属污染"他们自认为谈到"水中重金属"时肯定要谈它的污染，谈到污染一定会有危害和防治，所以只要范围大就一定能找到所需要的问题，但是如果把问题界定太窄，容易漏掉很多有用的信息。而非网络一代在查询的过程中，一般来说都是先缩练好关键词或者界定好需要信息的范围再查询。

3.3.4　查询行为中浏览性选择比较多

Bates 认为①，查询行为中存在对结果信息的点击和浏览这种情况，此时浏览作为信息查询策略和技术的一部分而存在。虽然 Bates 认定的浏览行为和本文认定的浏览行为有一定的区别，但是通过研究发现，浏览确实是网络一代信息查询行为的重要策略。

网络一代经常使用网页浏览：通过本书调查显示，网络一代有 62% 的用户经常使用浏览行为，大约有 30% 的用户偶尔使用，只有 8% 的用户从来不用，在非网络一代的用户中，只有 39% 的用户经常使用，大部分用户（56%）的只是偶尔使用，5% 的用户从来不用。（调查结果如图 3 - 9 所示）从调查的结果来看，网络一代比非网络一代更经常使用浏览行为。

其他机构的调查也验证这一观点：JISC 对不同年龄段的学生进行统计研究发现，年龄越大在信息查询时检索行为越多于浏览行为，网络一代的检索和浏览行为基本持平，年龄大的研究者浏览行为占查询行为的比率少。OhioLINK 调查显示，研究者更喜欢检索，41% 的研究者喜欢检索，20% 的学生喜欢检索②。

网络一代的浏览行为主要有四个作用：寻找信息，在通过首次入口获取的检索结果中，筛选比较，获取自己所需要的信息（W13：好多时候输入检索词，出现好多结果啊，我要逐个看看。）；修正原来的信息需求：特别是信息需求和检索词不能确定的时候，通过不断地浏览结果，界定自己的检索词，

　　① Bates M J. What is browsing - really? A model drawing from behavioural science research ［EB/OL］. http：//informatiour. net/ir/12 - 4/paper330. html ［2011 - 1 - 12］.

　　② Student information - seeking behaviour in context ［EB/OL］. ［2007 - 12 - 13］http：// www. ucl. ac. uk/infostudies/research/ciber/downloads/GG%20Work%20Package%20IV. pdf ［2009 - 5 - 2］.

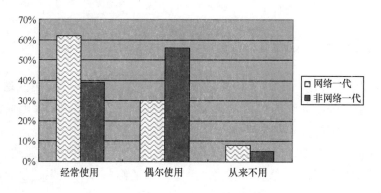

图 3 - 9　浏览行为的使用频率比较

并界定自己的信息需求，为进一步的信息查询做准备（W17：有些时候我输入一个检索词，发现检索的东西根本不是我想要的，曲解了我的意思，那我要重新修正以前的检索词。重新输入一些检索词。这样才能找到自己想要的信息。）；满足网络一代的好奇心，检索到某些问题时，也许不是自己最初想要的东西，但是对这一问题同样好奇，通过浏览检索结果满足好奇心（W2：有些时候查询结果中出现很多新东西，觉得挺好玩的，我要查看一下。很多时候为了查询一个问题，得到很多意想不到的信息。）；增加信息的完整性，检索结果的前几项可能已经满足自己的检索结果，但是在对之前的结果浏览时，发现了很多自己意想不到的信息源，为了扩展自己的知识面，防止遗漏重要的信息或者自己没有预期到的信息进行的浏览（W8：有很多时候虽然已经找到了自认为比较好的信息，但是看着那么多结果还是不放心，还想多看些，怕信息不完整。）。

其中网络一代浏览的"修正原来的信息需求"的作用非常大，网络一代通过浏览结果明确自己的信息需求，网络一代在浏览的过程中，一边明确自己的信息需求，一边找合适的结果，非网络一代的浏览过程只是找到合适的结果，对于明确信息需求这个职能少一点，所以网络一代的浏览行为更重要，在下一节中重点介绍网络一代的浏览行为。

同时网络一代浏览的过程中不重视对知识和信息本身的掌握和积累，甚至有些人常常对某些常识性的东西茫然不知，他们不在乎理论分析能力的高低，而很看重答案自身的合理性。非网络一代则不同，他们比较重视对问题的分析和掌握。

3.4 网络一代的信息浏览行为研究

"问题解决理论"的第三个步骤就是算子应用，所谓算子应用就是运用所选定的算子来改变问题的初始状态或目前的状态，也就是执行策略阶段。有些情况下，选定的算子可以顺利地实施，但是在比较复杂的情况下，会出现困难，甚至无法实施，比如信息查询中经常出现一无所获现象便属这种情况。事实上信息查询有很大的不确定性，没有一定的经验知识积累，常会出现决策错误，因此这时就需要变换策略，即变换算子。

网络一代的信息查询过程中，通过多种方式选定了算子，他们选定算子的方式在上一节中进行总结，在本节中主要介绍一下网络一代"浏览行为的使用"，一方面这是一个很重要的策略，另一个方面，在习惯性的指引下使用了检索策略，浏览行为是检索策略得以实现和下一步行为能够进行的一个重要的衔接，是信息的筛选过程。浏览与检索相比，浏览的目的性和规范性或许相对较弱，但是作为网络一代查询信息的重要的方式之一，网络用户的信息浏览行为有不容忽视的作用。在这一节对网络一代的信息浏览行为做详细的叙述。

3.4.1 倾向使用启发式浏览

关于浏览行为的分类法，由于各个作者的研究侧重点不同，对浏览的定义不同，所以提出的浏览行为分类也不同：

最常见的分类法就是认为：一种浏览是没有明确的目标，漫无目的的查看、查阅的过程，另一种是在一定的检索基础上，因为检索信息的目标不明确，比对中发现信息需求，明确信息需求并找到自己的问题的一个过程。Walsh[1] 把浏览分为三种：检索式浏览，即已知目标下的直接检索；一般目的浏览，即查看感兴趣的资料；意外发现浏览，是完全随机式的浏览。Salomon[2] 提出目标导向检索（goal – directed search），已知目标下的直接检

① Walsh JP. Connecting minds: computer – mediated communication and scientific work ［J］. Journal of American Society for Information Science. 2000 51 （14）: 1295 – 13 – 5.

② Salomon JB. Designing casual – use hypertext. Proceedings of CHI90: Computer – human Inferface, 451.

索；非目标导向浏览（goal – directed browing），在浏览过程中发现目标；偶发式检索（casual browing）偶然浏览大量的资料。

（1）网络一代倾向于使用启发式浏览

通过以上的分析，本书试着归纳浏览行为的定义，本书作者根据浏览任务或任务导向不同，把浏览分为三种类型：目标明确型浏览、启发性浏览、非目标导向型浏览。

目标明确型浏览：用户内心有明确的目标，提炼出合适的关键词并且使用了较为合适的检索策略，用浏览的方式来确认、选择有用的信息，筛选不必要的信息，从而满足自己的信息需求。Cove 和 Walsh 将浏览描述为一种值得花费时间努力辨别、挑选、选择有用信息的过程，将这种浏览行为定义为一种特定的浏览行为①。

启发性浏览：用户内心有目标，但是目标不是十分精确，或者没有提炼出合适的关键词，没有明确的查询策略时，用户更倾向于启发式浏览来寻找可能的信息，Ingwersen 将浏览定义为一种探索，依靠善于发现意外收获的信息查询行为，这种行为尤其适用定义不明确的问题②。当信息需求不明确时，浏览能最大限度地减少问题的不确定感。

非目标导向型浏览：用户没有特定的目标，只是为了消磨时间的一种信息查询行为，这是一种纯粹随意、非结构性也非指示性的活动，属于一种休闲、娱乐性质的活动。

通过实验发现，网络一代的浏览行为是明确信息需求、理解信息需求的关键阶段，在浏览的过程中明确查询任务、提炼合适的关键词、形成对问题的整体认识并对重点问题进行梳理，属于"启发式"的过程。浏览对于网络一代信息查询非常关键。非网络一代的信息查询中，在提炼关键词阶段就已经对问题有较为明确的认识，浏览过程对于非网络一代只是一个筛选信息的过程，所以非网络一代的浏览只是一个目标明确型的浏览过程。即网络一代信息查询的过程中倾向于启发式的浏览，非网络一代倾向于目标明确型的浏览，非目标导向型的浏览在网络一代和非网络一代的日常生活中都存在，不

---

① Slone, D. The impact of time constraints on Internet and Web use［J］. Journal of the American Society for Information Science and Technology. 2007 58（4）：508 – 517.

② Ingwersen P, Jarvelin K. The turn：Integration information seeking and retrieval in context［M］. Dordrecht：Springer. 2005.

属于本书研究的范畴。

（2）网络一代浏览的内容是对等、积累式、即时的

在 Web 2.0 的条件下，浏览的内容多种多样，从广义的角度大致分为六种：一般的浏览内容、对等的浏览内容、积累式的浏览内容、即时的浏览内容、主动的浏览内容、社区化的浏览内容。一般的浏览内容是最为普遍的，来源于网上的电子书、电子期刊、图书馆网站、各种类型的网站的一般性的知识；对等的浏览内容是：传者既是受众，受众又是传者，改变了过去的被动阅读交流模式，使得个人不需要专业的知识和技术，便可在互联网上发表自己的感受、经历等，它使阅读者能够深度参与到互联网中，平等的交流和浏览；积累式浏览是在不断的信息的增删与提炼中，逐渐达到思想的共识，在一次次的交流碰撞中，达到知识的顶峰。即时浏览是在即时交流的过程中获取各种知识；主动浏览方式是通过定制等方式获取浏览内容；社区化浏览内容是集中于某个人际网络虚拟社区中进行浏览。

网络一代喜欢的浏览内容是对等、积累式、即时的。他们喜欢发表评论，网络一代与非网络一代相比，更喜欢表达自己的意愿。本文调查显示：在网络一代中不愿表达自己意愿的人有 549 人，占总人数的 31.4%，非网络一代中不愿表达自己意愿的人数有 63 人，占总人数的 50.8%。而且据统计发现网络一代喜欢匿名表达自己的观点。

本书调查显示，网络一代喜欢百度百科这样积累式的内容。喜欢多任务并行处理，在浏览的过程中交流，通过交流获取新的知识。

由于网络一代对网络知识的辨别能力比较差，不能正确的区分电子书、电子期刊和图书馆网站的各种知识，所以对一般的浏览内容较之非网络一代要少。通过调查网络一代对定制等主动跟踪的浏览方式和社区化浏览方式使用都少。这也许与网络一代对问题的持续兴趣度比较低，只局限于获取一般性的解释知识有关。

3.4.2　浏览的非线性复杂路径

（1）浏览的基本路径

通过对实验中网络一代和非网络一代浏览网站的浏览路径分析，发现所有受试者的浏览路径类型可分为线性路径、回溯路径、迴圈路径、发散路径四种类型，每种路径的发生都有具体的原因：

线性路径指不经过同一个节点两次的浏览路径，是指浏览者通过网站所提供的架构，进行单程的网页浏览，形成单一路径的可能。线性路径的原因：第一，由于网站架构的限制，浏览者只能按照一定的浏览顺序进行浏览，因此，浏览时只有一步一步进行超链接的点选。第二，浏览者只对这一主题感兴趣，持续追踪某主题。

回溯路径指沿着先前的浏览路径回去，浏览者通过返回的链接而逐步回到原来的结点，利用浏览器提供的"上一页"或"后退"按原有的浏览路径返回，出现这种情况的原因是：第一所在的页面没有自己想要的信息，觉得以前的检索结果比较好，想再重新回去浏览；第二，有迷路的感觉想确定自己当前所在的页面；第三，受试者没有看到回首页的链接或者并不知道回首页的链接是哪一个，他只能顺着原路返；第四，回到某一网页中找到需要浏览的网页或者是不经意间通过别的浏览回去了或者点击了错误的网页。

迥圈路径指从终点回到起始点的路径，呈现封闭型的架构，并且在迥圈中不经过任何一个节点两次。通过几个单程的链接后又回到原来的节点。这种路径的原因是利用网站导航栏回到最初的出发点或者通过"回首页"回到最初的出发点。

发散路径指在浏览的过程中，在超链接的引导下，浏览更多的不太相关的知识，使浏览的路径发散。原因是：第一，对某些问题比较感兴趣。第二，迷路现象的发生。

（2）网络一代浏览的非线性复杂路径

一个浏览路径过程的发生往往由一种或几种类型组合而成，通过本书实验和访谈进一步总结网络一代信息浏览的路径特点：

通过以上的分析获知，如果对某一问题感兴趣则可能是线性的浏览或者发散的浏览，网络一代在遇到感兴趣的问题时容易使用发散的路径，从统计来看，网络一代使用的超链接数量比较多，但是一般来说都是通过发散的路径，中心性的问题浏览少，很难控制自己的行程。非网络一代在检索中线性和发散并行。

网络一代使用回溯和迥圈的人数少，在本文访谈中发现，网络一代很多时候只愿往前走，认为回去的路径都是被筛选过没用的，或者认为只有前边的信息是最好的，所以他们一般不会回溯。

与非网络一代相比网络一代的浏览路径更加复杂：网络一代对网站的认

识有两个极端，要么特别熟悉，受习惯性的影响经常使用，对网站的内容非常感兴趣，容易被很多信息所吸引，容易产生分心的现象，产生复杂的浏览路径。或者对网站一点不熟悉，网站信息内容的丰富性或是网站结构的复杂或者不够理想的网站设计，使得用户并不能清楚地知道网站的内容及架构，所以会不断地在网页间进行穿梭探索，也容易产生复杂性的路径。但是非网络一代来说，由于之前的信息需求比较明确，所以在浏览的过程中会比较清楚自己身处何方，比较清楚从哪个位置选择欲浏览的链接，则复杂程度降低。

3.4.3　浏览行为中出现的问题

（1）网络一代浏览迷路严重

网络一代认知迷路严重，本书调查显示有63％的用户经常发生迷路，非网络一代只有28％的用户认为自己经常迷路。网络一代中还有28％的用户对自己是否认知迷路不确定，不确定的用户大部分也是经常迷路的用户。Edwards 和 Hardman 所做的研究中指出，有一半信息查询者有迷路的感觉，而这种感觉可能源于不知道下一步要去哪里、不知道在整个超文本结构中的位置[①]。而网络一代的这一感觉更加明显。这说明在浏览的过程中，网络一代出现迷路是普遍现象，这可能与网站的设计、广告等信息的干扰、自身的认知缺陷、信息需求不明确有关。网络一代和非网络一代在浏览过程中的迷路情况如图3 - 10所示：

正如 Elm 和 Woods 所描述的：迷路是因为用户对系统内各结点的关联并没有清楚的概念，也不知道身处于整个系统的哪一部分，且对于下一步将要链接到哪一个点也很难决定。也就是说，用户不知道信息如何组织、如何找到所需要的信息、或是浏览的信息内容中，是否有需要的信息[②]。迷路产生的问题是：第一，不知道自己身处何处，不知道如何进一步获取信息以及如何回到某一浏览过的结点上。第二，脱离最初的主题，忘记如何从脱离的地方回去，当有类似主题的信息分散各处时，这种脱离的情形更加严重。第三，浏览意图混乱，忘记自己本来的浏览目的。

---

① A. Shenton, The information – seeking problems of English high schoolers responding to academic information need ［J］. Library Review, 2008 57 （4）: 276 - 288.

② Madden. AD, Ford. NJ, Miller. D. Information resources used by children at an English secondary school ［J］. Journal of Documentation 2007 63 （3）: 340 - 358.

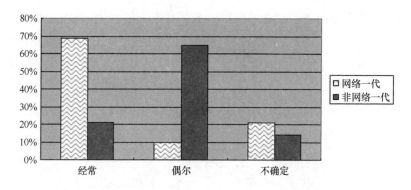

图 3 - 10 浏览过程中迷路发生的频率比较

（2）认知负担

超文本浏览中，用户在结点间的频繁跳转会使用户产生很大的认知负担。这是因为，用户在浏览网络中特定结点时，必须决定选择与自己需求有关的信息，忽略与自己需求无关的大量干扰信息，同时也必须记住值得继续探索的其他结点，这种过程往往造成浏览上的认知负担。当用户的浏览目标不是很清晰时，用户必须对他所遇到的一个个链接是否继续进行而作出选择，这时他所承受的认知负担更为严重。一般而言，用户如果选择了分支路径，就需要记忆"分岔路口"这不仅增加了用户的选择负担，也加重了用户的认知负担。

由于网络一代的浏览行为比非网络一代的浏览行为的作用更大，不仅是找到合适的结果，而且在这个过程中明确自己的信息需求，缩炼对问题的认知图示，所以更容易产生认知的负担。

3.5 网络一代信息查询的结果选择

问题解决理论的第四步就是算子评价阶段，对于浏览结果，网络一代有一个决策的过程，这也是信息查询的算子评价和选择的过程，在这个过程中，网络一代对浏览结果有自己的选择和评价机制。

3.5.1 查看少量的表层信息

（1）网络一代查看少量的信息

网络一代查看的结果少：本书调查显示网络一代对查询结果的记录查看

时，50% 的看 5 条以下，22% 的用户看 6 - 10 条，能看 10 条以上的用户也就是 28%，在非网络一代的调查中我们看到，大约有 39% 的用户查看 6 - 10 条，35% 的用户查看 10 - 20 条。网络一代查看的检索结果明显的低于非网络一代（如图 3 - 11 所示）。在使用超链接的过程中，大约有 80% 的网络一代使用的超链接数低于 6 个，非网络一代中大多数用户使用的超链接数是 3 - 9 个（如图 3 - 12 所示）。

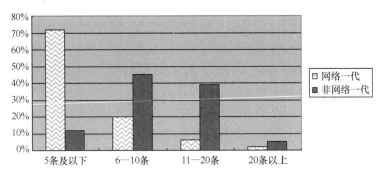

图 3 - 13　浏览结果的数量统计比较

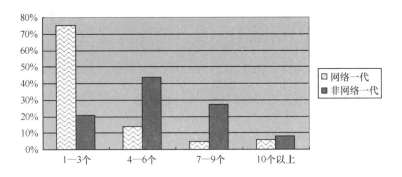

图 3 - 14　超链接的使用数量比较

　　国外的调查结果也类似：大英图书馆 2009 年对 Google 的调查显示，在一个问题的检索结果中，网络一代的浏览数量一般不会超过 3 个，一般认为前面的信息是最权威的。一个问题找到 3 个解释论据也就足够了，但是非网络一代却不这么认为，他们认为只有翻看的页数多，才会找到精度比较高的所需信息的。大英图书馆的日志分析也显示，只有 12% 的大学生能一次浏览超过 12 页，普遍现象是一次浏览不会超过 3 页而转向另一个浏览①。

一般来说，查看信息的数量和去除不良信息的能力是成正比的，即查看数量越多，去除不良信息的能力越强。网络一代对查询结果只是少量的查看，他们去除不良信息的能力，相比非网络一代肯定也是不强。

（2）网络一代查看表层信息

所谓表层信息就是排在前边的信息，通过本文的调查显示网络一代期望所有的信息按相关度进行排列，他们在查看时喜欢排在前边的信息。

网络一代期望信息按相关度进行排序：本书调查显示，大约有一半的网络用户期望查询的信息按照相关度进行排序。非网络一代则更希望信息是按照他们的需要进行排序（如图 3 - 15 所示）。从这个调查来看，非网络一代对信息的相关度要求更高，期望查询的信息是个性化的相关排序，而网络一代希望网站能做到相关的排序，他们只是筛选即可。

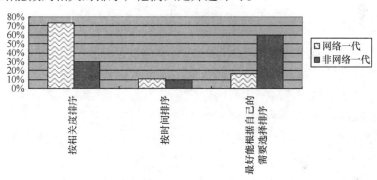

图 3 - 15　网络一代和非网络一代期望的查询结果排序情况比较

本书实验和调查显示：网络一代在查看查询结果时，选择最多的就是查看排在前边的信息，其次就是自认为很重要的信息，对于排在后边的信息和随意的点击结果的人数微乎其微。由于网络一代对信息的相关性判断比较差，他们认为比较重要的信息也往往是排在前边的信息。非网络一代选择最多的就是"自认为最重要的信息"，由于非网络一代对信息的筛选能力比较强，所以他们选择的信息有可能不是排在最前边的。（如图 3 - 16 所示）

---

① Student information – seeking behaviour in context ［EB/OL］. ［2007 – 12 – 13］http：//www. ucl. ac. uk/infostudies/research/ciber/downloads/GG％20Work％20Package％20IV. pdf ［2009 – 5 – 2］.

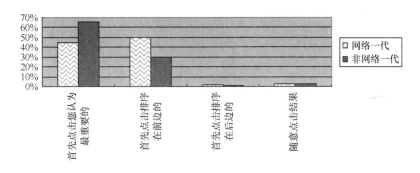

图 3 - 16　信息查询结果的选择标准比较

　　也就是说网络一代一般都是表层信息的使用，而且认为表层信息都是相关度很高的信息。

3.5.2　喜欢即刻呈现的免费资源

　　（1）网络一代希望查询结果即刻呈现

　　网络一代生活在一个快速、高效反应的时代，使用快速的习惯让他们对信息技术的要求越来越高，他们期望信息查询的结果能够立刻呈现（即查即得）。Johnson 认为新的技术提供了很高的速度，同时让网络一代对信息服务的迟缓没有容忍度①。但是查询结果能否快速、准确的呈现取决有多个方面，计算机硬件设施、网络的响应速度、查询信息的方法等。

　　本书调查结果显示，大多数的网络一代对信息查询结果能否立刻呈现非常的关注。实验中也发现由于网络速度等原因，如果信息的显示比较慢，翻页的速度不快，网络一代会使用最前边的信息，而不会等待。但非网络一代可能会等待一下，直到找到自己比较喜欢的结果。对网络的迟疑忍受的能力相对比较强。

　　分秒计时成为最重要的度量单位，任何一种信息查询模型都必要考虑时间变项。信息查询模型要求这样，信息查询系统更要求这样。快速的查询反馈将鼓励网络一代应用该系统不断尝试检索策略以获得最佳检索结果集，反之将很快被网络一代遗弃不用。

---

　　①　Johnson L. The Sea Change Before Us ［J］. Educause Review 2006（4）：72 - 73.

（2）网络一代期望免费的资源

本书调查显示：网络一代要求信息必须是免费的，他们中绝大多数感觉"付费的信息让人难受"。但是非网络一代则认为免费的信息最好，但是如果很有价值的信息可以考虑付费。大约有一半的非网络一代认为有价值的信息可以付费使用。（如图 3 - 17 所示）

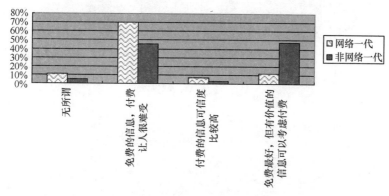

图 3 - 17　信息付费的态度比较

造成这个原因是多方面的：

网络一代的认知问题：通过本书访谈，绝大多数网络一代认为网上的信息就是免费的，就是随便使用的。而且他们中很多人认为网上有海量的信息，这个问题付费，我可以找到不付费的信息使用。信息付费与网络一代要求所需的信息能够马上获取存在矛盾。

网络一代对信息的价值认识不足：网络一代认为，只要找到信息就可以，网上的信息都是有价值的，不一定非要付费才有价值。

3.5.3　偏好生动的电子化的信息格式

本书调查显示：网络一代喜欢案例教学：这样能够加速他们理解问题。网络一代首选的信息类型是生动型的：随着互联网时代休闲类信息资源日益网络化和电子化的特点，网络一代也越来越倾向于使用电子资源。（调查结果如图 3 - 18 所示），但是网络一代并不认为生动的电子化资源适合掌握知识，对于掌握知识来说，网络一代更需要纸本的信息，网络一代并不认为生动型的信息对于掌握知识最有效。（调查结果如图 3 - 19 所示）

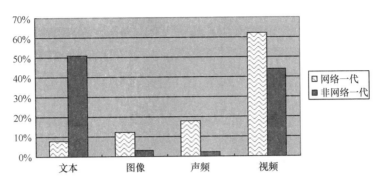

图 3 - 18　网络一代和非网络一代首选资源类型的比较

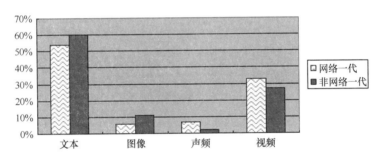

图 3 - 19　网络一代和非网络一代认为最有效的信息源比较

　　网络一代喜欢屏幕阅读：本书调查显示网络一代更喜欢进行在线方式和电子阅读器的方式进行阅读，大约占总人数的78%，而非网络一代对于纸本比较偏好，大约一半多点的非网络一代则喜欢通过纸本来阅读（调查结果如图3-20所示）。通过本书访谈，发现他们之所以选择是因为他们认为自己的选择方便实用，符合自己的需求。（W7：电子书简直太方便了，想什么时候看都可以，我可以在吃饭、上厕所、排队买东西的时候看，什么都不耽误。）网络一代认为屏幕阅读和电子阅读可以多任务并行处理、方便复制等。（W12：屏幕阅读时我可以随意的复制下来，但是如果书的话还要打字，太慢了。W18：我拿着一个MP4就所有的问题都解决了，可以看看书，听听音乐，多好啊。）非网络一代则认为纸本的阅读受条件的约束小，什么情况下都可以进行，而且最原始的方式一般是最安全的方式。（Y7：屏幕阅读太不方便了，晚上上床睡觉时我不能拿着笔记本看吧，但是书本就不一样了，随时放在床头就可以阅读，不想看了合上就好了。Y9：电子阅读和屏幕阅读太不安全了，万一存贮不好，丢了知识怎么办。）

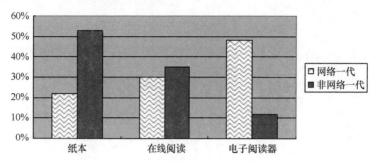

图 3 - 20　网络一代和非网络一代阅读介质的选择比较

上述的访谈结果代表了一部分人对于屏幕阅读、电子阅读和书本阅读的看法，他们的问题也是关于这些阅读媒体的优缺点的集中体现，到底哪种方式更好，要结合具体的情况来判断。但是不管哪种选择，都有其合理性和道理，这种选择代表一种习惯。综合来说，屏幕阅读可以使网络一代拥有丰富的信息资源，阅读行为更加方便快捷，交流途径更加的互动方便。屏幕阅读有利于网络一代创造能力得到提高，阅读品质得到培养，知识视野无限拓展。但是屏幕阅读也为网络一代带来负面的影响：信息超载重负，使网络一代眼花缭乱，辨别能力降低；浅阅读现象严重；思维平面化严重，长期的屏幕阅读使网络一代重视现有的显性知识，而忽略蕴涵于个人身上主观的洞察、直觉、预感、经验、技能、诀窍等难以沟通和共享的隐性意会知识，容易滋长那种一提到理论原创就要以知识的积累为前提、根本缺乏思想原创冲动的非创造性思维方式。

3.5.4　对信息的时效性没有要求

网络一代对信息的实效性没有特别的要求：在本研究进行的试验中，网络一代没有对时间做任何界定，认为找到的排到前边的就是最佳的答案，通过本文调查显示，网络一代对信息的实效性没有特别要求，大约有40%的网络一代认为信息的时效性无所谓，其次就是认为一年以内即可。而非网络一代在选择信息的实效性是更加理性，大约有一半的用户选择根据任务而定进行时效性的选择，多于一半的用户选择三个月以内的信息。可见网络一代对于信息的时效性要求比较低（如图 3 - 21 所示）。

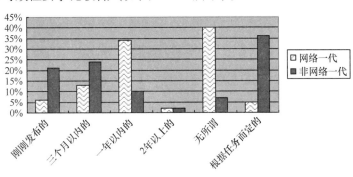

图 3 - 21　网络一代和非网络一代对信息的时效性要求比较

　　这可能是网络一代习惯于掌握基础的知识，而基础的知识一般都出现的比较早，所以早出现的信息可能对网络一代更有用，所以他们对新的知识没有特别的要求。另一方面，他们在选择信息时缺乏筛选的能力，认为排在前边最好，所以他们对时效性也没有特别的关注。

　　大英图书馆对这一问题的解释是：网络一代更喜欢较老的信息，原因有两个方面，一方面他们的认知能力普遍底下，越老的资料越是基础性的，符合他们的想法，另一方面也许是因为他们的检索能力比较低下，不能有效的找到最新的资料①。

　　①　Age - related information behaviour ［EB/OL］．［2006 - 2 - 13］http：//www. ucl. ac. uk/infos-tudies/research/ciber/downloads/GG％20Work％20Package％20Ⅲ. pdf ［2010 - 8 - 11］．

4 基于问题解决理论的网络一代信息查询的认知心理过程研究

信息查询行为作为一种有意识的人的行为，总是受到一定的需求驱使，也体现信息行为的主要特征。在研究了网络一代信息查询行为的"物理行为"后，为了更全面的了解网络一代的信息查询行为，需要对其"认知交互"的过程进行考察。尽管我们至今对信息查询行为的认知非常有限，但信息查询行为更适合问题解决理论。问题解决理论为信息查询行为提供了可供遵循的理论框架和实施策略，更为认识和揭示信息查询行为提供了重要的理论指导。

4.1 通过需求分析构建对问题的认知轮廓图

4.1.1 认知轮廓图的构建步骤

网络一代在查询初期形成的问题意识主要是关于问题的"认知轮廓图"，认知轮廓图包括：问题轮廓、语言、关于问题的认知情景等，但是并不是每次查询都是这三个方面的全部，根据查询的任务和学生的参与程度包括其中的部分或者全部。

（1）问题轮廓：理解问题，从不同的角度思考问题，对问题的内涵和外延做一个界定，根据查询要求对问题进行分解。轮廓图的建立直接影响查询进程，网络一代建立的对问题轮廓图基本就是根据问题的设问对要查询的问题范围作一个划定，根据自己的理解把问题缩小化，用通俗的理解方法理解问题，并根据自己的理解设计相应的检索步骤、选择检索入口、构建检索式等。

值得一提的是在网络一代在构建轮廓图时，百度百科的作用非常大，网络一代喜欢通过百度百科的网站去找到自己问题的情景。百度百科这个网站是一个联合的、以社区为基础的百科全书，可以让学生们获得大的图画和语言背景。国外相对应的就是维基百科，英国 JICS 的研究显示大约 3/4 的学生通过维基获取问题。网络一代认为百度百科的主要功能是：提供背景知识和摘要，概括性的知识，帮助他们找到正确的方向，鉴定和定义需要研究的问题；文后的链接对继续研究提供帮助；图表等给他们带来更直观的了解；草根的力量和语言，简单易懂；提供最新的信息；界面简单；开放的机制和评价体系让信息更新得比较快。

（2）语言：在网络环境下，个体不仅仅是对获取到的文字等符号信息进行思维上的概念转换，还需要借助文字语言来"表达"自己的思想和情感。文字符号是个体内在信息需求表达的必要手段，或者说个体头脑中的信息需求必须经过语言文字的"映射"才能向网络表达自己的信息需求、开始信息获取的行为。

通过问题的分类和归属来寻找合适的语言，表达自己的需求。即把"内心世界"的信息需求转化为"语词"来进行表述，通过语言、文字的形式表示出来。一定的语词代表了一定的概念，而概念作为人脑反映客观事物本质属性与共同特征的思维形式，是抽象逻辑思维的结果。它既可以被人类群体进行"约定成俗"地共识性理解，也可以被人类个体"特立独行"地个性化认知。网络一代对概念的理解存在比较大的偏差，对问题的认识不是十分明确，往往需要经过多次的"语词"表达，才能获得满意的结果，问题的拆分、自然语言查询等都是网络一代概念化问题的具体做法。

4.1.2 认知轮廓图构建的认知学解释

在信息查询的轮廓图的构建过程中，信息查询者通过修改认知情境和把握认知规律来完成轮廓图的构建。由于网络一代在修改认知情境和把握认知规律的过程中各种能力低于非网络一代，所以，表现出来的关键词的构建和分析问题的能力低于非网络一代。

（1）网络一代修改认知情境的能力低：1986 年，美国语言学家 Sperber 和 Wilson 提出了突破传统语境概念的认知情境（cognitive environment），即将语境看成是一个心理结构体（psychological construct），也就是存在于听话者大脑中的一系列假设①。用户对外界的认识与理解是以概念形式储存于头脑中，

---

① 许力生. 语言学研究的语境理论构建. 浙江大学学报，2006（36）：4 158 – 162.

由此形成用来处理新信息的认知情境。认知情境是用户通过经验和思维，将具体语境内在化、认知化的结果，能够客观反映语言使用者的心理状态，更好地阐释语用推理的实际过程。网络一代和非网络一代认知语境中包含的知识结构都是一致的，包括：从外部世界可感知的信息，从短期记忆和长期记忆中可提取的信息以及从以上两种信息中推导出来的信息等。这些信息便构成了一个潜在而庞大的认知情境。由于网络一代和非网络一代所处的外部环境、具备的认知能力以及通过学习和经验构造的知识结构等存在差异，他们用来接受外界信息所营造的"认知情境"就不同。由于网络一代的记忆中可提取的信息较之非网络一代要少，整体的认知语境要低于非网络一代，所以网络一代对问题的分析能力弱。认知情境可根据用户思维的跳跃性不断发生改变，从而具有很强的动态性，用户认知情境本身的最大特点就是它的模糊性和不完全确定性，网络一代的认知语境本身就不确定性大，容易随时发生变化，加之认知语境本身的特点也是不确定性的，所以网络一代对信息查询需求的表达本身存在很大的不明确性。

（2）网络一代把握认知行为规律的能力低：明确信息需求实质，选择适当的信息系统，制定正确的检索策略都包含着认知思维过程。人—机接口、用户认知和需求应成为信息学发展领域中的一个重要部分。无论什么样的用户，其信息行为都是在信息需求支配下为达到一定检索目的的行为过程。由于认知心理作用，用户的信息认知行为可分为三种类型，即技能型、规则型和知识型。当用户的信息需求被认知确定以后，用户就会通过已存储的信息活动技能，自觉地运用以往经验来完成其检索行为，这就是基于技能的行为。如果用户缺乏这种经验，就只有遵循信息活动过程中的某种程序和规范进行信息检索，即基于规则的行为。信息检索行为受检索目的的控制，需进行有意识的、抽象的判断推理，设计出达到目的的最佳方案，就是基于知识的行为，这一行为源于技能与规则而上升为知识行为。网络一代的信息查询活动是基于技能型和规则型的，也就是说一般来说他们受习惯的支配，使用熟悉的检索系统，调动以前的检索经验，完成检索任务；如果被指定检索系统，他们则使用系统提供的各种帮助功能自我解决各种问题，完成检索。非网络一代的检索中更多的受过专业培训和经常训练，有一定的知识性，但是也会受以前的技能和规则的影响。

国外的研究认为，构建问题的轮廓图是非常耗时的一个过程，在整个检索中都是比较耗时的一个阶段。由于不能找到合适的轮廓图，所以经常会拖延查询者的检索进程，时间占整个研究的时间比较长。网络一代自认为轮廓图的构建是没有问题的，其实他们在这个阶段的问题是最大的，他们把解决阶段放在了浏览过程，通过浏览的过程来进一步构建自己的轮廓图。为了建立轮廓图网络一代一般会通过搜索引擎查询或者是在以前的研究结论中寻找。不能有效的表达自己的检索需求，专业术语不能正确表达，自然语言的检索经常出现。

4.2　通过浏览构建对问题的认知地图

浏览行为的发生是一种空间问题的解决过程。Svensson 定义浏览是在网络信息空间定位地点（locating places）的活动①，如定位自己目前的位置，决定下一步该怎么走，返回到原来的位置等。这个过程包含了用户对空间环境信息的认知和感知，将环境信息转变为决策和计划，并在适当的地点执行计划的认知过程。

通过上述的研究发现，网络一代构建认知轮廓图的能力比较低，事实上网络一代在浏览过程中，除了要通过浏览形成对查询课题和查询网站的认知地图外，还要继续构建认知轮廓图。在认知轮廓图的构建过程中，网络一代形成了对检索问题的轮廓和需求的语言表述，通过自己的认知规律，部分的修改了自己的认知情境。在此基础上，网络一代通过浏览形成对问题的认知地图。总结发现网络一代构建认知地图的方式有两种，构建的认知地图有两个特点。

4.2.1　网络一代认知地图的构建途径

网络一代构建的认知地图有两种途径：

（1）网络一代基于过去的经验构建

认知地图中的信息组成有空间信息和问题本身的信息组成。空间信息是将某一段时间经历过的空间经验汇集并储存下来，当再遇到一个熟悉或是类似的环境时，记忆中相似的认知地图就会出现，与当时的景象做交错比对时，

---

① Svensson, M. Social Navigation [EB/OL]. [2006 - 12 - 1] http：//www. scis. se/humle/projects/persona/web/littsurvey/ch6. pdf [2009 - 7 - 18].

产生某种程度的指引性。而网站设计通常应符合一致性原则，即应符合相似网站设计的原则①，这样使用户初次进入到网站中就如同进入到一个熟悉或相似的环境中，用户基于过去经历相似环境的经验，构建脑中类似的认知地图，指引用户在当前的网络环境中进行寻路。认知地图中的空间信息是表征环境信息的一种认知形式，是人们通过多种手段获得空间信息后，在大脑中形成的关于认知环境的"抽象替代物。"因此，认知地图是一个具有实体空间知识的心理模式。Alexandra 认为，用户通过使用系统获得经验，反馈会促使对心理模式进行修正②。因此，用户通过与网络进行互动逐渐建立自己的认知地图，并修正之前错误的认知地图。

问题本身的信息是指网络一代对某个问题的先前的领域知识以及本身对问题的理解。不管网络一代还是非网络一代，他们在检索问题之前都有对问题先入为主的认知，网络一代和非网络一代的不同主要是他们的领域知识不同，所以对问题的认识会存在误差。比如在试验中发现，网络一代对"水中重金属"的认知就是有危害性的，所以他们认为检索中只要输入"水中重金属"就一定是危害性的所有信息。

（2）网络一代基于当前的网络环境信息构建认知地图

网络一代在浏览的过程中不断的感知外界的信息环境和信息内容，通过信息处理的过程形成脑中的认知地图。大多数的情况下，用户在网络环境中建立的认知地图主要使用感觉的信息和记忆的信息，并且通过这两方面的信息形成推理信息。

感觉信息主要是指用户直接从网络环境中所感知的信息。根据环境信息的分类，作者总结出网络环境下网络一代感觉信息主要是：第一，空间元素信息：如网页架构、菜单、窗口等具有空间特点的元素组成。第二，平面设计信息：如超链接、导航条、站点地图等。第三，在线帮助信息：如点击"购物指南"了解如何进行网上购买。检索问题本身的信息内容包括符合条件的信息、不符合条件的信息、意想不到的信息等三个方面。通过这些信息的组合完成对问题的认知地图的构建。

网络一代的记忆信息应该来源于本书上文中所提到的过去的经验，一般

① 预知–意料之内的设计［EB/OL］．［2008–8–29］http：//ka–yue.com/blog/predictable–ui.
② Dimitroff, A. Models and Error Behavior in an interactive［J］. Bibliographic Retrieval System. 2002 (3).

分为两种。第一种记忆信息为特定信息，如信息查询者在以前用过这个网站，对网站相对比较熟悉。第二种记忆信息为一般信息，如"我是从站点地图链接过来的，如果我一直后退，一般情况下最后回到站点地图（W18），而不是首页。""一般 LOGO 是回首页的链接（W16）。"

网络一代基于感觉信息与记忆信息得出推理信息。如"应该返回上一页（W3）"，"应该回首页（W8）"，"点击 LOGO（W16）"。此外由于网上浏览的过程是使查询者对问题逐渐明晰的过程，如"这款数码相机要比那款便宜（W10）。"，"像素有些低（W19）"，"不喜欢这款相机的外观（W7）"，作者认为这些语句也是基于感觉信息和记忆信息所得出的推论，也能决定用户下一步该怎么走，也可以作为推论信息。

4.2.2 网络一代认知地图的构建过程

隐喻（metaphor）是指以一事物描写另一关联事物的思维和认知方式，使得原来获得的概念直接转移到新的概念上①。空间隐喻就是以人们所熟悉的某一空间形式来类比网络信息空间，把网络信息空间中的非空间关系用空间概念来表示。

网络信息空间的浏览行为是建立经由脑中认知地图的理解基础之上的，与人们在建构实体空间时所用的认知地图相似。这种隐喻化的思想源自人们在日常生活中所依赖的意象图示。所谓意象图示就是作为一种隐喻的构建模式，是人类以彼类事物感知、体验、想象、理解，谈论此类事物的心理活动和精神活动的一种体现。意象图示是对事物之间关系的认知的基础上构建的认知结果，是人类经验和理解中的一种联系抽象关系和具体意象的组织结构，是反复出现的对知识的组织形式，是理解和认知更复杂概念的基本结构。意象图示来源于具体经验，具体的经验有的来自于实体空间中，有的来自于网络信息空间中，有的来自经验空间，这些经验能帮助用户修正隐喻与非隐喻性的思考。

在网络信息空间进行浏览时，用户新的认知结构是根据旧有的认知结构形成的，隐喻使用户注意到网络信息空间新发现的对象，并利用以往自网络信息空间中所学的概念来理解新的对象并对其进行操作。当用户在新的信息空间浏览时，用户会比较原来领域与目标领域的每一个环节，而此时隐喻的

---

① 束定芳. 隐喻学研究［M］. 上海：上海外语教育出版社，2000.

功能就是决定原来领域中哪个项目可被转移来理解目标领域中的哪个概念。这个过程被 Gaver 称为概念配对①。由于没有任何隐喻能完全连接两个不同的概念，因此，这种配对往往具有部分性，并且只有隐喻最重要的部分才会被用来配对。

　　网络一代与非网络一代构建认知地图的主要过程如下图所示：网络一代基于空间隐喻构建认知地图的能力要低于非网络一代。这是因为：首先网络一代具体经验少于非网络一代，再者网络一代构建的认知轮廓图不清晰，最后网络一代进行联系的能力明显比非网络一代低。从下图可以看出，网络一代在浏览阶段通过认知地图的修改，真正的完成概念配对，更深层次的了解要查询问题的具体概念。

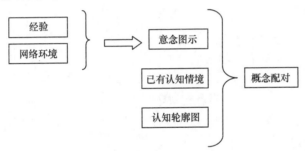

图 4 – 1　网络一代认知地图的构建过程

4.2.3　认知地图的特点

　　在信息浏览的过程中，网络一代和非网络一代都会构建自己认知地图，由于在浏览之前的对问题轮廓认识是不同的，所以浏览过程中构建的认知地图的内容也是不同的。总体来说，认知地图的构建都存在两个方面的特点：

　　（1）认知地图的不完整性

　　认知地图是一种空间知识的心理模式②，它的形成先由环境信息刺激，然

　　①　Gaver, W. W. On what a tangled web we weave：Metaphor and mapping in Graphical interfaces［EB/OL］.［2002 – 8 – 2］http：//www. writing. gold. ac. uk/interaction/pdfs/14gaver. mapping. chi95. pdf［2009 – 12 – 5］.

　　②　杨达，毕强. 超媒体信息空间中导航用户认知地图的构建［J］. 图书情报工作，2005，49（8）：31.

后经个人运用或观察得到进一步的信息回馈，若自己主观认为是好的反馈，就会保留下来作为认知地图，不好的反馈就会放弃①。因此，认知地图一般是不完整的。

认知地图是一种个人认知上的表现，大多数人的空间表象会忽略图形上的一些细节，并将其简化和完形为简单图形。认知地图的内容只能反映个人对于某些环境的了解程度，因此具有强烈的个人取向，而无法清楚和完整地将所有相关的信息呈现出来。

在网络信息空间，用户一次或多次的浏览行为并不一定能够遍历某个信息资源空间，用户会忽略网络信息空间中的部分内容。另外，由于用户认知能力具有遗忘性，用户必然会遗忘自己所经历的网络信息空间中的部分内容。因此，用户形成的认知地图自然表现出不完整性。

（2）用户的认知地图是简约的（Parsimonious）

Norman 在观察许多用户完成不同的任务时发现，用户宁可多付出重复性高而简单的体力劳动，也不愿意用较高层次的心理模式来避免这些额外的行动。换句话说，也就是他们愿意花费额外实际行动以减少心理上的复杂②。认知地图是空间信息在用户心理上的表征，是一种空间知识的心理模式，因此也同样具有简约的特点。

4.3 通过模式识别改变认知状态

网络一代和非网络一代通过浏览建立自己的认知地图以后，会通过模式识别系统来选择自己喜好的资源，通过接受资源改变自己的认知状态。从认知心理学来讲，这个过程是一致的，只是能够刺激他们的信息源不同，认知状态改变的效度不同。

4.3.1 模式识别

人脑作为一个思维的器官，会不时地对来自外部环境的刺激信息进行感知、接收以及加工处理的活动。在信息查询过程中，在强烈的信息需求动机

---

① 心智模型［EB/OL］.［2011 – 1 – 12］http：//baike. baidu. com/view/2333986. htm［2011 – 1 – 20］.

② Norman，D. Some observation on metal models［M］. Mental models，NJ：Erlbaum：1983：7 – 8.

支配下，网络一代有指向性地与网络环境中的信息系统进行交互，以寻求"目的性"信息。面对不断出现在面前的符号及图形、图像信息，网络一代必须不断地进行分析、比较与判断，以期实现与心中所要获得的信息相匹配。这一过程也被称为"模式识别"的过程。网络一代的模式识别是选择信息的过程，同时也是使用信息的过程，因为在第四章的调查发现，网络一代在选择保存信息以后很少再翻看。

这种"模式识别"从认知心理学的观点来看，包括了模板匹配、原型匹配、特征匹配及结构优势描述等多种类型。模式识别的重要作用主要在于过滤出刺激性信息，并能够通过一定的方式把这些刺激信息进行整合和分类。通过分析发现，能够刺激网络一代进行选择的信息源的特点主要有以下几个方面的特点：

（1）阅读表层信息找到符合要求的信息：通过上文来看网络一代一般通过阅读标题、关键词等信息来判断相匹配的资源，没有对全文进行阅读，凭表层信息判断是否符合要求。

（2）偏爱的信息：通过分析发现网络一代偏爱少量的表层信息、喜欢即刻呈现的免费信息、偏好生动的电子化信息，这些都是网络一代选择信息的主要标准。

（3）新异性的信息：通过分析发现，网络一代一般通过浏览信息来进一步明确自己的信息需求，在浏览的过程中出现的意想不到的信息，这些意想不到的信息对网络一代都是新异的信息，这些信息也是网络一代选择的对象。

4.3.2 认知状态改变

所谓思维，是大脑对客观事物间接的、概括的反映，即通过其他事物的媒介或中介获得对事物的认识。思维的本质是对刺激信息进行加工，包括对信息的分析与综合、比较与归类、抽象与概括、系统化与具体化等。对信息加工与转化的结果产生新的"心理表征"，其过程既要借助于概念来进行，也要借助于表象来进行。表象是人脑对以前感知过的事物形象的反映，是过去感知事物痕迹的再现，是从感知到思维的重要环节和桥梁。在思维的过程中，用户会调动已有的、全部的关于某一认知对象的知识和经验，有选择的吸收信息，并改变自己的认知状态。

认知状态改变。人类作为最有智慧的生物，其智慧的集中体现的是人的思维过程及其思维成果。按照皮亚杰的认知图式理论①，个体获得知识，以及对新知识的理解和存储，都必须建立在新知识与旧知识的有机联结上，这种联结主要有两种就方式：同化和顺应。同化指用户将知识整合并建构到自己已有"图式"之中的过程；顺应指当用户遇到自己不能用已有"图式"同化新知识时，对已有图式加以修改或重构，以适合新知识的过程。因此说，伴随着用户思维过程和思维结果是个体对所获知识与经验的积累和总结，以及用户对其学习和运用。在与信息系统进行相互作用的过程中，由于及时地对所获信息吸收和利用，常常使用户对某一认知对象的认知处于动态之中，并以此为依据，不断改变和调整自己的信息获取行为，比如主动放弃最初的信息。

网络一代遇到感兴趣的问题喜欢下载保存，但是他们一般不会再看保存过的信息，也就是说网络一代在浏览和选择中接受新的知识。认知状态的改变发生在较短的一个过程，从这个意义上说网络一代更容易接受和学习新知识。

4.3.3　网络一代选择信息的心理总结

网络一代与非网络一代在选择信息时都有自己的模式，通过自己模式选择的信息来改变自己的认知状态，同时，网络一代和非网络一代在选择信息时有自己的心理需求，网络一代选择信息的心理主要是：

（1）求快心理：网络一代在选择信息源时，只对表层信息进行阅读，相关性文献的阅读和使用超链接的数量都明显的低于非网络一代；希望快速得到答案，不希望任何的等待。JISC 的对 Google 一代的研究也印证了这一点，Google 对任何网络的迟疑都不能忍受，如果有信息迟疑，他们可能选择别的方式重新检索或者使用有限量的信息查询结果。

（2）求便心理：网络一代在解决问题时，都要求找到一个比较便捷、令人满意的解决办法，这就是求便心理。网络一代在选择信息时，总是倾向于表层的、容易获得的信息来源。而且网络一代在遇到困难的时候，首先想到的是自己解决困难，其次就是身边的同学，一般不会求助于信息机构或者信息机构的工作人员进行帮忙。

（3）免费心理：网络一代的经济心理是指期望信息的免费获取，以最小

---

① 皮亚杰认知发展理论［EB/OL］．［2009 – 5 – 14］http：//zhidao. baidu. com/question/97344112. html［2011 – 5 – 11］．

的投入获取最大的收获，实现物有所值。而非网络一代在选择信息时，如果信息的价值比较高，可以考虑信息付费的问题。

（4）求实心理：网络一代在信息查询的过程中不求查全率，但是，期望信息能直接相关，直接的有价值性，可以直接拿过来解决问题，并期望找到的信息有一定的逻辑性。这可能是网络一代比较喜欢百度百科的主要原因。

（5）急躁心理：网络环境下，信息资源激增，缺乏规范，形成一种无序化的局面，即使利用搜索引擎也可能无济于事，因为往往通过某一检索入口可以搜索到成千上万条相关信息。而且网络一代检索技巧的使用能力又比较差，面对这些困境，网络一代会产生一种无从选择的困惑，而同时他们又急于找到自己所需的东西，这样，就容易形成一种急于求成的急躁心理。

（6）随性心理：指网络一代在信息活动中的一种随意、无所谓的心理。比如网络一代在信息的查找中没有系统性和计划性，完全脱离时空限制产生一种"即时利用"的趋势，即找到什么就用什么，觉得可以就行，目的性不强。而且在对信息进行利用时，也只是浮于表层，不进行深层次的理解，流于低层次的"眼到手到"而失之于心到。

非网络一代在信息查询的过程中或多或少的也有这方面的心理，但是表现形式和表现的强度与网络一代有所不同。除了上述的心理以外非网络一代还有，求新心理和创新心理：求新心理即非网络一代使用信息查询的结果时对信息的时效性研究比较强，希望获得最新、最前沿的资料。创新心理指非网络一代在使用信息时不是仅满足于所获取的现成的信息，他们希望通过这些信息来扩大思维与想象，对它们进行更深的理解与补充，或者修正，或者通过跳跃式的想象，从而得到新的信息。

4.4 信息查询过程中的认知心理总结

4.4.1 信息查询过程中的认知心理类型

用户对信息的需求、获取等一系列活动过程中，在用户情报认知系统支配下，表现出了一系列微妙复杂的心理活动机制。用户认知系统由四个部分组成，即有限容量的信息收集处理系统、知识经验系统、认知策略系统、以及中心监控系统。在信息查询的过程中，用户利用信息收集处理系统进行情报的感知、注意、记忆；利用知识经验系统将信息进行表征、存储、整合；利用认知策略系统进行信息的分析、学习、思考、解决问题，而整个行为过程通过中心监控系统进行统一指挥、协调。这个过程是全人类共性的认知心理过程。

在这里，主要讨论网络一代在情报认知系统支配下，获取及运用知识的心理操作过程，这就是：感知、注意、记忆、思维以及元认知。

（1）用户对信息的感知是信息查询的第一步

人的大脑无法直接接收处理外界的物理刺激，需要通过用户的各种感觉器官耳、口、鼻等将外部的刺激转换为大脑能够传递与加工的生物信号，察觉外界的刺激，这就是感觉（perception）。知觉是人脑组织获取、解释有意义感觉信息的过程，它涉及了一系列连续阶段的信息加工过程，并涉及了模式识别，知觉信息是现实刺激的信息和记忆信息相互作用的结果。影响网络一代信息感知能力的因素包括先天、自我感知能力、兴趣特点、经验、知识水平、网络一代获取信息的主动性和选择性，以及信息的存在形式与状态等。

（2）注意是浏览过程中对信息的指向和集中

注意（attention）是指人的心理活动对一定对象的指向和集中。注意的核心在于人对输入的刺激信息进行有选择地加工分析而忽略其他刺激信息的心理活动。同时，注意也是个体信息加工的重要内部心理机制，它说明人具有主动加工刺激信息的本质特性。注意作为用户情报认知过程的一部分，它所消耗的认知资源受到客观信息的分布情况、用户的兴趣、用户个体的唤醒水平、认知能力、当时的意愿等因素的影响。注意可能是不自主的无意注意，也可能是有目的、自觉的有意注意，在网络一代信息查询的过程中，都是有意注意在发挥作用。网络环境下，当网络一代将注意力放在表达信息需求的语词上时，"信息注意"常常体现在对表达需求概念词语的"词形"上，尤其在浏览的过程中。从这个意义上说，信息注意是网络一代进行"概览"时采用的策略。这种"信息注意"有助于网络一代在众多的文字信息中，快速地识别出含有该语词而可能"有用"的信息内容。网络一代在"信息注意"的阶段会不自觉地屏蔽掉不需要被刺激的信息。但是在网络信息组织中，明亮的颜色、新异的信号、网络广告等，都是引起网络一代无意识注意的方式。

认知心理学认为，用户对于信息的注意取决于当前的唤起水平。人处于中等唤起水平时，有效的资源较多，反之，唤起水平太高或太低，都会影响用户当前的注意行为。影响唤起的因素多与个人当前的情绪有关，如焦虑、恐惧等。

网络一代在因特网上搜索信息时的情绪会影响用户当前的唤起水平，从而影响网络一代对信息资源的认知容量，进而影响到网络一代对信息的注意度。

（3）记忆是用户对输入信息进行编码、存储，并在一定条件下进行检索和提取的加工处理过程

记忆（memory）可以为网络一代积累知识、保存经验，并在适当的时候加以运用。因此，记忆是使网络一代心理活动的过去、现在和未来联成整体，是个体认知发展的过程。记忆分为瞬时记忆、短时记忆和长时记忆三个子系统。外界的刺激信息首先进入瞬时记忆系统，然后，通过短时记忆系统接收被大脑注意的感觉情报，进行编码、加工，并输入到长时记忆系统中存储。短时记忆系统的容量与网络一代对刺激情报的熟悉程度，大脑对刺激情报的加工水平，以及自身的知识经验有关。而长时记忆系统中的情报在需要的时候被提取到短时记忆系统中以帮助进行感觉信息的加工与处理。瞬时记忆系统对外界刺激情报的选择，依赖于网络一代的主观心理因素，例如用户的感兴趣范围、需求特点等。

（4）思维是用户对信息进行间接、概括的反映，并指向问题解决过程的认知活动过程

从信息加工的角度，网络一代通过思维（thinking）对信息进行分析与综合、比较与归纳、抽象与概括、系统化与具体化等复杂的心理活动过程。在对信息的加工转换过程中，产生新的心理表征，需要借助概念与推理。概念（concept）是人脑反映客观事物本质属性与共同特征的思维形式。只有正确掌握了相关概念，网络一代才能去伪存真，由表及里，认识事物的本质与规律。网络一代一切思维活动过程的最终结果是形成并掌握概念，并通过建立概念间的内在联系构建自己的知识体系。用户在运用已有信息解决问题时，还可能涉及推理过程。推理作为个体的心理表征，是在限定条件下逐步向既定目标转换的思维活动，推理对于新知识和新经验的获取和扩展有重要作用。概念的掌握和推理的效度取决于网络一代学习动机与兴趣等主观心理因素，以及已有的知识基础，包括认知结构的可利用性、可辨别性、清晰性、稳定性等因素。

（5）元认知能力是更高级的认知活动

元认知（meta cognition）是指网络一代对自己的心理过程、心理状态、认知策略、目标任务等进行有意识的监控与调节的认知活动过程。元认知知识、元认知体验（即网络一代在信息认知活动过程中，通过对信息的认识和

了解而产生的认知体验）和元认知技能（监控、调节能力）是网络一代信息元认知系统的三个组成部分。

4.4.2 信息查询的问题解决的认知差异

从认知观的角度来看，基于问题解决的信息查询过程中，用户的信息的认知差异是导致他们信息查询效果差别的主要因素。从认知的角度，非网络一代和网络一代在信息查询的过程中的主要区别是：

非网络一代经过自己的努力，他们的记忆库中存储了较为丰富的专门领域知识，同时，在多年丰富经验基础上，关于特定领域的知识、信息在头脑中建立了密切联系，并构成了一个高度抽象与概括的知识网络，在解决信息查询的实际问题时，会自动在工作记忆中提取相关知识并执行一系列认知操作。他们获取信息、解决问题的过程中，具有以下特点：第一，能够迅速感知问题的产生；第二，从已有信息出发运用合理的策略去寻找未知，但对问题解决有用的情报；第三，能够较为准确预测待解决问题的难度；第四，解决问题比较准确、高效，在有限时间内，解决速度比行业新手更快；第五，对不熟悉的问题，愿意花较多时间去分析、研究。

网络一代区别于非网络一代来说，普遍存在的特点是：相对较少的特定领域专业知识，大脑中知识单元的组织是散乱、零碎的，对信息的敏锐性差，面对问题时，表现出如下特点：第一，往往从已知信息出发，从一个小的范围入手，往回查找可以运用的已知信息；第二，不能准确预测待解决问题的难度；第三，解决问题的效率低、速度慢、准确性差；第四，不能有效监控问题解决过程；第五，在遇到不熟悉问题时，不愿花费太多精力；第六，问题解决过程中，处理突发事件能力差。

根据认知差异，可以将用户分为领域专家，即拥有相关专业的丰富知识及多年实践经验的人员和新手两类，从上述的总结来看，非网络一代在信息查询方面具有专家的特点，而网络一代则具有新手的特点，这样来说，网络一代的查询能力需要提高，信息素养教育是他们迫切需要的，这一点与 JISC 对 Google 一代的研究结论有些差异。

4.5 　网络一代信息查询的问题行为略图

根据问题解决理论，一个问题的解决过程经历问题表征、选择算子、应用算子、评价算子和算子提取五个阶段，在这个理论下，总结网络一代的信息查询行为过程分别对应阶段是：信息需求表达、检索策略选择、浏览行为、结果选择和结果处理五个阶段。在每个阶段中，网络一代都有自己独特的特点，通过调查、实验和访谈数据的基础上和非网络一代比较得出结论。这五个行为阶段对应的信息需求分别是：信息需求表达阶段、明确信息需求阶段、需求和现实匹配阶段、根据需求处理结果阶段。需求相对应"问题解决理论"的认知行为图分别是形成认知轮廓图、形成问题的认知地图、对问题结果的选择、问题结果的处理等。这个过程中由信息采集处理系统、知识经验系统、认知策略系统和中心监控系统四个认知系统决定控制。

　　基于问题解决理论的信息查询行为的研究有三个主线索，分别是问题解决理论中解决问题的过程、信息查询行为过程、认知心理过程。这三个部分都是在用户信息认知系统的指导下进行的。其中网络一代和非网络一代有本质区别的是浏览行为以及浏览过程能否形成明确的信息需求、认知状态改变的时间等，信息需求表达、检索策略选择、结果选择、结果处理等方面以及认知心理过程中认知轮廓图、认知地图、模式识别等方面存在部分区别。详见下图。

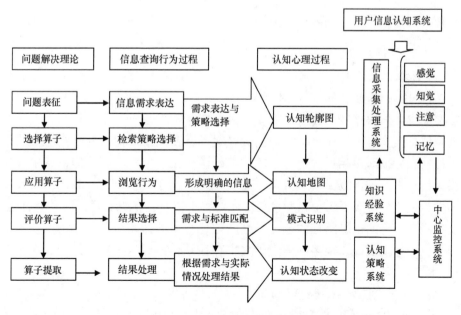

图4－2　网络一代问题行为略图

5 基于问题解决理论的网络一代信息查询的影响因素分析

以问题解决理论为基础、从过程和心理角度对网络一代信息查询过程进行研究，有很多因素影响信息查询的效用。为了更好的构建适合网络一代需求的服务策略，需要继续以"问题解决理论"为基础，全方位总结网络一代信息查询的影响因素。本章主要从个体的基本特征、个体的能力特征、个体认知特征、惯性思维特征以及客观环境特征五个方面考察基于问题解决理论的网络一代信息查询行为的影响因素。

5.1 网络一代的个体基本因素

5.1.1 性别不同，查询动力不同

性别是导致人的行为差异的个体因素之一，性别差异使人们在对同一对象的刺激做出反应时，其强度、速度、智力活动和情绪活动表现不同①。据福特（Ford）和米勒（Miller）对个体差异的调查发现：女生和男生相比，很难在网上找到正确路径，在她们看来，因特网非常大且不具备结构化，在其中查找信息是非常困难和不确定的，所以女生一般只在不得已的时候才会使用因特网。男生则正相反，他们乐于冲浪，喜欢在一大堆不相关的信息中发现相关信息②。"此研究结论是十几年前得出的，由于时代不同，其研究具有片面性，但充分说明了男生和女生在查询兴趣和动力上有所不同，较男生而言，女生寻找信息的正确路径的能力和判断信息相关性的能力都低于男生。本研究的调查中发现，在很多问题上男女生存在差异：男生感兴趣的问题多于女

---

① 严慧英. 影响网络信息检索行为的主体因素 [J]. 情报杂志，2004（4）.

② Ford, Nigel, Dave Miller. Gender differences in Internet perceptions and use [J]. Aslib Proceedings, 1996（48）.

生，男生对新技术更具有探索的欲望，在 ipad 的拥有者中，78% 的为男生。

5.1.2　年龄不同，查询能力不同

网络一代和非网络一代相比虽然成长环境和信息环境有所不同，但是年龄带来的固有的区别也会影响网络一代的信息查询行为。由于网络一代的认知局限，导致他们在进行网络信息查询时碰到更多的困难，如他们对使用查询术语和构造查询式有困难，且较难判断页面质量，甚至会遇到成年人几乎不可能碰到的问题，如有些问题找不到合适的名词代替等。同时随着年龄的增长，认知水平的提高，某些技能也会得到提高：在本书研究中发现，高二的学生和大一的学生相比，即使高二的学生在网龄和每天上网时间都比大一的学生长，但是他们在处理很多问题时，比如入口选择、检索策略和高级检索功能使用等方面却没有很大的区别。可见，随着年龄的增长，用户的某些技能会提高，但是前提是他们都经常接触网络，而且这种相关性只在网络一代和非网络一代等这些 25 岁以下的学生中得到验证。

国外的研究也验证这些结论：Bilal 和 Kirby 曾专门调查过儿童与成人搜索行为的异同（7~9 年级学生与研究生使用 Yahooligans 的情况），发现 89% 的研究生能找到正确答案，而儿童只有 5%；研究生完成任务所需时间比儿童少一半；研究生没有偏离任何一个被指定的目标，然而大多数儿童都偏离了；研究生使用高级检索，而没有一个儿童使用这种语法；在定位信息时，研究生采用一种"线形或者系统性"的浏览风格，然而大多数儿童采用"循环"的风格①。这些影响网络信息检索的差异性是年龄直接作用的结果。

5.1.3　兴趣不同，查询选择不同

用户对信息的知觉与其"唤醒水平"有关，而"唤醒水平"与用户兴趣有关，兴趣包括对检索问题的兴趣和对网络工具和网络资源的使用兴趣。

查询问题的兴趣：实验发现当网络一代对检索的问题具有较高的兴趣时，就比较容易作相关判断，喜欢快速浏览结果页面而非随机抽取查看方式。比如实验问题 5 "查找价格在 4000 元左右的数码相机的品牌、生产厂家及主要功能对比"，在指定的网站中，W3、W7、W16 对电子产品比较感兴趣，他们

---

① Bilal D, Kirby J. Diferences and Similarities in Information Seeking: Children and Adults as Web Users [J]. Information Processing and Management, 2002 (38): 649~670.

对各种性能就比较的特别仔细，而对数码相机不太了解或不太感兴趣的，只能在品牌、单反、像素等进行比较。

查询工具的兴趣：如果对网络资源和网络工具的使用时间比较长，则认为使用工具的兴趣很大，在查询时，即使不太感兴趣的问题，网络一代也会使用多种检索工具进行检索，直到找到问题的答案。还是上述的题目，W11、W8、W17 经常光顾电子产品的网站，他们在查询的过程中就表现出轻车熟路，而且看得仔细，了解的透彻。

兴趣也决定了信息获取的选择性和倾向性。网络一代在信息选择过程中，兴趣等主观因素的作用更大，兴趣往往使其将感兴趣的对象从背景中选择出来，而将不感兴趣的事物留在认知背景中，比如网络一代在选择信息时，其兴趣就在前三页，前几条，则其就只翻看前边的信息，对三页以后的信息就不会再看，非网络一代有时则会根据实际的需要多翻看一些。

5.1.4　经验不同，查询策略不同

接受网络比较长而且每天上网比较多的网络一代被认为什么是有经验的用户，他们在主题词选择时认为困难不大，检索策略选择更多种，使用高级检索功能的用户也多，浏览更多的检索页，6－10 条的比较多，占用户的78%。在二次检索入口时更能够选择多种方式，通过网络地图和导航等方式，而不只是单纯的浏览。而接受网络时间比较晚、每天上网时间短的用户在关键词选择、检索策略使用、高级检索功能使用等方面都存在困难。Hoelscher和 Strube 对新手与专家做过实验调查，与新手相比，专家更喜欢用布尔查询、句子查询等高级查询策略。当没有相关信息检索出来时，他们将采取更复杂的检索策略：他们将重新定义形成新的提问式；改变搜索引擎；浏览更多的结果页面；专家很少抱怨没有专业知识，在整个查询过程中更有信心[1]。类似地，Navarro Prieto 等发现有经验的查询者用代表主题的关键词查询，使用复杂的策略；而新手则使用一个比较宽泛的语词查询，然后逐步在结果页面中缩小查询范围，新手的检索策略需要更少的认知负担。总之，在检索过程中，有经验者更少碰到困难，比较容易完成检索任务。

---

① Hoelscher C. Web Search Behavior of Internet Experts and Newbies ［J］. Computer Networks, 2000 (33): 337～346.

5.1.5　习惯不同，查询方式不同

网络一代从具有认知能力开始就使用计算机，计算机的程序化并伴随快速反馈的操作在某种程度会导致其思维功能的固定化。这种思维的固定化表现为"习惯"。

个人习惯性的因素可能不经常改变。用户的信息需求主要有两种表现形式：一种是偶然性的信息需求，即由于某种偶然的原因引起的信息需求，二是经常性的信息需求，即因用户工作需要或持续的兴趣爱好产生的信息需求①。不管哪种信息需求，其信息查询过程都受查询习惯的影响。当用户对某一个系统比较熟悉，或经常使用，用户在信息源选择时就比较偏向于这个系统。

网络一代受习惯性影响比较严重。本文的调查显示，80%左右的网络一代信息查询的首选是百度。访谈中也发现，网络一代习惯性的使用百度进行查询信息，熟悉性的系统能帮助他们更快、更方便的获取他们所需要的信息。非网络一代在选择查询入口时受习惯性影响小，他们会根据自己的需要选择合适的搜索引擎或者入口进行查询信息。

由于对熟悉的事物比较容易认知，因此习惯可以减轻网络一代的认知负担。习惯的这一特征可以使网络一代在使用相似的、新的信息系统时，进行推测性的使用，并可因此取得令人满意的效果。就信息获取行为而言，习惯可以帮助个体采用熟悉的查找策略、检查熟悉的信息源以便在最短的时间内获取到自己所需求的信息。但由于习惯具有"定势效应"，因此，它一方面可以为个体的信息获取提供快速的帮助，另一方面，也因其具有一定的惯势，可能有时又会阻碍个体采用一种新的更为有效的信息获取方式方法，易使个体感知熟悉的对象，忽略不熟悉的事物。因此说，习惯对个体信息获取的效用可以起积极的促进作用，也可以起消极的阻碍作用。

信息查询行为可以看做是一项习惯性行为，与过去的习惯有着密切的影响。习惯直接影响到信息查询过程中的选样性、整体性、恒常性、组织性、理解性等多种特性。

---

① 韩毅. 信息检索过程的不确定性分析［J］. 图书情报工作, 2005 49（5）: 102 - 104.

5.1.6　情感不同，查询结果不同

通过本书访谈发现，信心足与情绪好时，网络一代能够比较顺利地完成检索任务。当问及"你认为影响网络信息检索的用户因素是什么？"这个问题时，30 个人中有 24 个人的答案中包含了"心情"。可见，网络一代的情感状态也能直接作用于检索过程，影响检索效率。此外，本书调查研究发现，网络一代在情感方面具有独特性，其中较突出的问题是：情感表现方式简单化、非言语化表示方式，如用惊叹、怪异的发声、尖叫等图片、动画来传递情绪变化。在国外的用户查询行为研究中，情感状态常常作为重要的一维。Nahl 发现情感目标直接影响查询情况，查询行为直接依赖于情感为相关评价提供的标准，用户使用搜索引擎时心情越好越觉得搜索引擎使用起来简单[1]。

传统认知理论总是倾向于将情绪因素固定在动机、注意等少数几个局部领域，有些理论甚至将情绪视为认知活动的副产品，这显然与当前的变化趋势不相符。现代信息技术环境下，认知过程中情绪因素大量增加，个别极端情况下甚至情绪体验成为认知活动的主体目标，情感因素的作用将越来越被重视。

5.2　网络一代的个体能力因素

5.2.1　领域知识少

最早研究儿童领域知识对查询行为影响的是 Hirsh[2]，他调查了儿童对使用科学图书馆目录的查询行为。研究显示，掌握领域知识的水平影响儿童信息查询的方法。在简单任务中，具备高领域的儿童比只具备低领域知识的儿童表现更好。在传统的卡片归类任务中，具备高领域知识儿童犯的错误更少，说明具备高领域知识儿童比只具备低领域知识儿童对科学学科的组织结构有

---

　　① 　Diane Nahl. Learning the Internet and the structure of information behavior ［J］. Journal of the American Society for Information Science, 1998（48）：11 1017 – 1023.

　　② 　Hirsh, S. Children's relevance criteria and information seeking on electronic resources. ［J］. Journal of the American Society for Information Science 1999（50）：14 　1265 – 1283.

更好的了解。Borgman① 对学习自然科学类课程的儿童使用 SLC 在超文本和关键词检索系统的行为进行了对比，发现儿童对检索主题的熟悉程度影响检索结果。因为学习自然科学类课程的儿童掌握的科学领域知识更多，科学类比技术类主题更容易定位。儿童对技术类主题不熟悉，很难找到相关信息。不管任务复杂与否，也不论科学或技术类主题，具备高领域知识的儿童有良好的知识基础，对知识有明确的认识和界定，能更成功地完成查询任务。拥有高领域知识的儿童表现都好于只具备低领域知识的儿童。

领域知识是个体在后天环境中所受到的教育中获得的。尽管个体的差异性极大，但是总的来讲，个体受教育程度越高，领域知识就越多，综合能力就越强。这种综合能力包括表达能力、分析问题能力、解决问题能力等等。从信息加工的观点上看，个体认识（知识）结构越复杂，即个体的知识量越大，能接受客体的信息就越多，所形成的认识就越全面，范围就越广。个体所拥有的知识类别，决定了其对客体信息的理解方向并加速对信息的吸收和转化。在信息获取过程中，个体知识程度越高，人们对事物的理解力、判断力就越深刻、越准确，与此相对应，信息的有效获取效用也会越高。

狭义的领域知识指主题相关领域知识，是指在某个研究主题中，网络一代关于研究主题的领域知识，领域知识影响检索策略的构建和重建以及查询的成功率。广义的领域知识包括，计算机的领域知识、被查询信息所需要的领域知识、信息检索的领域知识等三个方面。与非网络一代相比，网络一代在这三个方面的领域知识都不高。

首先，网络一代的检索技能差。在本书访谈中发现，网络一代接受查询技巧训练的程度不尽相同，按照不同省份的高考要求，高中阶段有的学校有相关的课程，有的学校则没有。（W25 高中阶段那么忙，课程那么多，为数不多的网络技术课，是我们放松的好机会，谁会去认真学习啊，都是上网玩了，最重要的是老师不逼我们，也不管。）大学阶段，受访的大一学生在刚入校时都不同程度的接受过信息检索的相关课程的培训，但是大约有90%（50 个受访的学生中有 45 个学生）认为这个课程学习的效果不好。（W1：刚入校的时候有老师给我们讲过图书馆的使用规定，我们现在课本知识就够我们学的，

① Borgman C L, WalterV A, Rosenberg J. The science library catalog project: Comparis on of children's searching behavior in hypertext and a key word search system［M］. Proceedings of the 54 th ASIS Annual Meeting, Medford, NJ: Learned Informati on, Washington, D. C. , 1991（28）: 162 – 169.

根本没必要查那么多资料，所以这个课程没有什么用。W8：因为我们对图书馆没有那么多现实的需要，所以就没好好学这门课。）非网络一代在经历了整个大学阶段的学习，对各种资源有现实的需求，信息检索课程的学习就比较有针对性。

其次，网络一代对被查询的信息的领域知识低。网络一代整体来说还在接受基础教育阶段，各种领域知识都不丰富，而且网络一代的信息需求主要是基础性的信息需求，他们对该领域的知识没有整体的概念，所以不能有效的提炼关键词。

第三，网络一代的计算机领域知识低：网络一代虽然接受网络的时间比较长，使用的工具也比较多，通过访谈发现，他们对算法与程序设计、网络技术应用、人工智能初步以及各种编程语言都不了解，所以对检索的匹配、检索结果的后台处理等也不了解，对于如何构建检索词去迎合系统的需要也不知道。

5.2.2　信息需求和需求表达能力差

用户的信息需求是用户的检索动机，是信息检索的始点，需求表达是用户在脑海里把信息需求用一定的语言表达成一种概念。信息需求与需求表达看似两个不可分的过程，而恰是它们的区别影响着信息检索过程以及信息检索效率。用户的动机、信息需求和需求表达会影响信息查询的持续时间和用户所作的查询努力。网络一代的信息查询需求呈多样化，而且由于网络一代的认知水平有限，在查询的过程中时常会改变自己的信息需求。实验证明网络一代在需求表达时不一定能完全意识到自己真正的需求，由于各种主客观原因，网络一代不懂得如何表达自己的信息需求。因此，从信息需求到需求表达是一个递减过程。在研究中发现，很多网络一代在拿到新的问题时不能很好地表达自己所需，要通过不断地试错法来表达自己的信息需求。

5.2.3　形成提问式的能力弱

用户把概念上的需求以语词形式提交给检索系统。提问式是检索系统理解用户信息需求的主要途径，因此提问式是影响检索效率的关键因素。通过研究，网络一代在形成查询提问式时存在两个方面的特点：第一，网络一代多倾向于采用单一的检索词汇，如果一个检索问题不能用一个简单的词概括，那么他们就采用空格分开多个词进行组合检索或者把关键词分批检索。第二，网络一代只使用简单的检索提问式，很少的网络一代使用布尔检索或者其他高级检索，甚至很少用户知道正确的句法检索和布尔检索。而且调查中显示80%的网络一代不会使用高级检索功能。

5.2.4 相关性判断能力差

用户的相关判断是人机交互的基础，是再次形成提问式的前提，而决定"相关性"的尺度则完全由用户决定。即使是相同的检索任务，使用相同的搜索引擎，不同的用户也会出现不同的相关判断，执行不同的人机交互，由于主体主观因素的存在，对客体信息的过滤、筛选和认识，会发生不同程度的折射和反射，最后得出不一样的检索效果。另一方面，搜索引擎都反馈给用户海量的相关或不相关的条目，用户不可能一一查看，只能进行快速浏览，或者随机抽取查看，因而具有极大的随意性，使得用户所"得到"的检全率、检准率也带有一定的随机性。网络一代在相关性判断时，只查看少量的表层信息，期望网络提供个性化的相关度判断，在系统没有提供的情况下只是进行表层信息的选择，所以网络一代的信息查全和查准都存在很大的问题，非网络一代个体能够根据需要，适当的驾驭问题，查准率较之网络一代高一点。

5.2.5 语言表达方式独特

认知能力中的语言能力对信息查询也有重要的影响，目前大多数网上信息都是以文本方式呈现，因而对语言的理解对大多数的检索任务都非常的重要；用户检索式构建和输入是用户信息需求的最直接表达，因而用户能否在检索过程中使用更有效的检索式与用户的语言能力有着直接关系。阅读文本、检索结果、评价结果等都涉及对语言的理解[①]。

语言能力可以影响所使用词语之间的逻辑关系和联系，这直接导致用户使用诸如布尔检索或者其他的检索语法。此外，HSieh - Yee[②] 在其网络检索任务中的文字组合测试中还发现口语的流利程度和搜索的成功也有很大关系。

---

① Fang, X. & Salvendy, G. Kewyord comparison：a user - centered feature For improving web search tools. International Journal of human ［J］. Computer Studies, 2000, 52 (5)：915 - 931.

② Hsieh - Yee, Search tacties of Web users in searehing for texts, grahies, known items and subjects：a search simulation study ［J］. Reference Librarina, 1998, 60：61 - 85.

但这一结论有待更多的研究来验证。

网络一代伴随着网络成长，网络交流语言日益丰富，网络环境下成长的网络一代群体在语言方面具有独特性：使用非言语化表示方式，如用惊叹、怪异的发声、尖叫等图片、动画来传递情绪变化。这在某种程度上也影响他们语言能力的提高和发展，他们使用的语言和正常的语言表达差别越来越大。

网络环境中，随着"身份注册"的不同，逐渐形成和产生了一套语言学、语言心理学无从考证的交流体系，尤其在同步或异步聊天室中，这种现象尤为突出。网络环境中的新语言传播途径、接受机制等一系列公众语言学所需要了解的问题，都给原有认知理论带来了全新问题。

5.3　网络一代的个体认知因素

5.3.1　网络一代认为网上信息可信度高

通过本书问卷调查发现，网络一代认为网上查到的信息和图书馆查到的信息可信度都比较高。但是非网络一代则认为师长提供的信息和图书馆查到的信息是可信度比较高的信息，对网络资源持怀疑态度。（如图5-1所示）

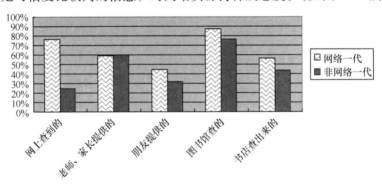

图5-1　网络一代和非网络一代对资源可信度的比较

通过本书访谈发现，非网络一代对网上信息的大部分信息持怀疑态度，他们认为，特别是 Web 2.0 环境下，人人可以发表自己的观点，可以成为信息的生产者，随意性太大。况且网络信息没有规范的监督机制，没有同行评议这一环节，质量很难保证。

　　网络一代只要找到与自己的观点相匹配的信息或者支持自己观点的信息都认为是正确的，对网上信息的信任程度很高（W11：百度百科很有用，上边有很多别人的观点和建议供我参考，对我有很大的指导意义，一般很少管可信度的问题）。网络一代在使用信息时很少考察信息的来源，而且网络的快捷性比可信度重要（W18：有时我急需要某方面的信息证明我的判断，如果问别人，别人也不一定知道，如果去图书馆查更是不可能查到很准确的信息，只要网络是最快的，只要网上有人认同，我就同意）。（如图 5 - 2 所示）。

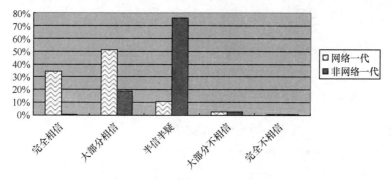

图 5 - 2　网络一代对网上信息的信任程度

　　网络的虚拟性网络空间的低限制性，克服了现实中身份、地位等事实上的不平等，实现了精神上的平等和无利益冲突；网络一代的大部分课余时间都在网络上，情感投入较多，感情投入多则信任度就高。对网络的信任还包括人格特征等。

5.3.2　网络一代新知识求知欲强

　　网络一代对新知识有强烈的求知欲：本书调查显示，当遇到新的知识或者自己感兴趣的知识，网络一代中大部分选择以该页为起点进行相关的主题检索，这是在网站内寻找信息的一种方式，大约有 37% 的用户利用搜索引擎寻找更多的该主题的信息，进行网站间的信息检索。只有 19% 的用户只限于对该页进行阅读。在非网络一代的调查中，比例多出一倍的学生只是"仔细阅读该页内容"，"以该页为起点进行相关的主题检索"和"利用搜索引擎寻找更多的该主题的信息"的人数都低于网络一代。在遇到新的问题时，网络一代倾向于对其进一步的探究。在试验中，网络一代选择未知领域题目进行

检索的人数明显高于非网络一代，从另一个侧面展示网络一代的强烈求知欲。（如图 5 – 3 所示）

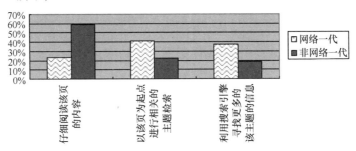

图 5 – 3　网络一代和非网络一代遇到感兴趣知识的做法比较

5.3.3　网络一代的自我认同感强

（1）网络一代自认为构建检索词没有问题：

通过本书调查可以看出，网络一代比非网络一代对构建检索词的自我认同感强。统计发现，网络一代认为主题词检索没有困难的占总人数的 28%，非网络一代有 23%，网络一代认为存在部分困难的占 57%，非网络一代占 62%，困难很大和根本不会用的总数是一样的都是占总人数的 15%，网络一代在认为会构建检索词的人中，总体的感觉比非网络一代要好，不认为自己有多少困难。（如图 5 – 4 所示）

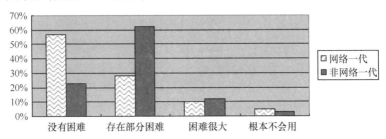

图 5 – 4　网络一代和非网络一代构建检索词能力的自我评定比较

（2）网络一代选择关键词与自我感觉之间存在相关性：

把能够提取关键词作为选择关键词技巧比较好的用户，把直接拆分题目和直接自然语言输入的作为选择关键词技巧不佳的用户，而自认为构建检索词没有困难和存在部分困难作为自我感觉不错的用户，把这两者进行相关性分析发现，选择关键词的能力和用户的对于构建检索词的自我感觉之间存在弱相关性（如表5-1所示）：即认为自己构建检索词能力不错的用户，并不一定真的会提取关键词。

表5-1 网络一代输入查询词技巧和使用搜索引擎的自我感觉相关性分析

相关系数

			输入查询词技巧	使用搜索引擎的自我感觉
Kendall 的 tau_ b	输入关键词的技巧	相关系数	1.000	.026
		Sig.（单侧）	.	.137
		N	1 781	1 778
	使用搜索引擎的自我感觉	相关系数	.026	1.000
		Sig.（单侧）	.137	.
		N	1 778	1 800
Spearman 的 rho	输入关键词的技	相关系数	1.000	.026
		Sig.（单侧）	.	.137
		N	1 781	1 778
	使用搜索引擎的自我感觉	相关系数	.026	1.000
		Sig.（单侧）	.137	.
		N	1 778	1 800

5.3.4 网络一代倾向于用自己的方法解决困难

从开始使用网络开始，网络一代的使用行为就缺少信息工作人员的间接的指导和帮助，网络环境下的信息获取过程基本上是在"自助"下完成的。网络上检索、导航工具的使用，在更多的情形下是需要个体自己"开发与利用"。所以网络一代形成了自我解决问题的能力。因此个体本身的个体的观察力、记忆力强度、空间感、方位感对网络一代都很重要。

网络一代学习技术时，倾向于自学、以自己的兴趣爱好为主要的动力，并且对同龄人的信任程度高于对师长的信任程度。在这里我们研究网络一代在信息查询时遇到问题时的解决方案，本书调查发现，网络一代在遇到问题时最先想到的就是自己琢磨，自己试，其次就是问同学和朋友，而非网络一代更倾向于查看帮助，通过正规的方式去解决自己的问题（如图 5 - 6 所示）。

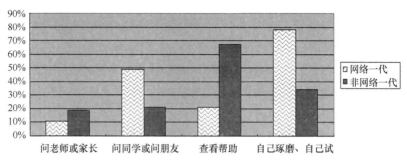

图 5 - 6　网络一代和非网络一代查询问题的解决方案比较

　　本书调查发现非网络一代掌握技能时更相信学习班、图书馆的技能教育和师长的指导，并且在遇到问题时非网络一代倾向于查看帮助，问老师和同学。而网络一代在学习新的技术时倾向于自己学习、反复试验并且更信任同龄人的指导，在遇到问题时自己琢磨、自己试或者问同学和朋友的情况比问家长的情况多。在这两个题目中分别得到了这样的结论，对这两个题进行相关性的判断结果如表 5 - 2 所示：即网络一代在遇到问题和学习技能时都是倾向于自己解决，更加相信自己。

表 5 - 2　网络一代学习新技术和遇到问题的解决方案相关性分析

相关系数

			学习新技术	遇到问题的解决方案
Kendall 的 tau_ b	学习新技术	相关系数	1.000	.009
		Sig.（双侧）	.	.689
		N	1 800	1 798
	遇到问题的解决方案	相关系数	.009	1.000
		Sig.（双侧）	.689	.
		N	1 798	1 801
Spearman 的 rho	学习新技术	相关系数	1.000	.009
		Sig.（双侧）	.	.689
		N	1 800	1 798
	遇到问题的解决方案	相关系数	.009	1.000
		Sig.（双侧）	.689	.
		N	1 798	1 801

5.4 网络一代的惯性思维因素

5.4.1 惰性强

人的惰性思维潜意识地影响着每一个行为，网络一代的信息查询行为当然也不例外，网络一代在进行信息检索时，总是在寻求一种"懒"的查询策略。表现在多个方面：第一，在选择查询输入的词时通常直接输入要找的问题或把问题进行拆分的居多，而且高级检索功能的使用很少，网络一代缺乏动力去学习检索策略，而寄希望于信息系统能够自动为他们构造有效的检索式，希望进行一种"傻瓜式"的信息检索。第二，使用单一的搜索引擎，没有从多方面、多角度进行查询。第三，面对海量的结果反馈，网络一代只浏览其中极少的一部分。一般是 10 条以下，这种"懒"的查询策略来源于网络一代大多时候并不求检全率，也不求最准，发现一到两个类似的答案就满足了。

5.4.2 "不确定性"规避

网络一代使用的检索词、检索式和惯用的检索策略，具有"规避不确定性"的显著的共同倾向，将检索行为及其预期结果的确定性作为首要的判断维度。如用户偏好选用惯用的检索途径和工具，正因为它们具有较强的可确定性，而新的检索途径和检索工具的有效性显然是较难确定的；又如用户较多选用简单的接近自然语言的检索词，尽量不使用复杂的检索式，不使用特殊的句法手段等，是因为简单的接近自然语言的检索词对大多用户来说是熟悉的和确定的，而复杂的检索式和特殊的句法手段虽然可能会有较好效果，但对大多数人来说是需要学习的，具有很大的不确定性；还有如用户主要依靠检索结果的摘要和标题来确定进一步点击行为，是因为一般摘要和标题对于用户准确判断文献内容具有更大的确定性等。

5.4.3 结果"够用"即可

信息查询的需求目标对查询行为有显著的制约作用。网络一代的信息查询行为大多以满足自己某方面的知识为主，他们要求的查询结果通常并非追求结果越多越好,越精确越好或越完整越好等,一般来说达到查询结果"够用"了就可以了。如网络一代普遍的翻屏次数较少,链接路径较短等行为特征,一定程度上反映了网络一代的这一倾向;而网络一代对检索途径、检索词和检索方式等的选择行为特征,也都能发现在检索需求目标制约下的结果"够用"倾向。

5.4.4 适度满足

人类在各种环境中都有自适应的倾向,在信息环境中也是如此。个体在当代日趋复杂的信息环境中生活,要想自由自在地生存和发展就必须适应环境,这也是进化论所要求的。网络一代的信息环境中,适应现代信息需要,发展了各种各样的信息功能,更容易使网络一代产生适度满足的行为特征。这意味着在信息环境中,网络一代并不追求完全掌握与解决问题有关的一切信息,而只希望获得决策所需要的关键信息,并通过自己思维的能动性和创造性来获得对问题满意的解决。从另一个侧面来说,人的智力,包括分析、推理、联想、顿悟的能力,足以使人在不完全的信息情况下,做出自己合乎理性的判断。正是从这个意义上,个体对信息的获取往往不是最优的选择,而是建立在合理的获取效率和效用上的次优的选择。网络一代对问题的探讨不深,领域知识较之非网络一代要少得多,所以能够满足他们需要的信息更加简单,适度满足原则更加突出。

5.5 客观环境因素

5.5.1 超链接

网络的普及(包括数据压缩、传输、显示方式等方面的飞速进展),使得潜在的可利用认知资源的数量和质量大为提高。首先表现在认知信息数量方面,信息海量化超出了常规的想象,且信息呈现速度加快,形成更多、更复杂的认知选择;其次,信息质量优化,编码方式增多,表现形式多样化,网络一代处于好奇的年龄段,更加激发了其认知和探索的潜能。

网络环境下的浏览是基于超文本的浏览,超文本是一种非线性方式建立和表示离散信息间的关系,储存和管理信息的技术。它是由结点、链、锚组成。结点，也可称文件，是超文本信息的基本单位；链又称超链或链接，是结点间的信息联系，它以某种形式将一个结点与其他结点连接起来组成网状结构；锚结点是结点内的一点或一部分。一般而言，鼠标点击锚结点后，锚结点会依照链接离开该锚结点到另一结点。对用户而言，浏览有许多不同的选择，而非单一的途径。超文本技术的应用使得传统认知逻辑结构发生随意性变化，其原有刚性组织变得松散，分叉剧增，内部和局部的逻辑关系变得更为复杂和错乱①。具体表现在：第一，超文本系统结构的灵活性，容易使用户在系统中任意跳转造成迷航。第二，超文本的网络过大，且缺乏有效的导航机制。第三，超文本的数据模型中链的语义性较弱，用户难以直接了解链接的内容。第四，由于背景知识的差异或一词多义等方面的原因，系统设计者和用户可能对某一问题或概念有不同的认识和理解，因此当用户的浏览思路与系统设计者的浏览思路相矛盾时，难以达到目标②。

　　超文本作为"多分叉"结构环境，使用户的认知逻辑结构出现松散化，认知逻辑结构出现松散化带来认知过程中目标不集中的问题。用户发现新问题的可能性不断增大，但同时认知目标的逻辑一致性和保持就更为困难，使得认知活动难以收敛，或发生知识目标快速而多角度的转变，导致认知稳定性遭到破坏，如会产生网络迷航现象等。

5.5.2　信息过载

　　信息化的网络时代，信息资源"浩如烟海"，种类繁多、良莠不齐，信息发布的随意性使一些重复和过时信息充斥网络，造成网络信息资源的混杂，严重妨碍了网络一代对有用信息的获取和利用。

　　信息过载对认知的影响：计算机的运行速度已经远远超过了人的大脑思维的速度。当有限的思维加工能力面对互联网上无限的信息时，相对于人的思维加工能力而言，互联网上的信息就是一种过载。个体在信息获取过程中需要处理的信息是多方面的：除了获取的结果性信息（目的性信息）外，许多过程中的信息，如屏幕上的指令、获取策略的构造等等，也需要运用个体的认知能力。网络一代的认知、处理、加工能力都比较低，信息过载会对网

---

　　①　邱均平. 信息计量学. 武汉：武汉大学出版社，2007.
　　②　Hay L. Educating the Net Generation［EB/OL］.［2007 – 12 – 7］http：//www. aasa. org/publications/saarticledetail. cfm? mnitemnumber［2009 – 7 – 22］.

络一代产生多种不利的影响：网络一代面对丰富网络信息内容、便利的信息获取手段（如：超链接）以及生动的网络视窗功能等等，都具有极大的吸引力，这一切都可以使网络一代在信息获取过程中，处于不断的信息接收状态，互联网上超载的信息背离了人的需要，突破了网络一代对信息加工处理的有限性，很难做出合乎需要的理性的选择。就会使网络一代采用消极的选择策略、对结果非理性的选择等。

5.5.3　信息服务环境

信息服务环境中存在网站提供商和信息服务代理商，在 Web2.0 环境下，人人都是信息生产者，这些都是信息的提供者，也是影响网络一代信息查询行为的外部因素：

信息机构之间对各类信息资源缺乏统一的分类标准体系，不同的检索系统都有自己的检索界面和检索技巧，不能实现互操作性，网络一代难以在较短时间内熟悉各类信息资源和灵活掌握不同检索界面的检索技巧，从而影响网络一代对所需信息的获取。

网站提供商因为限于知识产权的问题不能提供全文的信息，全文信息不能完全获取，影响了网络一代使用的效果；网站为了吸引人的眼球使用多样的形象化的信息，这些因素在一定的程度上使网络一代喜欢表层信息、摘要型信息和形象化的信息。

除了网站提供商以外，一个组织内部的信息服务代理商，如组织内部图书馆，所提供的服务环境对于网络一代信息搜索行为也有至关重要影响，如刚入校的网络一代的信息素养教育能否与网络一代的切实需求相匹配，导航服务、资源介绍能否与网络一代的认知需求相匹配等都有很重要的关系。

另外数字鸿沟、网络病毒等客观因素也影响网络一代信息查询需求。

5.5.4　信息组织和呈现方式

网络信息资源的组织方式在相当程度上决定了网络信息资源的获取方式，正是从这一观点出发，我们来探讨对个体信息获取效用的影响。搜索引擎也是网络环境下为解决信息过载以及信息的查全率和查准率而诞生的检索工具。利用搜索引擎，用户可以方便快捷地在网络上找到自己想要的信息，并实现网页的全文检索。搜索引擎可以实现网页、网站的查找，还可以实现 flash、 ftp、pdf、ppt、word 等文件格式的搜索。据互联网调查显示，搜索引擎已经成为所有用户获取信息的主要方式，网络一代在信息查询过程中首选也是搜索引擎。

信息呈现方式：K. Khan 和 C. Locatis 考察了信息呈现的效应 ①，以链接强度和呈现形式为自变量，考察二者对被试查询的效率和准确性的影响。结果发现在列表中呈现的低链接强度有最好的效应。这些数据表明每屏呈现较少的链接似乎能够减少认知负荷，列表式链接似乎更能够减少用户信息加工的要求。K. Khan 和 C. Locatis 验证了链接线索和链接一致对查询的影响②，结果发现查询任务中的词和链接中的词相对应时，尽管查询的准确性没有改进，但是查询的效率改进了。J. R. Carlson 和 C. J. Kacmar 调查了 112 名网络一代偏爱的链接呈现风格，然后通过实验观察 24 个被试者使用了哪些链接呈现方式。他们发现着色设计是最有效的链接，对于没有标准化的其他形式的链接，如斜体、方框、阴影也受网络一代的青睐③。

5.5.5　信息技术环境

新的技术环境的影响：新的技术层出不穷，网络一代能够应用自如，网络一代的自学能力增强，他们的信息来源丰富，他们的交流性学习增多。技术的发展给网络一代带来诸多的便利条件，本部分主要讨论一下技术的进步可能给网络一代带来的负面影响。

（1）工具性的行为。信息技术作为一种扩展人的信息功能的手段或者说方法，具有明显的工具性质，也就是说，它的性能再优越也必需在人脑的智能操作下得以发挥其效用。而作为一种相对"固化"的工具，其操作程序提供的既定的选择框架，不可避免地为使用技术的主体限定了空间。使用者只

---

① Khan K, Locatis C. Searching Through Cyberspace：The Effects of Link Display and Link Densityon Information Retrievalfrom Hypertextn the World Wide Web ［J］. Journal of the American Society for Information Science, 1998, 49（1）：176～182.

② Khan K, Locatis C. Searching Through Cyberspace：The Effects of Link Display and Link Densityon Information Retrievalfrom Hypertextn the World Wide Web ［J］. Journal of the American Society for Information Science, 1998, 49（1）：176～182.

③ CarlsonJ R, Kacmar C J. Increasing Link Marker Effectiveness for WWW and Other Hypermedia Interfaces：An Examination of End user Preferences ［J］. Journal of the American Societyfor Information Science, 1999, 50（1）：386～398.

有摸准工具使用的规律，才能获得成功。网络一代习惯性和思维定势的形成一定程度上与工具的使用有关。

（2）主体性的丧失。在网络环境下，行为主体几乎可以发现或者找到所需要的一切知识和信息，由于信息处理系统把个体对信息的选择充分简化，使得越来越多的思维加工工作转化为符号的选择与处理。在这种情况下，网络一代必然会造成个体的文字能力、语言能力和思维能力的退化，可能丧失智慧、丧失创新意识和创新能力。此外，由于网络打破了时空的界限，可以对信息进行非线性和非顺序性的组织，从而也打破了网络一代的传统线性思维方式，有可能因此使网络一代失去对客体特征的明确把握，既难以与客体形成对象性关系，无法开展对象性活动，从而丧失主体性。

（3）人性的异化。这种异化表现在网络一代对网络信息的过分信任和依赖。本来，计算机和网络是个体认识世界和改造世界的一种手段，是个体和环境打交道的工具，是提高个体的生活质量、自身素质和增长交际能力的一种重要工具。但是计算机和网络以其自身的语言规范和游戏规则制约着一切使用者，使人们不得不服从它的逻辑。网络一代从一开始就是用网络和计算机，对其依赖性增强，网络一代查询信息的首选就是使用网络，没有网络很多人都找不到信息，网络一代的思维方式和逻辑方式根深蒂固的受计算机和网络环境的影响，有可能产生对网络以及网络信息的过分依赖的人性异化。

6 网络一代信息使用行为研究

Wilson 提出信息行为包括物理的和心理的行为，是关于吸收信息到个人已有的知识中，在物理行为方面，例如注意到某个文本中某个部分的重要性；在心理行为方面，比较新的信息和已经存在的知识[①]。信息使用的实质上是人类使用搜寻到的或者别人共享的信息以解决面临的问题或理解自身信息生活的一个过程，是检验所获取信息可行性的一种关键行为。每个人的信息使用的效率如何，除了取决于本身的信息质量以外，更多地取决于其自身的能力。本部分主要研究网络一代某些特定的使用行为，以对网络一代的信息行为有个整体的认识。

6.1　网络一代信息查询结果的使用

6.1.1　查询到"合适答案"的处理办法

从之前的研究发现，网络一代所谓获得满意的信息结果，往往不是因为找到了最初希望获得的信息，而是修正了最初的信息需求的合适答案。

（1）网络一代对合适信息的使用情况

通过本书调查显示，网络一代在使用信息时更多地使用目录、关键词和摘要等信息，而对全文的信息使用较少，他们喜欢更加"简约型"的信息资源。只有11%的网络一代对全文的信息有需求。网络一代并不是传统的方式进行浏览和选择信息，其在线选择是基于跳读标题、内容页和文摘的，称之为"强势阅读"（power browing），也是一种"浅阅读"。网络一代查看网页的速度非常快，不断地点击链接而不是持续的阅读。非网络一代使用最多的是全文和摘要，非网络一代使用信息时不只是局限于目录和关键词这样的信息，

---

①　Wilson TD. Human Information Behavior ［J］. Information Science, 2000, 3 (2): 49 - 55.

而是深入信息充分挖掘，期望获取更多、有价值的信息（调查结果如图 6 - 1
所示）。

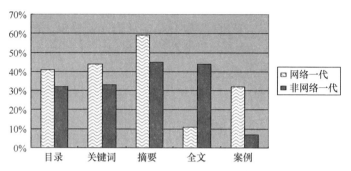

图 6 - 1　网络一代和非网络一代选择资源依赖的特征分析

　　网络一代在浏览过程中依靠各种分类语言工具，并且恰当的语言显示方
法对网络一代的浏览判断有非常重要的作用，目前网络用户的浏览、使用行
为仍受语言文字的影响，这也是目前网络门户网站中"标题党"盛行的主要
原因。相信随着网络一代的成长，"标题党"将更加盛行。
　　（2）网络一代对合适信息的下载保存
　　根据本书调查结果显示：网络一代在找到合适的信息后，绝大多数的用
户会下载保存，占总人数的 91%，其中 43% 的网络一代下载保存后再阅读，
48% 的网络一代把具有相关性的信息都下载保存，然后再阅读。但是非网络
一代来说大约有 61% 的都是先阅读再根据情况下载保存（如图 6 - 2 所示）。
　　Merchant 和 Hepworth 研究了 40 个 10 ~ 16 岁孩子的信息查询行为，其检
索完成后一般是打印或是下载保存①。JISC 的调查发现，如果发现好的资源，
网络一代下载进行保存的用户占 64.5%，从总体来看，发现好的信息第一时
间下载保存的网络一代相对多一些②。
　　在本书访谈中发现，网络一代下载保存的信息一般不会再看，也就是说
网络一代更多的是遇到信息就有保存的欲望，保存后的信息使用较少，选择

---

　　①　Merchant L, Hepworth M, Information literacy of teachers and pupils in secondary schools ［J］.
Journal Of Librarianship And Information Science, 2002, 34（2）: 81 - 89.
　　②　Age - related information behaviour ［EB/OL］.［2006 - 2 - 13］http: //www.ucl.ac.uk/infos-
studies/research/ciber/downloads/GG% 20Work% 20Package% 20III. pdf ［2010 - 8 - 11］.

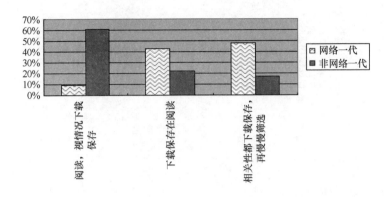

图 6-2 网络一代和非网络一代对信息的处理方法比较

和查看是同时发生的一个过程。

6.1.2 遇到"感兴趣"问题的处理办法

（1）网络一代对知识有占有欲

本书调查显示，网络一代在正常的信息查询和信息浏览过程中会发现很多"感兴趣"的其他问题，在找到感兴趣的知识以后，36%的网络一代"保存起来以后再看，肯定看"，40%的网络一代保存起来再说，可能看也可能不看，15%的学生"先保存并在最短的时间内阅读"，只有9%的网络一代"一边找一边看"。非网络一代中16%的学生"保存起来以后再看，肯定看"，22%的学生保存起来再说，可能看也可能不看，34%的学生"先保存并在最短的时间内阅读"，只有28%的学生"一边找一边看"。非网络一代中更多地倾向于找到的知识在最短的时间消化，"一边找一边看"和"先保存并在最短的时间阅读"的占62%，但是网络一代更倾向于先保存，以后看与不看主要看时间的问题，这部分总共的人数约占76%。（如图6-3所示）可见网络一代更喜欢先占有"感兴趣"的知识再使用知识。

（2）网络一代的求知欲和占有欲之间存在相关性关系

如果遇到感兴趣的新问题时，进行相关主题链接的和使用搜索引擎查找更多信息的用户认为是求知欲很强的用户，把找到知识后保存的用户作为占有欲很强的表现，通过相关性分析，求知欲越强的，他们占有欲也就越强，占有欲是以求知欲为前提的。

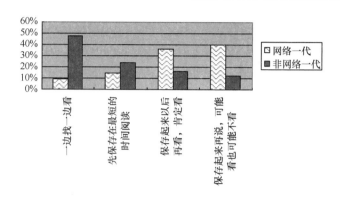

图6-3 网络一代和非网络一代新知识的使用情况比较

表6-1 网络一代求知欲和占有欲的相关性分析

相关系数

			求知欲	占有欲
Kendall 的 tau_b	求知欲	相关系数	1.000	.035
		Sig.（双侧）	.	.643
		N	1 804	129
	占有欲	相关系数	.035	1.000
		Sig.（双侧）	.643	.
		N	129	129
Spearman 的 rho	求知欲	相关系数	1.000	.042
		Sig.（双侧）	.	.637
		N	1 804	129
	占有欲	相关系数	.042	1.000
		Sig.（双侧）	.637	.
		N	129	129

（3）信息偶遇成为网络一代获取信息的主要手段

由于对新知识的好奇心、求知欲以及对新知识的占有欲等特点，使信息偶遇成为网络一代获取信息的主要手段。所谓"信息偶遇"即是指在信息获取过程中对有用的或感兴趣的信息的意外的相关信息或者知识的发现或获取。与完全被动的信息获取有所区别的是，"信息偶遇"是在个体有了信息需求并

开始了信息查询行为之后发生的，是一种被动的信息获取方式。Sanda Erdelez
认为，信息偶遇多发生在浏览的过程中①。由于网络一代之前没有明确的查询
需求，网络资源的海量以及超链接又方便了信息偶遇的发生，信息偶遇"符
合最小努力原则的，确实让网络一代付出了比较小的代价——仅仅通过感知
（而非思维加工）或者说通过"无意识"（而非有意识）的方式来获得所需信
息。所以信息偶遇成为网络一代获取信息的主要手段。网络一代的信息偶遇
有自己特点，"偶遇"的信息内容没有远离网络一代的经验常识和知识储备；
引发偶然性阅读的往往是零碎的知识，个别的和偶然的知识；太具体太抽象
的知识都不能引起偶然性阅读；浏览是信息偶遇的前提条件。通过上面的论
述可以看出信息偶遇对于网络一代的信息查询有三个方面的作用：定向、控
制、调节。定向，是对查询内容的意识、定向和注意，提高查询行为的自觉
性和正确性；控制，是控制查询内容的信息量，排除弱刺激的干扰和暗示，
删除查询过程中多余繁杂的因素，提高阅读活动的独立性和批判性；调节，
是及时调节查询活动的进程，修改目标或手段，提高阅读活动的效率和速度。

6.1.3　浏览时发生"迷路"的解决方案

网络一代喜欢新知识：本书调查中发现，在出现迷航后网络一代选择最
多的就是"不管它，顺着新的链接走下去"。对于这种"超然"的态度，通
过本书访谈了解到，网络一代认为除了认知负担、恶意广告、链接等把自己
在不知情的情况下引入"歧途"，"迷航"还有一个好处就是能让自己获得新
的知识、灵感，使信息在某些方面得到延伸和扩充，并获取一些意外的信息。
非网络一代中遇到迷路更多的是想回到以前走过的路上，并试图走回去。这
与浏览路径的研究结论基本一致，网络一代使用迂圈和回溯路径的相对少于
非网络一代。

网络一代中焦虑和迷茫的占一定的比例：通过本书调查发现，在出现
"迷路"的过程中，大约有44%的网络一代出现焦虑，大约有39%网络一代
出现迷茫，非网络一代出现这两种现象的比例明显低。迷茫和焦虑是态度问
题，想回到原来走过的路和不管它，顺着新的链接走下去是行为问题，即使
网络一代中选择两种行为的人没有重叠，那么他们的频数百分比也没有

①　Sanda Erdelez. Information Encountering: It's More Than Just Bumping into Information ［J］. Bulle-tin of the American Society for Information Science. 1999, （3）: 25.

100％，也就是说还有一部分网路一代在遇见迷路现象时除了迷茫、焦虑这种态度以外，没有别的具体行为做法。非网络一代中这种情况不太好判断。

网络一代的解决方案表明其驾驭问题的能力较差：通过本书调查发现，出现迷路时，网络一代绝大多数选择使用搜索引擎进行重新检索，一方面说明了网络一代对于搜索引擎的钟爱，认为搜索引擎无所不能，另一方面也说明他们解决问题的能力比较差，不能很好使用其他技巧解决问题。非网络一代有一定的知识和能力，他们选择最多的就是点击后退键回去和点击历史记录回去，这种选择一方面说明很多网站，导航不好，不能让用户一步到位地回到以前的位置，另一方面说明非网络一代的计算机能力还可以，大约有45％的用户选择了点击历史记录的方式。

国内学者李乐山就指出[1]，当前最常见的问题就是用户迷路的问题，这是由于网上的"书"不透明，用户不知道自己读到什么地方，不知道自己怎么去任意看想看的某个地方，不知道怎么退回。要使它透明，必须提供导航。用户迫切需要借助一种有效地导航技术支持机制来解决"迷路"和"认知负荷"的问题，以便更好地在网络空间中变化和发展。

6.1.4　查询时"一无所获"的解决方案

网络一代没有找到合适信息时，一般都不会在原来的检索词和原来的结果中继续查找，他们一般会在搜索引擎中重新检索。这里的重新检索有别于二次检索入口和"试错"关键词，但是和二次检索入口的选择以及关键词的提炼过程有一定的相关性的关系。

通过本书访谈了解，网络一代在查询信息没有收获时，一般都是要在搜索引擎中重新输入新的关键词，重新输入关键词的方式和"试错法"中关键词的缩炼方式基本一致。但是非网络一代在没有收获时会尝试多种入口选择，而不一定局限于搜索引擎这一个入口。

6.2　网络一代对图书馆的使用少

从本书调查结果来看，网络一代从来不去图书馆的比率竟达到47％，非

---

① 李乐山．人机界面设计［M］．北京：科学出版社，2004年．

网络一代中从来不去图书馆的比率仅有 4% ，但是总体来说，非网络一代去图书馆的频次也不是很多，平均下来一个月几次。（如图 6 - 4 所示）

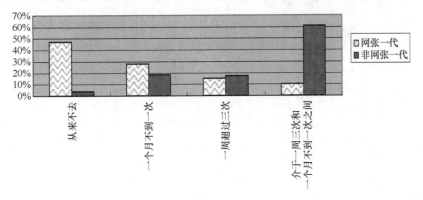

图 6 - 4   使用图书馆的频率分析

从使用图书馆的功能来说，网络一代主要使用图书馆进行借书、找资料和阅览室学习。非网络一代主要使用图书馆进行借书、找资料和使用网络资源等。调查中显示使用图书馆上自习的人中基本是大学生，综合上述，网络一代使用图书馆的主要目的是借书和找资料、上自习。杨琳在 2009 年对南京航空航天大学的学生进行调查也证明这一点①：大一学生在使用图书馆的目的方面，排在最前面的是借阅图书，占了 97.3% ，查阅期刊为 10.6% ，使用电子阅览室服务的为 34.5% ，上自习的为 67.6% ，休闲阅读的为 30.4% 。可见图书馆对于我国的网络一代来说基本就是借书和上自习的场所。（如图 6 - 5 所示）OCLC 在 2010 年报告中指出有 84% 的人把搜索引擎作为信息研究的起点，有 3% 的人选择了 Wikipedia，但没有一个人从图书馆网站开始他们的搜索活动②。

根据北京大学 2008 年的调查数据的显示③，近几年来图书馆的用户的数量呈递减趋势，相较于 20 世纪 90 年代中期已经减少了 11.3% 左右。究其原

①   杨琳 . 90 后大学生的图书馆信息行为研究——以南京航空航天大学为例 ［J］. 科技情报开发与经济，2010 （20）：6.
②   Perceptions of libraries and information resources （2005） . ［2010 - 12 - 21］ . http：//www. oclc. org/reports/pdfs/Percept_ pt2. pdf.
③   赖茂生，屈鹏 . 网络用户的搜索入口与跳转行为研究 ［J］. 情报理论与实践，2009 （32）：4.

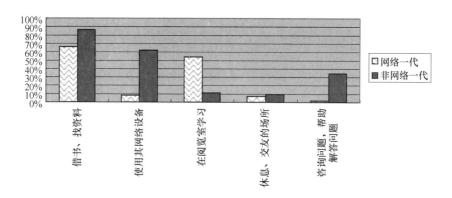

图6-5　使用图书馆的目的比较

因主要是以下几个方面：

第一，网上信息服务的快捷性

现阶段，网络一代寻求的信息服务一般都是比较简单的，除了借阅图书期刊之外，还有的就是查阅报纸新闻、统计数据或者是一些简单问题的咨询等等，在这些方面，图书馆所提供的服务相较网上信息服务组织来说过于繁琐，远不如网上来的方便快捷。

网络一代对他们在网上找到的信息的质量总的来说还是比较满意。无可争议的事实是，在开放的互联网上查找和获取信息，远比在图书馆要快、要方便。网上海量信息的存在，信息消费者一般只需敲几下键盘，点几下鼠标，几乎就能查找和利用所需要的信息。借助简单的检索方式和界面，信息消费者既不用专业人员的导引，也无需同信息机构对话，就能利用网络的自助服务获取信息，而且消费者觉得这些检索很成功。

第二，网络一代对图书馆的认知缺陷

网络的便捷性和网络设施的日益完善，使得很多图书馆的资源通过网络进行服务，随着互联网设施的完善，越来越多的学生习惯通过访问图书馆主页这种方式来使用图书馆所提供的服务，但是网络一代对这些问题基本处于无知阶段，以为原本由图书馆提供的资源是免费的网络资源，而图书馆在他们心目中的作用也几乎完全是借阅图书和上自习的地方，更多的可利用的信息资源被淡化。Corradini 也认识到这一点：大量的网络一代不知道图书馆提供网络接口，统计发现只有大于22%的学生知道这些。他们对图书馆的认知只是提供传统的印本资源①。

通过本书访谈发现，检索图书馆内的信息很多时候都受制于词表和分类体系等，使用起来是个相对复杂的过程，某些时候还需要馆员的指导和帮助，这些也阻碍了他们使用图书馆的积极性，这些缺陷对于追求便捷性和新颖性的90后们来说，图书馆的这些特点使他们更倾向于选择使用网络资源。

但是，在图书馆这样一个建筑中，有资源、有设施、有交流场所，更有长期积淀的学术气息和良好的学习氛围，任何其他机构都不可能与之相提并论。因此，网络一代认识图书馆也是从它的场所和设备开始，所以，笔者认为在未来很长一段时间内，图书馆的物理空间不可能消失，信息共享空间将大有可为，如果积极引导，网络一代会最终选择图书馆。

第三，大众传媒的影响。大众传媒是与以往传统信息环境截然不同的信息传播，它在对人们的阅读行为产生影响的同时，也必然对图书馆的生存与发展产生较大影响。首先，大众传媒导致图书馆受众的大量流失。当前，大众传媒是一种具有绝对优势的信息传播方式，它以海量的信息、富有感染力的信息表达、信息获取的便利性、快捷性、针对性，赢得了大众的喜爱，特别是其中的信息传播中的视听效果，对人们形成了强烈的吸引力，从而导致了大众的趋之若鹜，由此传统的图书馆信息服务显得形式单一、内容单调、信息服务程序复杂、质量不高，这使得传统的图书馆信息提供方式落后于受众的需求，导致对受众的吸引力下降，造成图书馆受众的流失。因此，大众传媒环境下，图书馆的生存与发展面临挑战。其次，大众传媒导致图书馆受众阅读导向的迁移。大众传媒对人们的社会生活的影响是深刻的，在大众文化需求方面，由于受到影视作品、流行文化的影响，很多人在图书馆阅读中具有明显的跟随"流行"、"时尚"的倾向。经典阅读减少。

6.3 阅读行为研究

近代以前，用户的阅读只是简单的文献阅读，只是被动地接受知识，在进入信息化、网络化的今天，阅读习惯正在发生着翻天覆地的变化，阅读方式有了根本性的改变，越来越多的人由传统的纸质阅读投向电子化和数字化

---

① Corradini E. Teenagers analyse their public library [J]. New Library World 2006, (107): 481 - 498.

的网络阅读。网络拓展了阅读的空间和渠道，与传统单一的纸质阅读方式相比，数字化电子化的网络阅读集声音、视频、图像和动画等为一体，使阅读充满了乐趣性、娱乐性、丰富性和随意性。阅读介质的改变使网络一代的阅读行为发生了根本的变化。

6.3.1　网络一代喜好数字化和电子化的网络阅读

越来越便捷的电纸书，阅读体验较完美的苹果平板电脑 iPad、博客等新兴媒体的出现，因其质量轻、体积小、便捷等优势使得更多的读者不愿再购买纸质图书，具有常规的人际传播这一功能的手机也逐渐具备了大众传媒的功能，逐步成为了 4G 时代的移动图书馆，博客阅读、高校 BBS、手机微博等每天都吸引着人们的注意力。此外，异军突起的各种音像制品，对传统的阅读和图书也是新的冲击。所有这些阅读方式是与传统方式相对应的网络阅读方式。网络阅读是指借助多媒体计算机技术、网络技术来获取信息与知识，完成意义建构的一种阅读行为。与传统阅读相比，其主体的阅读文本并没有质的改变，它所改变的在于其文本的呈现方式和使用方式。

网络阅读的类型根据人们的阅读需求主要有两种形式：（1）实时在线阅读，指阅读者在互联网上直接阅读所收集到的网络资源，在阅读过程中始终挂在网上。（2）下载离线阅读，指将网络资源下载到另一种载体上，断开网络链接后再进行阅读。网络阅读主要有两种载体，一种以 PC 机或终端机为载体；另一种以手持阅读器为载体，这种专用的阅读器即电纸书，它是网络阅读为适应传统阅读习惯所做出的变革。网络一代的网络阅读是集电子化和数字化于一体的阅读方式，可以使某一内容信息的传播和阅读"无时不在、无处不在"。例如，同一本图书，坐车时可以通过手机或者平板电脑进行阅读，工作休息时可以在电脑上通过互联网阅读平台进行阅读，回到家后可以通过电视屏幕阅读，或者直接阅读纸质图书。这就实现了阅读在时间、空间上的不间断、无缝隙。越来越多的网络一代喜欢掏出手机、电子阅读器、平板电脑等享受"移动阅读"的方便和快乐。通过半结构化的访谈发现，网络一代数字化电子化的阅读方式主要有网络阅读、电子书阅读、手机阅读等三种类型。其中大多数人选择在线网络阅读和手机阅读，电子书的阅读相对少。相比较而言，网络一代的离线手机阅读更为广泛，只有在阅读新闻类资料时才可能会选择在线阅读。

6.3.2 网络一代习惯于知识点式的融合、互动的阅读方式

根据访谈结果，网络一代在数字化、电子化的阅读过程中主要有以下几个方面的特点：

（1）知识点阅读：网络一代处于一个知识爆炸的时代，知识正在以前所未有的加速度态势急剧增长。能不能在有限的时间内尽量多地阅读，了解相关的海量知识和信息，已经成为每个人提高学习求知能力面临的一个重要课题。同时网络一代的求知欲比较强，同时本身的知识储备比较低，对一些问题的了解要求所提供的文字内容能够表达某种完整的意思。网络一代的知识点阅读主要包括知识点直取式阅读、知识点串联式阅读、知识点变换组合式阅读等，不同于碎片化阅读的一种方式，网络一代的这种阅读方式需要有检索的专指性和直接性做基础，能够大幅度提高学习求知的效率。

（2）融合式阅读：网络一代更加喜欢不同形态信息在同一个页面的融合、不同形态信息以链接切换方式的融合的方式来更加完整、系统、准确地了解客观世界，掌握知识和理论体系。单一文字形态的作品，只能用文章的形式来描述一个事物、阐述一个知识体系。而融合式阅读产品，可以采用文字、图片、声音及其动态形式，生动、直观地展示出知识体系的内在逻辑结构、发展进程及其社会实践等，把知识展现为一个智能化的有机体。融合式阅读作为一种阅读方式的普遍形成，必将大大开阔人类的视野，拓展网络一代探索和认识世界的广泛性、深刻性和客观性。

（3）互动性阅读：从个体阅读发展到人与人之间在交流互动中阅读。阅读本来就是一种社会行为，但传统阅读仅仅是读者对作者思想的一种被动接受。随着现代通信及互联网、计算机技术的发展，阅读的互动程度越来越高，人们在利用网络进行阅读的过程中，可以在全社会范围内迅速实现读者与作者、读者与读者之间的交流互动。如读者把自己阅读所作的批注、笔记、心得、评论等发布出去与人交流；把自己阅读到的优秀作品或内容转发给他人分享。互动式阅读相对传统的阅读模式，强调互动、分享，注重阅读学习的社交性，倡导用户共同生产内容、共同传播内容和共同获取利益。互动式阅读按交流互动的形式不同可分为：任何读者（作者）间的开放式交流互动、在一定读者（作者）范围内有特定对象的交流互动（如读者利用"谷歌阅读器 Google Reader""掘客 Digg"等）；以即时推送发布内容信息的形式进行的

交流互动、用户以日积月累共同构筑某一内容平台进行的互动交流（如"维基百科"几年来积累词条总量已达到 1 700 万条）；无偿提供内容信息的互动交流、有偿提供内容信息的互动交流（如"百度文库"以虚拟货币作为媒介，实现用户之间资源交换分享）。目前，互动式阅读方式正在风靡全球。网络一代在阅读的过程中更加喜欢互动式的阅读方式，但是互动式阅读资源的筛选也是网络一代面临的难题。

6.3.3　网络一代容易形成功利性、浅阅读习惯

在数字化和电子化的环境下，网络一代养成了知识点式的融合、互动的阅读方式，这些方式和习惯容易让网络一代形成碎片化的浅阅读方式。

（1）浅阅读

在信息泛滥、知识爆炸的新时代，生活和工作节奏的加速，使得网络一代的阅读时间呈现碎片化状态，同时对于信息获取速度的焦虑让网络一代已经无暇进行反复品味与思考，直接从潜读——理解模式跳到了扫描模式，以钝化阅读深度为代价追求阅读速率的提升，由此造成阅读越来越流于浅表。浅阅读正流行于网络一代中，它是一种浅层次的，以轻松简单甚至娱乐性为目的的阅读形式，具有快餐式、浏览式、通俗化的阅读特点。与网络同步成长的当代网络一代，他们主要通过浏览网页，访问 BBS 论坛，电子书等浅阅读方式获取新信息，[①] 在鱼龙混杂的海量网络信息中，他们无暇思考会不会陷入"标题党"的文字陷阱，而是争分夺秒跳跃性地浏览最新、自己感兴趣的、点击量高的信息。[②]

浅阅读降低了阅读的门槛，推动了大众阅读。同时浅阅读也是一种有效的阅读方式。但是浅阅读也容易造成不良的影响，容易流于浅表，阅读随意化，往往浅尝辄止，不求甚解，停留在文字或图像的表象上，缺乏穿透事物表象的渗透性，从而易形成一个个孤立的记忆碎片，难以保证知识的系统性和连续性。同时浅阅读偏向娱乐，弱化了求知性，使网络一代"浅阅读"偏向娱乐化的趋势日益明显，阅读也由过去严肃和敬畏之举，变为娱乐化的感官享受，真正涉及专业的内容却得不到足够的重视，求知的目的在这种偏向

---

①　陈品高 . 这份阅读报告：告诉我们什么［N］. 光明日报，2010 – 04 – 24.
②　王平 . 21 世纪传统阅读行为的社会学意义［J］. 南阳师范学院学报：社会科学版，2003（2）：118 – 119.

娱乐的跳跃式阅读中逐渐弱化和遗失。

（2）功利性阅读：

网络一代正处于学习的关键时候，学习压力让他们更加的务实，对生活学习的诉求很多，体现在读书上呈现出显著的功利性趋向。网络一代的功利性阅读指其出于个人功绩、利益等功利性目的而产生的阅读行为，调查显示，网络一代功利性阅读的主要目的有：第一，获取知识和信息型，满足自己某些方面的信息需求。第二，应付各种考试型：网络一代是考试的一代，在考试的指挥棒下进行阅读。第三，消遣娱乐型：网上浏览自己喜欢和感兴趣的各种信息。

网络一代功利性阅读的三大特点是：个人利益驱动，即阅读以获取个人的某些利益为直接目的；高度的焦虑心理，即阅读行为往往伴随着高度的求胜求成焦虑心理；暂时性，即是阅读行为往往在外部利益目的达成后难以继续，为时短暂。功利性阅读是一种外压式阅读，一旦外部压力解除，阅读行为便会停止。如果网络一代长期受功利吸引而阅读，出身社会后，阅读行为很以为继，这不利于他们终身学习和持续发展。另外，功利性阅读是受强大外部压力而进行的，如果网络一代长期在这种情形下学习，势必产生过高的阅读焦虑，最终丧失阅读兴趣。如今网络一代的功利性阅读令人担忧。

6.3.4　网络阅读不能代替传统阅读

网络阅读与传统阅读是现代阅读活动的两种主要方式，它们各自的特质决定了它们所承担的功能与任务各不相同。美国有调查显示，许多在线阅读的读者也阅读纸质图书。84%的青少年读者表示，在阅读小说、诗歌、戏剧等各类文学读物，无论是在线阅读，或是网络下载，都不会放弃阅读纸质书籍；对于那些习惯在线阅读文章、散文、博客的读者群，其中77%也同样阅读书籍；根据2008年调查显示，约有15%的美国成年人群在线进行文学阅读；在线阅读率随着年龄层下降而增长[①]。2007年，Nicole Buzzetto - More 等[②]对以黑人为主的马里兰东海岸大学的学生进行了问卷调查，结果发现，该校学生拥有自己的电脑，能够在家里上网，偏好从网上获取新闻和信息，但

① 珞樱. 美国读者群逐渐壮大——美国艺术基金会普查新发现. 全国新数目，2012（3）.

② Nicole Buzzetto - More, et al. Reading in a digital age: E - books are students ready for this learning object? [J]. Interdis - cilinary Journal of Kn owledge an d Learning Objects, 2007, (3): 239 -250.

是基于屏幕的电脑阅读并不舒服，因此没有多少人使用过电子书。2009 年 11 月，JISC 正式发布了该研究的最终报告，其中的主要发现有：电子书通过图书馆这一中介，已经成为学术领域主流的一部分；电子书与印刷版图书互相补充。经访谈发现，网络一代在即时、实用的信息、叙事信息及各种商情信息等的获取时大部分由网络阅读承担，而纯粹的文化积淀和思想整理的任务以及系统知识的获得则由传统阅读来完成。通过访谈发现，网络一代在网络阅读中普遍存在的问题是：信息来源不清，可信度差、信息粗制滥造，没有阅读价值，没有考虑到个性化需求，信息太过娱乐化，缺乏专业信息。如果用手机进行阅读经常处于移动状态，缺乏深度阅读的时间和精力。

所以，我们应该正确引导网络一代，使其"网络阅读"和传统阅读两种阅读方式相辅相成，互为补充。根据阅读需要选择有利的阅读方式。就网络阅读而言，要取得良好的阅读效果首先要掌握一定的网络技术和信息技术，能够在海量信息里准确搜索出自己想要阅读的对象并且调换成自己比较舒适的阅读形式，也要能够运用网络信息技术适当表达自己的思想信息，并与他人取得良性沟通；其次，适时借鉴传统的阅读方法和策略。在网络阅读时，灵活地借助这些方法和策略以提高阅读效益；第三，网络阅读需要规范和经典的阅读引导。在传统阅读中读坏书不容易，不仅书源不好找，而且在找和看的过程中都得小心翼翼，以免尴尬。这就是因为有大众目光的监督、有规范阅读引导的约束。而在网络阅读中则是读好资源太难，原因不仅是因为网络的海量信息里的选择太多，更因为网络阅读尚未形成规范的阅读指导体制；第四，网络一代要树立正确的阅读观，在网络阅读中要主动不要被动，要目标明确不要随波逐流；最后，要在阅读实践中，尤其是网络阅读实践中建构和提高个人的信息素养。

总之，只有将书本阅读的抽象性与网络阅读的具象性有机地结合起来，互为阐释和补充，而不是互相取代和冲击，寻求传统和网络发展的一个平衡点，才能建构和谐局面。

6.4　网络一代信息使用行为存在的问题

6.4.1　网络一代知识产权意识差

根据我国现行的《信息网络传播权保护条例》规定，除特殊情形以外，不得提供作者事先声明不许提供的作品；引用只限于合理的范围之内，且须指明作品的名称和作者的姓名。通过对网络一代知识产权意识的考察，我们发现，网络一代知识产权的意识确实比较差。在传统知识产权保护的三大板块——著作权、商标和专利领域中，涉讼案件的90%集中在版权领域，而互联网平台上的盗版侵权更是频发。本部分主要介绍网络盗版、网络社区信息使用以及学术作品的版权问题。

（1）网络盗版

网络盗版的概念比盗版更宽泛，它并不一定以盈利为目的，也不一定是对原作品简单的复制，它指的是未经著作权人许可，将作品的电子形式上传到网络以供复制、传播的行为，期间可能伴有对于作品的修改以及生成衍生品（如在软件中插广告等）。网络盗版侵权的形式也在变化：一些资源分享平台、电子商务网站和深度链接，都在以不同形式侵权。各个网站之间、网站与传统媒体之间，转载文章而不付费的现象普遍存在。一些大的数据库、数据公司，还会把众多版权人的作品放在网上销售。网络空间的海量信息、多种传输技术的迅猛发展，都为互联网上的盗版侵权戴上"保护罩"。同时网络空间传输的开放性、快捷性和流动性，被侵权的作品往往在被发现之前，就被大量的网络用户下载、传播，"生米煮成熟饭"，加剧了网上盗版泛滥。网络盗版绝不是我国特有的现象，而成为一个世界性问题。在微博、播吧等资源分享平台上，随处可见一批以经常性上传他人作品为特点的"热心用户"，有的在半年时间里，就上传了几千部影视剧。

网络一代的调查结果令人惊讶。大多数网络一代（65.87%）对网络盗版的概念和含义比较模糊或没有听说过，对网络盗版的支持率则比较高，高达85%以上的用户明知道是盗版产品却使用或感觉无所谓。

而对制止网络盗版有关的相关法律法规性文件——《出版电影音像制品管理条例》和《计算机软件保护条例》，网络一代的认知程度偏低，绝大多数学生只是听说过（44.90%），甚至没听说过（36.3%），而只有很小一部分是了解（14.1%）和很清楚（4.66%）。

网络一代支持网络盗版的首要原因是正版软件价格偏高（95.40%），其次是网络盗版易于获取（55.69%）及正版软件购买麻烦（40.82%）。笔者根据调查结果，认为网络一代热衷于使用网络盗版的原因有以下三点：第一，网络盗版产品是免费的，这是网络一代网络盗版行为泛滥的内在因素。现今

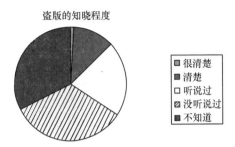

图 6 - 6　网络一代盗版的知晓程度

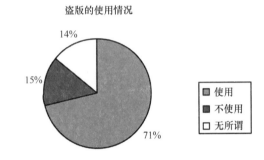

图 6 - 7　网络一代盗版的使用情况

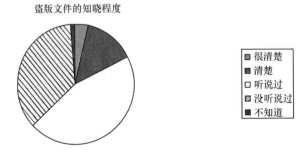

图 6 - 8　网络一代对盗版法规的知晓程度

网络一代的作业、论文等基本都需要各种软件来完成，而网络一代没有收入来源，难以购买正版产品，因而激发了对网络盗版的内在需求。而且，网络盗版比之于传统盗版的更甚之处在于它是免费的，因而传播更为迅速。第二，

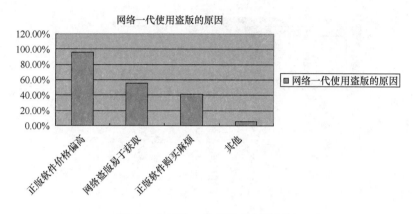

图 6 - 9　网络一代使用盗版的原因

网络盗版产品容易获得，这是造成网络一代使用网络盗版泛滥的网络环境因素，现今相对宽松的网络环境给大学生带来了丰富网络资源的同时，也充斥了各种网络盗版资源和站点，加之教育网下载速度快，网络一代获取网络盗版软件十分便利。第三，网络一代使用网络盗版产品没有后顾之忧，这是推动网络一代使用网络盗版产品的社会环境因素。网络一代似乎不认为使用网络盗版是件不光彩的事，使用网络盗版时没有强烈的负罪感，这种行为也没有被社会所不容。

（2）网络社区信息的知识产权意识

由于目前没有明确的规定对网络社区的引用行为进行研究，所以在调查中认为，引用别人的信息时能够"征得原作者和网站同意并注明出处"和"不征得原作者和网站同意，仅注明来源出处的"作为知识产权意识比较好的，把"既不征得原作者和网站同意也不注明来源出处"和"不知道转帖还要征得同意"作为知识产权意识不好。在调查中发现网络一代中没有产权意识的有 79%，有产权意识的仅为 21%。非网络一代中有产权意识的占 81%（如图 6 - 10 所示）。

（3）学术作品的知识产权意识

网络一代在使用学术作品时也知道巧妙地使用，但是就是不知道要注明出处。经本书调查显示网络一代在使用别人的学术作品时最多的就是从多处进行拼接使用，其次就是把别人的话换成自己的话或者成段的使用，对于通篇拿来用和少量完整的应用并注明出处的使用较少。非网络一代在对待学术

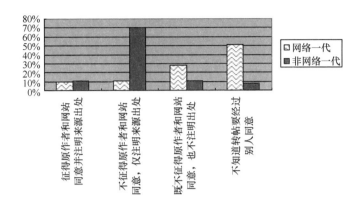

图 6 - 10　网络一代和非网络一代对网络社区信息知识产权意识的比较

作品方面就比较成熟，他们能够在使用时注明出处（如图 6 - 11 所示）。

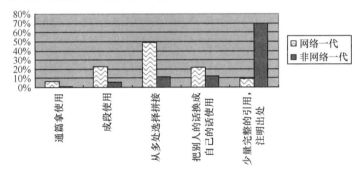

图 6 - 11　网络一代和非网络一代对学术作品知识产权意识的比较

（4）知识产权意识差的原因

对信息伦理政策不清楚：非网络一代和网络一代对各种互联网的决议和道德规范都处于不知道的状态，他们对很多问题的认识都是自己摸索的，头脑中根本没有条约的约束，对待很多问题是模糊的。

对某些方面的信息规定不明确：由于现在还没有明确的法律对在 BBS 和博客上发表的文章进行网络传播权的规定。转帖这种行为其实类似于传统文献背景下的引用行为。Weinstock 曾归纳了 15 种文献引用的动机①，这实际上

① 邱均平. 信息计量学. 武汉：武汉大学出版社，2007.

为用户确定了文献引用的一般规则。传统文献的公开出版经过了严格意义上的同行评议的审查机制，人们对这些文献的尊重就体现在对这些文献的引用上，而在网络环境下，人人都是信息的生产者，对于平民化的东西，人们较易忽略它的严谨性，从而淡化原创者对其作品的产权诉求；此外网络的共享性好像又让这种淡化理所当然，这有可能是缺乏知识产权意识的原因之一。

认知缺陷：调查也显示，很大比例的网络一代认为能放到网上的信息就是随便使用的，他们对自己的知识产权保护意识比较差，从而也认为别人的也可以随便用，但是他们对于不良的信息和盗版等非法行为比非网络一代表现的要激进一些。

立法并不落后，更多是执行层面的问题，"而更为深层的是对现代版权的观念。""目前，我国基本上已经建立起一套以《著作权法》为核心的、比较完整的版权保护体系，《刑法》、《侵权责任法》、《民法通则》也都从不同角度，为著作权提供了保护。也就是说，现行法律规定基本上可以为著作权进行比较系统全面地保护了。"但当国际通行的规则被导入到国内时，必须要有一个"本土化"的过程，没有人心的响应，则"徒法不能自行"。

传统观念的影响：在中国传统文化中，很难找到"知识私有"和"版权独占"的概念，"我们有的是'窃书不算偷'。在中国文化氛围里，找不到作为私权的版权观念的依托。"现代版权的观念尚未形成，使得多数公众习惯于在"免费午餐"的感召下，以人人上传、人人下载的模式来"无偿"分享他人作品，这或许是网络环境下版权保护的最大阻力之一。

6.4.2　网络一代的阅读能力下降

阅读能力是网络一代应具备的基本素质，是获取新知识新信息的基本手段，阅读能力的大小决定了网络一代的文化素质与文化特征，然而在科技日益发展的今天，在增强国力，改善人民生活质量的过程中，形成了一种重科技轻人文的发展趋势，这就使得网络一代对语言文字的感受力退化，进而导致阅读能力退化，甚至是人文素质的下降，网络一代体现出了一种有知识缺文化、有学问缺修养的态势。同时，随着商品经济的发展，人们形成了一种"一切向钱看"的社会风气，认为人生的价值充分体现在了物质财富的收获上，人们不屑于思考，灵魂大多浮躁不安，网络一代也顺应这一时代潮流逐渐沦为大众消费文化的主力，他们的感性阅读多于理性阅读，甚至一定程度上带有休闲色彩，缺少哲学的思辨，更缺少修身养性和经世治国的情怀和抱负。

互联网上的信息是海量和无序的，网络一代文献检索能力比较差，不能掌握必要的检索工具，对阅读对象和内容无所适从。而且在阅读的同时，有许多与阅读主题无关的其他内容诱惑他们，一些极富煽动性的链接使得他们一次又一次浏览到垃圾信息，这些现象影响了网络一代阅读内容的选择能力。信息泛滥且内容良莠不齐，网络信息海量的特点带来了大量的暴力、色情等不良信息，而且一些专业学术信息整体的水平不高，处于青春期和学习成长期的网络一代，对于这些良莠不齐的信息很难全面地进行评估和筛选，难以及时、准确地获得所需信息。网络结点的频繁跳转，容易使网络一代在网络中迷失方向，偏离原本的阅读主题，影响及时准确地找到自己所需的信息。

网上信息资源短平快的特点以及部分网络一代不良的阅读目的，使阅读以浅阅读为主，造成经典文化的缺失。网络使不同文化相互交流，但是文化间的碰撞、冲突，使网络一代的思想观念产生倾斜、造成世界观、价值观的不成熟。新兴媒体阅读使得网络一代更容易受到多元文化中负面信息的影响。由于网络一代的人生观、价值观和世界观尚处在形成阶段，对于互联网上充斥的各色信息缺乏清晰的辨别能力，在主流文化与非主流文化、主流价值观与非主流价值观界限模糊的阅读环境中，自控能力差的网络一代读者容易产生思想上的混乱，导致阅读品位下降，阅读快餐化、低俗化倾向严重，从而丧失了对高尚精神生活的追求。

6.4.3　网络一代信息使用过程中的思维危机

创造性思维减退：新兴媒体阅读使得网络一代想象力缺失，阻碍了创造性思维的发展。新兴媒体是集影、音、图、文于一身的整合传播，使网络一代丧失了想象的能动性而变得大脑懒惰，在某种程度上影响了网络一代的思维活动。比如阅读莎士比亚的原著《哈姆雷特》，根据个人理解，一千个读者的头脑中会有一千个哈姆雷特的形象；而在新兴媒体阅读方式下，观看原著改编的电影，一千个观众的头脑中只会有一个哈姆雷特。新兴媒体阅读的娱乐性突出，导致网络一代理性思考的缺失。在传统的观念中，阅读是一种学习的手段和途径，但是新兴媒体的阅读方式对网络一代来说更像是一个放松精神、休闲交流的渠道，面对大量的网络信息，网络一代往往只看到表象、肤浅的一面，单纯的点击浏览只是对信息的粗暴占有，许多网络一代可能会为自己思想的跳荡而愉悦，却没有注意到自己的思维是碎片化、跳跃式的；对许多问题虽然都能够有所思索，但思索却缺乏系统和深度，因缺乏推敲和有效论证而可能变成一种"泡沫思维"。

恋网性增强，专注力减弱：新兴媒体阅读会使网络一代产生恋网性。由于网络信息资源的丰富、快捷及多媒体有声有色等特点，深深地吸引了易于接受新鲜事物的网络一代，这种吸引往往会导致网络一代对网络的极度迷恋，出现了一部分网络一代越来越依赖网络，整天沉湎于网上，认为网上任何信息资源都可以找到，非网不读，长此以往，恶性循环必定会影响网络一代的日常学习、生活，严重的甚至会引发心理疾患。

新兴媒体阅读对网络一代媒介素养的提升提出了挑战。网络一代在进行印刷媒介阅读时只要循序渐进由上至下阅读，并通过持续地翻阅就能获得连贯的信息，这可以将注意力集中在一个相对固定的区域内，专注地思考问题，但是新兴媒体中的超文本多链接的编排形式却时常让读者在其中迷路，使得网络一代阅读路线容易发生偏移或改变，注意力分散，不易针对某一问题进行纵深注意，更容易在不断跳跃性的阅读链接中浪费宝贵的时间，使得阅读的目的性和质量降低，养成浮躁的阅读习惯，难以专注阅读。

网络一代具有猎奇性、跳跃性和交替性的心理特点，网络文本丰富、生动使得人们原本字斟句酌的"细阅读"慢慢转变为蜻蜓点水的"粗阅读"。①网络文本的彼此链接诱使读者不断跳跃着阅读，许多人形成了一种碎片的、间断的思维，通常对某种事物初接触时想法很多，但这些想法无一例外都难以深入②。

6.4.4 网络一代信息使用的心理危机

网络在提供方便快捷信息的同时，也容易使人沉迷其中，特别是网络一代正处于好奇心比较重、明辨是非的能力比较差的年龄，更容易沉迷网络中。近些年来网络一代的网络上瘾、网络孤独、迷恋网络游戏等网络成瘾症日益

① 杨军. 媒介形态变迁与阅读行为的擅变—以印刷媒介与网络媒介为例的考察 [J]. 图书馆工作与研究, 2006 (2)：90 - 92.
② 平泳佳, 周慰. 当书面阅读遭遇网络——一场辩论赛引出的现实课题 [J]. 上海教育, 2006 (6)：13 - 15.

突出。网络成瘾，又称网络成瘾综合症，指由于患者对网络过度依赖而导致的一种心理异常症状以及伴随的一种生理性不适①。统计显示，我国青少年网瘾人数大约为 3 329.9 万人，其中 18～23 岁的青少年网民网瘾患者比例最高②。

因为沉迷网络，网瘾患者对现实生活中人与人之间的情感逐渐淡漠和疏远，内心变得迷茫和烦躁，出现注意力不集中、性格孤僻、道德情感冷漠等症状。网络阅读会遭遇不健康的内容，如色情、暴力等信息的侵袭和困扰，甚至有部分学生阅读者因沉迷于虚幻的网络世界而使学习、身心和健康受到影响。网上网下判若两人，最终导致双重人格的冲突和人的异化③，严重伤害人们的身心健康，扰乱正常的生活秩序，从而影响了我国未来网络主体良好道德观念和良好网络环境的形成。

6.4.5　网络一代信息使用的诚信危机

诚信是社会交往的最基本信条，然而在网络的虚拟世界中，诚信却被淡化甚至被忽略，网络使社会交往不仅跨越了时空的限制，而且在很大程度跨越了既定规范的约束，从而导致了众多诚信危机，如肆意散布虚假信息、虚假广告，蓄意进行网络欺诈等。调查显示，有 70% 的网络一代表示在网络聊天时说真话与否要视情况而定，37.8% 的网络一代一般不会在网上填写真实信息，66% 的网民对网上信息表示质疑。此外，网络谣言、恶意诋毁肆意泛滥，进一步加剧了网络道德诚信危机。近期许多公共危机事件如 2008 年的贵州、瓮安事件 2009 年的杭州飙车事件等都起源于网络谣言。

同时网络的虚拟性极易导致现实社会的网络一代的人际关系的淡化、冷漠。沉迷于网络造成的直接后果就是用"人机交往"代替了"人际交往"。使网络一代忽视了现实生活中的亲情和友情，忽视了与人面对面的沟通和交流。

网络一代的自控能力差，当面对纷繁复杂的互联网环境和诱惑时，极易产生一些不符合法律或行为规范的不良阅读行为。网络一代为了完成某项作

---

① 百度百科．网络成瘾．［2010－06－23］．http：//baike. baidu. com/view/491347. htm.
② 中国青少年网络协会，中国传媒大学调查统计研究所．2009 年青少年网瘾调查报告．［2010－02－09］．http：//matl. gtimg. com/edu/pdf/wangyinbaogao. pdf.
③ 浅析网络时代下大学生的网络道德危机．［2010－03－01］．http：//www. qkfbw. net/html/lunwenxinshang/hzjiaoyulei/213. html.

业或者任务，直接从网上下载几篇文章进行阅读，有用的信息直接复制粘贴，不注明参考文献，也没有尊重作者知识产权的意识，而且并没有认识到这种使用行为的不妥。

网络一代普遍法制观念淡薄、自我约束能力不强。很多网络一代未踏入社会且法制观念淡薄，认为浏览色情网站和视频、色情聊天、进行网络非法交易、扮演"黑客"而入侵其他部门计算机系统不属于法律约束范围。还有一些网络一代利用所掌握的计算机技术，制造、散布计算机病毒，充当黑客攻击网站，窃取他人上网账号、电子邮箱密码，损害他人利益。

6.4.6　网络一代的孤独感

描述性统计数据显示：网络一代孤独感量表得分的整体均值为 57.72（Std. D = 10.78）。其中，51.8% 的网民得分位于 40 – 59 分档，属于轻度孤独者；41.5% 的网民得分位于 60 – 79 分档，表示有明显的孤独感存在；另外分别有 2.9% 和 3.7% 的网民属于偶有孤独感和严重孤独感者。据调查显示有网瘾的网络一代孤独感更强。这一结果与经验观察的情况是基本吻合的，急剧转型的社会结构、越发激烈的社会竞争，以及城市化进程中家庭结构和生活方式的转变，导致个体从稳定的工作单位和大家庭等组织中脱离，从而导致孤独感的普遍存在。

情感孤独是一种鲜明的主观情感体验，并不完全等同于客观交往上的孤立状态。个人情感孤独通常表现为个人不管是否有足够的社会交往，都会感觉到被人冷落而难以融入社会网络，感到与别人有距离，与人交往存在心理障碍。同时还表现在与人交往缺乏亲密感和共同的兴趣爱好，常伴有寂寞、无助、郁闷等不良情绪反应和难耐的精神空虚。

交往孤独是社会交往中真实客观存在的孤立状态。通常表现为社交网络的缩小，社交活动质量降低或丧失主动参加社会交往的意愿，在朋友圈子中感觉到自己难以融入或不想与人接近，难以建立新的人际关系，难以维持旧的朋友或难以拥有满意的人际关系。

7　网络一代信息交流行为研究

　　网络环境下为网络一代提供了全新的交流模式。互联网环境下的交流方式呈现多样化的特征和趋势，网络一代最常用的交流工具包括：社交类（如社交网站、即时通信工具、个人博客、微博等）、网络讨论类（如网络论坛\BBS）、娱乐类（如网络游戏）、经济类（网络购物、网络销售、网上支付）。网络交流工具又分为即时交往工具与非即时交往工具两大类，前者主要包括即时聊天工具、即时在线网络游戏等，后者则包括网络论坛/BBS、博客、新闻留言、互动问答平台等。

7.1　网络一代信息交流行为的特点

7.1.1　网络一代在虚拟社区中喜欢匿名发表评论

　　网络社区更多的可以采用匿名的方式。通过调查，网络一代更喜欢用匿名或者假名字进行网络的交互。喜欢用真实姓名的仅占12%，喜欢假名占34%，如果在允许使用匿名的情况下优先使用匿名的占则占54%。在传统的信息交互环境中，个人意见的表达往往是在暴露真实身份的情况下进行的，一般在表达意见时都有所顾忌。但在网络社区中允许使用假名或者匿名，所以表达意愿更为直接。

　　网络一代中喜欢"跟帖"和"与大家分享"的比较多，而非网络一代中看看而已，或者事后与朋友讨论的相对比较多。非网络一代更多地把虚拟的交流延伸到现实生活中去，而网络一代则把虚拟和现实的界限划分得很清楚。通过访谈发现，网络一代更多的喜欢发泄个人的情绪、被关注并得到别人的支持产生一定的影响。从心理学角度来说，网络一代更希望获得别人虚拟世界的认可，希望通过别人对自己的肯定来对虚拟世界中的自我加以肯定。

　　经访谈，网络一代参与到虚拟社区中的主要原因是：第一，在现实生活

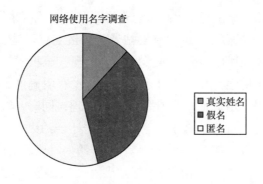

图 7 - 1   网络交流中署名调查

中参与群体性活动需要物质、时间和精力投入，而在网络空间中几乎是不需要投入的，且不需要承担太大的风险；第二替代性补偿策略，即人在某方面的缺失会在其他方面以相关的形式来代替①，网络一代大多数是独生子女，缺乏玩伴，缺乏一些如体育娱乐活动等现实生活中的群体性活动，需要把这种现实生活中的缺失在网络中得以补充；三是网络一代思想单纯，容易跟风。心理学家研究表明，在集体心理中，个人的才智被削弱了，从而他们的个性也被削弱了，异质性被同质性所吞没，无意识的品质占了上风。这种"无意识"往往表现为冲动、易受暗示、轻信、缺乏理性思考等。它隐藏在网络群体成员内心深处，一旦有合适的土壤就会出来影响他们的情绪和态度。以网络为依托，民众发表了各种言论与意见。当某一事件出现了具有吸引力的、引导性的言论时，网络一代喜欢跟帖表示赞同。随着跟帖人数的增加，群体之间不断强化着心理暗示，受到感染的民众往往由于缺乏独立的思考和冷静的判断，容易形成目标基本一致的舆情指向，这种舆情极易形成网络群体性事件。

在虚拟的网络社会中，网络一代隐藏自己本来的身份、姓名和相貌等特征，他们的身份用一个符号代替了，这样就为他们进行不受约束交际提供了便利，不必担心自己的身份被揭穿。这样一来，就引发了一些道德问题，如传播谣言，网络诱骗等。也滋生了网络一代的侥幸心理，撒谎不必感到心虚。这种行为逐渐地冲击着网络一代的价值观，弱化了他们的道德约束力。并且

---

① 高文斌，高晶，祝卓宏. 中国青少年网络成瘾研究与调查 ［M］. 北京：科学出版社，2006，56 - 73.

利用网络投机取巧的事例经常发生，也促进了网络一代网络行为的道德失范。

网络论坛的一个显著特点就是发帖者处于匿名的状态。匿名理论认为，在集合行为中个体之所以会做出他平时很少出现甚至根本没有做过的越轨行为，是因为他处于匿名地位。人处于匿名时，没有明确的个人标志，不必承担破坏规范的后果，由此而产生责任分散的心理，同时，匿名状态也会使人的群体遵从性降低，这两个因素都会减弱人的社会约束力。事实上，人在破坏规范时往往想给自己戴上面罩，诬陷者写诽谤信时要署上假名①。人肉搜索也是如此，那些参与的人利用网络搜索到当事人的一些个人比较隐秘的信息，比如真实姓名、工作单位、地址、照片、身份证号码、电话号码、QQ 号码甚至家人的一些信息等，并把这些信息发布到网上，从而使当事人和家人的生活受到骚扰，之前的平静也被打破。从法律的角度来看，这种做法明显地侵犯了人的隐私权，但并不是所有参与人肉搜索的人都是法盲，也并不是他们在知法犯法，只是因为在整个的过程中，他们处在匿名的状态，不必承担违反法律、破坏规范的后果，同时他们的群体遵从性也降低，使得社会对人的约束力降低。在这种情况下，网民就更容易参与到人肉搜索当中去，使得人肉搜索的规模和范围越来越大。

7.1.2　网络一代的网络交流语言幽默、调侃且非规范

现实生活中网络一代有来自各方面的压力的影响，并处于青春的叛逆期，为了缓解各种压力，上网冲浪是网络一代需要的缓解压力的办法。各种文字和符号是实现网络交流的媒介，使交流的文字鲜活、动感、新奇、夸张、搞怪正好符合网络一代放松心情、追求诙谐幽默的情感需求。于是网民总是刻意的营造一种语不惊人死不休的冲击效果。网络语言中正话反话、讽刺挖苦、断章取义的现象很多，这些语言流于随意、任性和放纵，显示出网民心态的逆反、焦虑、抗争和不成熟。

有的使用形象色彩的谐音字，有的根据网络交流的特殊情景运用各种图画等，有的利用键盘符号组成各种情绪的图形。很多时候由于急促造成的拼音错误形成的白字，网络一代为了节省时间就发出去，结果很多时候使用中发现这些白字挺生动形象的，于是，有人开始故意造字，形成了意想不到的

---

① 郑杭生．社会学概论新修（修订本）［M］．北京中国人民大学出版社，1994，185.

效果。据调查显示，网络一代中曾经使用白字的占78%，自己造字交流的46%，使用流行性造字的占87%，使用各种符号代表情景的占93%，非网络一代的所有数据显示都低于网络一代。网络舆论的自由性、多元化和个性化的特征，恰好适合网络一代人群反叛颠覆的心理需求，为他们创造并使用异于传统社会规范语言的新语言搭建了平台。

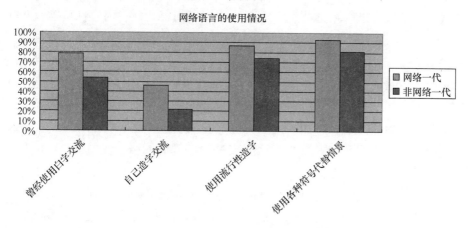

图7-2　网络交流中语言的使用情况

　　为了达到快速交流的目的，网络语言使用了大量的缩略词语、缩写字母、或以数字、符号和图形代替，甚至用错字、别字表达意思，从语言的规范来看，这些汉字、英文、数字、符号、图形等混在一起使用，还有类似方言、别字白字和病句等使用，使网络语言非语法化程度加深，特别是对于正在学习语言的网络一代来说，网络语言在一定程度上对其学习和使用正确的语言文化存在一定的负面影响。由网迷、网络一代等群体主导的语言创意和语言流动，冲破了传统的语言格式，喜欢创造新词、怪词，以体现自我的个性，有些另类的词汇局限于小群体范围，某种程度上造成交流的障碍。

　　总之对于网络语言的褒贬不一，网络语言反应一定的社会现象，在一定的人群中得到了公认，目前没有必要人为地去阻止它，但无论如何，我国传统语言文字博大精深、源远流长，有无以比拟的文化底蕴和深刻内涵，网络语言有其存在的价值和合理性，因此，在弘扬传统的语言文化的同时，也应该承认网络语言的发展规律并给以积极的引导。

7.1.3　网络一代隐私保护意识差

网络一代在交流的过程中隐私保护的意识差，根据国际儿童网络（Childnet International）的看法，目前网络一代在网络中隐私泄露引起的危险主要有以下三类：联系性危险（Contact Danger）指通过网络聊天和电子邮件等交互方式，某些人可以联系上儿童，从而引诱或者伤害儿童。内容性危险（Content Danger）指儿童接触到不适宜的内容，这些内容包括有关色情、种族歧视和种族仇恨、暴力等文字、图片和影像资料。商业性危险（Commercialism Danger）指儿童隐私受到市场商业行为的侵犯。目前，众多商家普遍存在"信息饥渴症"，不惜通过种种手段来窃取或购买他人的个人资料和隐私。完整的个人资料流失后，可能被用于克隆完整的个人档案，用于犯罪活动（如伪造身份证、信用卡诈骗等）。网络交流更容易暴露网络一代的信息。但是网络一代基本没有隐私保护的意识。

网络交友在网络一代中是普遍存在的，2006 – 2008 年间对全国范围内在校大中学生的一项调查显示①，61.1% 的大学生至少有一位网友，36.5% 的中学生经常与网友联系，20% 的大学生有过网恋经历，40% 的中学生至少有过一位网络恋人。在调查中，超过半数的学生表示，赞同可以同时拥有不止一个网上恋人，网络一代长期形成的不真诚的交友模式对个人信息的保护造成不利的影响。

在网络一代中，使用手机上网已经非常普遍，但是手机上网的安全意识并不强。调查中发现，认为手机上网很安全和不知道手机上网是否安全的所占比例为 83%，原因之一是，目前手机中病毒概率没有电脑那么高，所以没有引起足够的重视。加之在使用手机上的人群中 74% 的人没有遇到过手机中毒的情况，而发生过手机中毒的只有 22%。

7.1.4　网络一代"晒"文化盛行

"晒"文化是近年来的一个新的趋势，现在的社会喜欢外向、努力展现个人魅力和个人形象的人，沉静而追求内心涵养的氛围却并不浓。受这种社会风气的影响，加之网络环境的特殊性使网络一代在网络上展示自我的欲望特

---

① 王彩凤. 网络文化及其对青少年的影响［J］. 河南社会科学，2007，17（4），135 – 136.

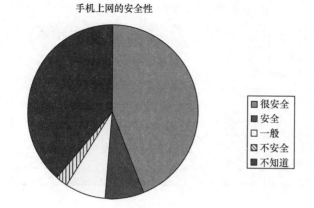

图7-3　手机上网的安全性认知情况

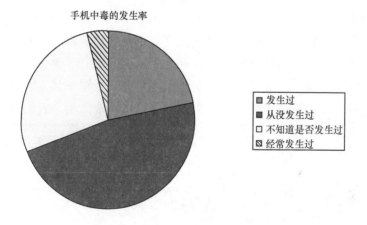

图7-4　手机中毒的发生率

别强烈。"是否喜欢在网络中展示自己的生活和学习细节"的调查中，网络一代高达87%，非网络一代47%。

　　微博是自我展示和播放的最直接的方式，网络一代在学业繁忙的情况下使用微博的比例高达60%多。访谈发现，很多网络一代有强烈的展示自我的欲望，美食、美景、生活体验、心情感受都成为他们发布的资源。

　　网络一代在"晒"的过程中都是根据需要和场景有选择地表达。通过访谈发现很多网络一代也有这样的想法。例如，在朋友社交的网络中，人们很

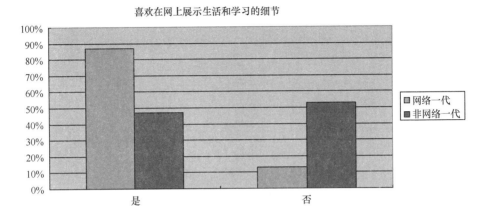

图 7-5   是否喜欢在网上展示生活和学习细节调查

少去发表有关于专业或者学术性的讨论，更多的是娱乐、玩笑、情感交流。在学术论坛，人们则更多的是对研究问题、研究过程中的困难的讨论，这就是为什么网络上有着形形色色的主题论坛的原因，人们不会在同一个地方讨论所有的问题，尽管社交网络把朋友熟人同事都联系在一起，但是人们并不在这里讨论所有的事情，大家还是会去汽车论坛讨论汽车，去购物论坛讨论购物。社交网络提供给人们的是一个"熟人"交流的社区，并不是"志趣相投"的人交流专业问题的社区。

7.2   网络一代舆论表达的心理研究

网络交流中的舆论表达随意、方便、简单、快捷等特点使网络一代喜欢在网络上进行表达、发表自己的看法和意见。网络一代的社会心态具有政治、经济、社会和文化的指向，在社会的转型期中，网络一代的社会心态受各种意识形态的影响，折射出网民带有强烈的后现代主义色彩的认知和情绪，即反对理性、寻求差异和不确定性，消除主体性和反对真理符合论等。网络一代舆论表达所现出的网民的主要社会心态是：

（1）批判现实的心态

后现代主义的产生来自于现代工业和资本主义文化的批判和反思，是被认为在现代主义走向极端之后，对现代文明所带来的战争、危机、冲突、失范、破坏和异化的深刻反省和矫正。这种批判带有一种彻底的颠覆性，但又滑向矫枉过正的另一个极端。而且，当其和互联网联系到一起的时候，又夹杂着一种超现实主义的倾向。比如网络一代中的"愤青"，活跃在各种网站论坛，爱国主义是他们的一面大旗，而关注点又常常与生活琐事和市井民情保持一定的距离。他们的愤怒来源于对秩序、结构和现状的质疑和批判，往往通过"一腔正义、满嘴脏话的网络语言来表达自己的思想。"

（2）解构权威的心态

如文章的前面所述，现在的网络一代开启了"后喻文化的时代"，年轻的一代是先进文化的楷模。同时网络的使用中，网络一代成为不容忽视的一个团体，网络的发展脉搏逐渐和网络一代所契合。同时随着 Web 2.0 的逐渐深入，人人都成为网络的参与者，网络一代更是网络舆论的积极参与者。网络一代在参与网络舆论的过程中，忽视权威的认定，更加注重使用价值，不在意行文是否公正、含蓄、精致和优美。网络一代不但是网络语言的创造、使用和传播的主体，更将其渗透到现实生活中，感受着消解权威的快意，使得网络语言被真实的民众所了解，也引起了广泛的争议和关注。

（3）追求差异的心态

网络一代在现在的网路环境下所追求的并不是共识，而是追求一定的不确定性，在悖论逻辑中，重点并非达成一致的意见，而是从内部破坏先前"标准科学已经建立好的基础架构"。网络一代在网络舆论的过程中消解整体追求多元的倾向十分明显。从网络语言本身来看，无论是口语化、方言化、童语化，以及戏仿、拼贴和腾挪等语言表现形式，还是所表现出的幽默调侃性、非规范性、平民化倾向，都折射出网民彰显个性追求差异的心态。

（4）反抗叛逆的心态

网络一代正处于心理断乳期和第二反抗期，自我意识的飞跃使他们在个性化和社会化得过程中确证着自我，独立的"自我"开始从社会人群中离析出来，导致他们对社会主流的抗拒，故意采取与传统社会不同的行为方式，以此来昭示自己的成熟，确证自我的存在。由此导致的反抗叛逆的心理成为网络一代一个典型的年龄特征。网络舆论的自由性、多元化和个性化的特征，恰好适合网络一代人群反叛颠覆的心理需求，为他们创造并使用异于传统社会规范语言的新语言搭建了平台。网络语言中正话反话、讽刺挖苦、断章取义的现象很多，这些语言流于随意、任性和放纵，显示出网民心态的逆反、焦虑、抗争和不成熟。

(5) 娱乐时尚

在快餐文化和商业文化比较盛行的网络时代，网络一代在网络中总体的表现为时尚主义和肤浅表象的色彩，"玩酷"被看做是潇洒，搞怪被看做时髦；享受生活、注重现在是他们真实的心理反应。我国的网络一代生活的时代是一个相对富裕、充分享受自由的时代，社会的极速发展使得传统的观念、规范和认真的态度随之消失，取而代之的是欲望的急剧膨胀。网络一代不太注重事物本身的深刻性和提炼性，而时尚的符号元素、形象性的思维、游戏感和发泄感受到网络一代的追捧和欢迎。

(6) 跟风从众的心理

虽然网络一代具有追求差异的心理倾向，但网民的社会心理实质上具有"他人导向自我中心"的"亚文化"特征。网络一代的舆论表达既零散纷乱又呈现出群体极化特征。所谓网络一代群体是个体化群体，并非是说由他们组成的个体具有真正的独立思想，而是表明他们是由思想贫乏的众多个体在反抗冲动与社会时尚的内外作用下组成的特质群体，因为这是一个强烈需求归属感的群体，在其反省群体文化的形成中，从众心理起到了关键的作用，个体在顺从这个反抗群体的同时获得了文化熏陶与交往快乐。他们分成不同的小群落，拥有自己的一套组织纪律、行为方式、行为规则和话语系统，要成为这个群落的一分子，顺利进行互动并获得他者的认同，就必须模仿、习得并遵守这个规则，就必须在游戏规则允许下满足自我表现欲，否则就丧失了准入资格。

(7) 强烈的创新心理

网络浩瀚而自由，为网络一代发挥想象力和发泄创造力提供了无限的可能。有了相对于现实社会的自由和宽松，网络一代们在有意无意之间构建这前所未有的传播和交流形式；并在不断地"试错"和"纠错"中完善自我、享受快乐，体现了网民的自主价值和文化创新意识。

7.3　网络一代信息交流产生的影响

7.3.1　网络交流产生跟风

网络交流最大的特点就是它的开放性，超越地域性及不可控制性。网络舆论又具有极强的号召力，因此，夸大其词和过分渲染就成了网络舆论不可回避的两大特点。社会心理学中关于旁观者效应和去个性化的研究表明，当情境模糊时旁观者容易起哄，一旦出现热点话题很容易参与进去，进而开始去个性化过程，丧失自我责任、随大流跟风、不能理智地分析情境与状况，造成盲从现象，甚至可能会导致恶性群体性事件①。在网络虚拟世界中，经常会有一些群体性的活动发生，比如网络暴力、人肉搜索、网络声援、签名等活动。个人可以使用网络媒介自由表达意见。借助网络传播，某些私人问题可以上升为公共议题，个体意见可以上升为网络民意，从而促进相关问题的解决，甚至影响公共政策的制定和修改。

中国舆论环境的整体是意见多元化、情绪激烈化、意见表达冲突化。随着中国社会越来越开放，每个人的话语权大大增加。特别是网络一代，其辨别是非的能力比较差，很容易被网络的各种信息所迷惑，从而产生从众心理。网络一代在发表意见时更多地表现为从众心理，受意见领袖的影响比较大。

7.3.2 网络交流滋生谣言

网络上很多问题的讨论把公众的注意力带向了问题的表面，没有对实质的问题进行严肃的探讨，只停留在热闹的层面，一味追求吸引眼球，把公众导向猎奇和激烈情绪的表达上，偏离问题的初衷。同时，强大的传播功能提升了谣言传播的速度、广度和强度。发表评论萌发聚群行为。所谓的聚群行为就是某一信息一经在网上集中、反复、多侧面和纵深报道、转发、评论，很快就能达到放大的效果，瞬间就可把大量用户的注意力集中到这一热点或敏感问题的信息上。无论是论坛中的留言，还是聊天室和微博中的互动都是这种聚群行为的典型反应。

特别是现在的微博，人人都能畅所欲言，削弱了微博客精英的话语权，凸现草根性、平民化。仅有 140 个字的表达限制，这就注定了微博表达的碎片化。很多人使用微博的目的主要在于表达微观感受，而非客观、理性地陈述事实。在这种碎片化、情绪化信息主导的环境中，短时间内确实难以形成对事物全面、客观、理性、深入的判断，微博语言很短，碎片化，很多表达没有背景、逻辑和结构。很多观点没有严密的关联性，只是在一个层面上通

---

① 俞国良. 社会心理学 [M]. 北京：北京师范大学出版社，2006，128 - 135.

过观点的重复来强化别人的印象,靠转发和重发吸引人的眼球。微博属于低
成本传播形态,造谣成本几乎为零。想要辟谣却需要一个环节一个环节地找
资料求证,成本非常高。而且由于谣言占有先发优势,先入为主,辟谣的效
力远远赶不上谣言的传播效力。网络一代对问题的辨别能力比较差,不能很
好地明辨是非,更容易意气用事,甚至对很多问题煽风点火、刻意渲染。因
此很容易被谣言者利用。

　　网络一代更是网络舆论的积极参与者。对于网络一代跟帖行为进行分析
发现,跟帖的原因中,"有话不能不说"、"凑个热闹,随便说说"的网络一
代最多。网络一代在参与网络舆论的过程中,忽视权威的认定,更加注重使
用价值,不在意行文是否公正、含蓄、精致和优美。对于缺乏生活历练、人
生观价值观还未完全确立的网络一代,网络社区虚假、灰色的信息,庸俗的
内容,偏离主流文化的思想,鱼龙混杂,极易混淆学生的判断,网络一代不
能很好地明辨是非,容易造成舆论导向的错误,对网络社区的舆论导向产生
负面的影响。

7.3.3　网络交流挑战权威

　　如文章的前面所述,现在的网络一代开启了"后喻文化的时代",年轻的
一代是先进文化的楷模。同时网络的使用中,网络一代成为不容忽视的一个
团体,网络的发展脉搏逐渐和网络一代所契合。同时随着 Web 2.0 的逐渐深
入,人人都成为网络的参与者,在网络时代,未成年人的人际关系、生活习
惯、交流手段、学习方式都发生了相当大的改变。由于网络人际关系更具有
平等性和隐秘性,他们可以自由地检索自己感兴趣的内容,与教育者直接进
行"虚拟对话";可以公开地表达思想、发表意见,既能从网络上获取自己所
需的信息,又可以在网络上发布信息。学习自主性已成为一种趋势,未成年
人的平等意识和民主意识将空前觉醒。多元信息必然带来思想观念和价值判
断的多元化,这就会与现有的主流思想观念和价值取向产生矛盾和冲突。眼
界开阔了的未成年人不再像以前那样被动地接受教育者的灌输与安排,而是
倾向于将各种信息观点摆到一块,运用自己的是非观、判断力,自己做出选
择和判断。也就是说,教育者在对未成年人传播信息时的权威地位被打破,
以前那种以教育者为中心的传统教育模式受到了强烈的冲击,道德工作必须
顺应和构建平等的新型主客体关系,更加注重未成年人的内在精神需求,进

而唤起未成年人的兴趣、好奇心与热情。

网络一代还是网络语言的创造、使用和传播的主体，并将其渗透到现实生活中，感受着消解权威的快意，使得网络语言被真实的民众所了解，也引起了广泛的争议和关注。

7.3.4　网络交流使感情"变异"

随着未成年人上网的时间越来越长，对网络的依赖性也越来越大，网上交友已成为青少年交往的重要形式。人与人之间的交流变成了人机之间的交流。据调查显示网络一代的大多数人在交流中首选的方式是网络交流，最喜欢的交流方式也是网络交流。目前网络一代往往耗费大量的时间和精力在网络社区上进行交友聊天、玩游戏等活动，当网络一代在学习、生活中遭遇困难时，易在网络社区中寻求虚拟情感的补偿。

网络中的人际交往模式与现实中有一定差异，过多地依赖网络可能使个体越来越不适应现实中的交往。网络交流容易产生社会替代观，即个体偏向网络中的人际交往，会使现实人际交往减少，与现实中的亲人朋友等逐渐疏离，使网络一代忽视了现实生活中的亲情和友情，忽视了与人面对面的沟通和交流。使网络一代一旦离开网络，就好像失去左臂右膀，精神恍惚，在现实生活中与朋友、同学、老师之间的交流逐渐弱化。对现实采取躲避的方式，不敢正视现实中人与人之间的交往，长此以往，网络一代对网络的依赖性逐渐增强，出现诸如害怕、孤独、依赖等现象，导致现实生活中低质量的人际关系。群体的纽带越来越松散，感情交流越来越少，人际关系趋于淡化。

我国劳动和社会保障部在《国家技能振兴战略》一文中更进一步明确提出了"关键能力"的八项内容，其中重要的是交流表达能力、与人合作能力。而这两项能力恰恰是如今网络一代最缺乏的。近几年绝大部分网络一代是家中的独生子女，从小唯我独尊，小学，中学乃至大学受的都是应试教育，没有养成良好的阅读习惯，人文素养较差，不会与人沟通，交流表达能力不强，遇事往往会钻牛角尖，心理素质脆弱，经受不起挫折和打击，为了一点点小事也会大动干戈甚至引致血光之灾，不是自杀就是杀人。这绝不是个案，复旦学生投毒事件、河南周口高三学生雇凶弑父事件等。这些事件的发生与经常进行网络交流有一定的相关性。

7.3.5 虚拟环境产生自我意识异化

在虚拟的网络社区里网络一代可以随意的塑造自己的角色，运用各种技术手段把自己形象化、超能化，说自己想说，做自己想做，在社区里容易得到多数人员的认可与推崇，自我能力认知度较高，当现实生活与网络社区的自我能力产生落差时，易导致网络一代对自我能力认知的错乱与模糊，出现自我意识的异化。同时在虚拟的网络社区里网络一代可以将自己的社会角色理想化，例如扮演科学家、心理学家、作家等多重角色，现实与虚拟之间频繁的角色互换，现实自我与虚拟自我有时的相互冲突，使网络一代对自身所处的现实的社会角色产生异化，滋生各种心理问题。

长期使用网络，对现实生活中人与人之间的情感逐渐淡漠和疏远，内心变得迷茫和烦躁，出现注意力不集中、性格孤僻、道德情感冷漠等症状，网上网下判若两人，也容易导致双重人格的冲突和人的异化①。同时过度信息消费有可能形成信息异化，信息消费的同时必然对生态环境产生压力和破坏，因为信息产品都是由某种物质形式来载负的；把大量的时间与精力消耗在浏览海量信息中必然要付出更多的机会成本；对信息或衍生品的过量需求或畸形消费，必然会让人们从精神、心理和生理上产生大量的"网络综合症"，带来人生意义的失落和信息能力的退化，最终导致人的异化。

---

① 浅析网络时代下大学生的网络道德危机．［EB/OL］．［2010 - 03 - 01］．http：//www．qkf-bw．net/html/lunwenxinshang/hzjiaoyulei/213．html．

8 面向网络一代的图书馆信息 服务研究

网络一代具有与非网络一代诸多不同的特点和行为模式，这是多种因素共同作用的结果，是不以人的意志为转移的。我们必须正视这一现象，必须客观地分析和洞察这样一些行为产生的原因和所带来的影响。从对策而言，为了更好地服务于网络一代，图书馆等信息服务部门必须强化自己的危机意识，直面网络一代对图书馆服务所提出的种种挑战，未雨绸缪，从理念、机制、人才队伍、内容上等方面，建立多渠道的创新服务体系，加强对网络一代提供适应其信息需求与行为特点的服务。

8.1 服务理念上——知识化多样化的服务

在图书馆的服务理念上，应该树立知识化的创新服务观点，强调知识化的服务过程、搭建知识化的信息环境、提供知识化的各种服务，使图书馆变成信息整合的场所、知识创新的场所。

（1）强调知识化的服务过程

通过前面的研究发现网络一代的认知风格、系统经验发生了变化，其查询行为也发生相应的变化，随之带来的应该是为用户建立的查询系统也相应改变。这种查询系统是以知识服务为基础，强调的是围绕着问题解决，融入服务人员的专业知识和智慧，根据用户的需求个性化提供高附加值的服务。

（2）搭建知识化的信息环境

总体上来说，图书馆在服务中应该积极的倡导构建一种知识化的信息环境，这个信息环境应该以现有的环境为基础，使用各种新技术，构建图书馆的网络信息平台，使用者可以在任何时间、任何地点获得来自整个网络的个性化服务接口①。同时把网络一代喜欢和熟悉的各种技术引入到图书馆的服务中来，突破传统的服务理念和服务模式，为网络一代提供更加有效的知识化服务。

（3）提供多样化的服务

图书馆作为重要的服务提供者，针对网络一代提供的服务总体来说应该包括以下几个方面：

a. 移动式服务：基于主动的服务理念和移动的服务设备来实现移动式服务功能；

b. 多任务处理的环境：拥有实现多种服务和功能的界面；

c. 开放的环境：方便地进行资源获取、知识创新和交流的场所；

d. 自助的服务环境：帮助网络一代实现多种需求的平台；

e. 信息渠道的整合：能把多种类型的资源、多种介质的资源进行整合；

f. 学术社区和学术合作与交换的枢纽：新的网络环境下用户也是信息的生产者，网络一代更喜欢交互，所以图书馆应该把自己融入到学术社区和学术交流中。

8.2　服务机制上——加强多方合作、培养忠诚用户

在为网络一代的服务过程中，只靠一个图书馆的力量是远远不够的，需要集合多个图书馆和搜索引擎的多种功能，整合多方面的多种资源，实施合作性的服务模式，同时图书馆应该积极培养网络一代从潜在用户转变为忠诚用户，留住网络一代用户，适应其对图书馆的需要。

8.2.1　与其他图书馆进行合作

Google 的最大优势在于其庞大的信息资源量，这是任何一个图书馆都无法与之相提并论的，实现图书馆内部信息资源的整合与再组织只是小范围的组织形式，但是如果各个图书馆能够联合起来，互通有无，构建不同层次、不同规模的图书馆联盟，那么图书馆就完全可以取得资源数量方面的优势。

在新的网络环境中，图书馆之间形成的几个或多个相关的图书馆联盟

---

① 赵 华. 网格技术——数字图书馆信息服务的新平台［J］. 现代图书情报技术，2004，（2）22－24.

（地区）需要进行跨域的信息资源的整合与组织，这是一种范围更广的组织形式，是对本地区或本系统图书馆的信息资源的组织与配置。宏观层面图书馆之间的信息资源组织更多的是进行资源配置上的重组，构建一个基于 Web 环境的综合性文献信息服务平台，每个图书馆都把各类分布式文献信息资源按一定的管理方式和应用目的组织起来①。开发基于 Ontology 资源整合机制，统一的术语和概念使知识共享成为可能②。Ontology 的实质是建立各个数据库之间的联系，采用一个相同格式的接口建立不同格式的数据库之间的链接，实现语义化 Web 服务中对知识的共享和重用。除了信息资源共享的目的外，方便用户对信息资源的获取也是一个最主要的因素。

图书馆联盟的构建，一方面可以在资源上构建与搜索引擎不同的内容体系，更重要的是在图书馆的集团采购、开放借阅权、扩大馆际互借服务、联合目录、虚拟参考咨询服务等方面能够实现合作与共享，使原本分散独立的各种资源成为联盟中所有图书馆可以共享的行业资源，实现知识信息服务的行业整体保障。

8.2.2 与搜索引擎进行合作

调查发现，很多网络一代即使使用图书馆的资源也不知道是图书馆提供的资源。2005 年 OCLC 发布的报告指出，89% 的用户从搜索引擎出发查找信息，而只有 2% 的用户从图书馆网站开始信息查询③。因此图书馆需要主动为网络用户提供服务，而不能等待或期望用户在快速膨胀的数字信息宇宙中找到图书馆；图书馆利用自身所具有的信息组织的优势，可以向互联网提供高质量的信息资源，从而向用户提供更好的服务。新网络环境下，图书馆、数字图书馆、信息服务机构等在面向互联网的过程中必定面临信息资源的融合与重组。以用户需求为导向，将图书馆的知识信息服务纳入因特网环境中的全球信息服务体系，实现图书馆信息服务与网络信息服务的有效结合是一种发展趋势，也是使知识与信息能广泛传播的必然需求。

百度类搜索引擎提供简单易用的免费服务，在瞬间返回相关搜索结果，因此在短短几年中，迅速成为全球网民查询信息的首选工具，我们也可以利

---

① 龚亦农. 数字图书馆的资源整合 [J]. 图书情报工作, 2005 (7): 121 – 124.
② 邢维慧, 袁建敏. 用户信息服务的认知心理分析 [J]. 情报科学, 2004 (11): 1405 – 1408.
③ Perceptions of Libraries and Infor mati on Resources [R]. OCLC, 2005: 1 – 17.

用百度类搜索引擎扩大图书馆宣传面，与他们进行合作。如果通过百度、Google 之类的搜索引擎能够发现图书馆信息，那么图书馆的服务肯定将优越于百度的用户体验。同时互联网也能为图书馆提供丰富的信息资源，可以借鉴图书馆信息组织的优势，为用户组织更多的高质量的信息资源。如 OCLC 与 Google 的合作，Google 利用图书馆的专业编目知识，对信息资源进行高质量的标注；OCLC 利用 Google 强大的信息平台进行信息发布，实现资源的共建共享，为用户提供更好的信息检索平台，拓宽用户获取信息的渠道。

  图书馆想生存下去，应当尊重用户的选择，并将自己的信息放置在用户正在查找问题答案的地方，这样用户才会遇到它。

8.2.3 整合多种资源

  网络一代希望一步到位地、无缝地、个性化地获取所需信息。网络环境下，随着图书馆信息资源的剧增，出现了越来越多的异质、异构的数字资源系统，造成了图书馆信息资源及检索方式的分离，这给用户获取信息资源带来了诸多不便。正如俄罗斯国家图书馆馆长维克多·费多洛夫所说的："现在的问题不在于阅读信息，而在找到自己所需要的信息，比如上网之后可以找到关于任何问题的答案，可是永远不能确认找到的是正确答案，也不知道找到的答案具有怎样的代表性，而图书馆实际上能够解决这方面的问题，也就是说能够保证所需资料的完整性以及代表性"[①]。

  但是，图书馆拥有的资源多是分散、异构的，标准不统一，用户对资源不了解，对系统不熟悉，需要反复认证、频繁登录和退出，影响了资源的使用效率，尽管很多图书馆都开展了相应的数据库用户培训活动，但正如 Rick Anderson 所言，在网络时代，如果用户必须经过训练才能使用我们所提供的服务，那说明我们应该修正改进我们的服务[②]。图书馆需要通过整合将分散的资源和服务实现统一平台检索，一次用户认证，不同系统间的无缝链接，从而形成完整的服务体系，为用户在自助服务中得到满意结果创造条件。

  在此影响下，从用户的信息获取角度来说，图书馆需要对多种异质、异构的数字资源进行集成与重组；从图书馆用户使用的角度来看，图书馆需要

---

  ① 石剑锋. 图书馆不会被网络动摇. [EB/OL]. [2008 - 12 - 20]. http://www.enorth.com.cn.

  ② Web 2.0 將把圖書館帶往那裏？[EB/OL]. [2007 - 08 - 10]. http://libraryviews.blogsome.com/2006/07/08/368/.

以用户获取体验为核心，对信息资源进行多方面、多层次的集成、重组、整合，建立具有关联性的资源体系，以消除数字信息"孤岛"，这样图书馆既能提高数字资源的利用率，又可以将数字资源置于统一平台之上，形成统一检索，使信息资源的检索方便、易用。

8.2.4 与课程教育相结合

图书馆在提供服务的同时，很重要的就是教育职能，在学校的图书馆服务中，应该把信息素养教育与学科课程教育进行整合教学，把信息素养教育融合到日常的教学工作中，把在线信息素质教育平台和教学资源库联合建设，有利于信息素养教育的渗透。同时，把学生的学习从个体学习向合作学习转变，并涉猎众多工具和资源，教师必须在教学资源和教学策略上充实自己，改变自己，以适应学生个人和学生组织的需要。教学逐渐脱离传统教学的定式，教师更多的是偏重于引导，教师不仅仅要支持个体的学习，还要在已有技术的支持下，把个人经验有机地整合在一起，实现知识、经验的共享。

8.2.5 培养忠诚用户

应该看到，无论是本书的调查和访谈，还是其他类似的调查，都揭示了当前的网络一代用户有远离图书馆的倾向，摈弃图书馆的倾向。他们更习惯于搜索引擎，更习惯于网络，更习惯于自助（DIY），更习惯于我行我素。如果这批目前还不是主流用户在年龄上成为主体用户但却对图书馆服务没有认知时，图书馆的生存危机将强烈凸显，图书馆的存在价值将受到质疑。为此，只有良好的服务才能拯救图书馆，只有具有竞争力的图书馆服务才能拯救图书馆。图书馆服务的质量和水平，将通过网络一代来验证。

要想在激烈的未来信息社会中占据一席之地，图书馆不但要让大多数网络一代知晓图书馆的技术和服务，还要积极培养自己的"忠诚用户"。对于图书馆来说，忠诚用户是指那些对图书馆的信息产品和服务产生感情并形成偏爱，而长期重复访问图书馆网站并不断获取其信息产品或服务的用户。这类用户对图书馆的忠诚具体表现为行为忠诚、情感忠诚、意向忠诚。在竞争日益激烈的信息服务市场中，忠诚用户已成为图书馆核心战略资源，对其服务的发展具有重要价值。

根据卡诺模型（Kano Model），产品和服务的质量分为三类：当然质量、期望质量和迷人质量①。对于图书馆信息服务而言，当然质量是指该项服务理所当然应该具备的质量，例如，提供准确及时的信息服务，充分保护用户的个人信息安全等。当图书馆信息服务满足这些基本要求时，用户也不会表现出特别满意；而一旦不能满足这些基本要求，用户将极度不满并放弃该项服务。期望质量是指通过调查的手段了解到的用户期望并予以满足的质量，例如，优质的知识服务，友好的用户界面等。图书馆信息服务越能满足用户的期望，用户就越满意；若不能较好地满足用户的期望，用户将表现出不满并可能导致放弃此项服务。迷人质量是指信息产品和服务所具备的超越了用户期望的质量特性。例如，个性化的信息服务、及时进行服务效果的评价与反馈，对忠诚用户的奖励措施等。当图书馆信息服务具备迷人质量时，用户就会非常满意，进而提高用户的忠诚度。图书馆为了使用户满意，并进而赢得用户忠诚，必须建立确保当然质量、提升期望质量、打造迷人质量三位一体的忠诚用户培育模式。具体措施包括：充分保护个人信息，增加图书馆的信任度；提供优质的知识服务；根据用户的需求设计友好的界面；开展个性化的信息服务；识别和满足用户未满足的、潜在的个性化的需求；对忠诚用户的奖励机制等。

8.3　服务队伍上——弥补代沟、共同参与

图书馆要想创新服务，必须有高质量的服务人才。适合网络一代需要的图书馆服务需要提升服务主体的各项能力、吸引网络一代共同参与策划，同时要对网络一代进行信息素养教育，使其更好的参与构建、使用各项信息服务，并强化对图书馆的感情。

8.3.1　提升策划主体的能力

创建适合网络一代需要的图书馆的网站和网页需要有认知能力和创新能力的策划人，策划人认知能力与创新能力的培育与提升需要三个条件：丰富的网站、实践经验，广博的图书馆知识积淀以及科学严谨的评估机制。

策划行为主体在构建适合网络一代需要的网站时需要挖掘用户潜意识中

---

① Parker K. Kano analysis a little something extra can have big results. [EB/OL]. [2010 – 10 – 23]. http：//www. isixsigma. com/library/content/c030630a. asp.

的需求，这些需求是用户没有充分意识到的，但又是用户确实需求的；图书馆网站的策划主体，应将读者沟通渠道易用性和读者使用平台易用性设为首选，如果一个网站能做到很多用户能轻易到达它，这就为成功奠定了基础，因为用户不是互联网的行业专家，他们不会花心思去甄别谁的网站功能更出色，最先让用户接触多的网站自然成功的机会就更多；图书馆网站的策划主体应该不受常规经验的约束，不要有太多的条条框框，图书馆网站策划没有固定的模式，重要的是要符合图书馆自身的战略目标，关键是要时刻保持独立判断的能力；图书馆策划主体应该用系统思维来思考问题，系统思维在推出功能点、做出决策时，需要考虑所有的因素，一个功能可能从一个方面看上去会给用户带来价值，但是，从另外一个角度，从长久来看，是不是有价值这就需要找到平衡点，找到解决问题的关键。

8.3.2　网络一代参与构建

网络一代比非网络一代更明确地知道自己以及同龄人的兴趣所在。因此，由网络一代所提出的网站信息构建的建议更具有实际意义。由非网络一代信息构建者构建的图书馆网站充其量也只能是"非网络一代"自己的网站；反之，只有让网络一代参与到网站信息构建的全过程，由此构建出的网站才有可能真正成为"网络一代"自己的网站。

网络一代参与构建能够合理地使用技术：网络信息访问行为的主动性和互动性是其区别于其他传统媒体的主要特征，正是这一特征决定了网络必然是信息技术的集散地。但并非所有新技术的叠加就一定能够构建出优秀的网站，只有以网络一代为中心的合理的技术应用才能够有助于实现和提高网站对于访问者——网络一代的可用性。比如，合理地安排媒体技术有助于构建生动活泼的网站界面，增强网站对网络一代访问者的可用性。此处强调的"合理"主要是指：网站信息构建以面向用户和面向服务结合的方式进行设计，在构建设计中，强调信息的可视化和可理解，强调技术服务与内容的表达和用户需要相结合，从而使技术适应用户体验。

在使用过程中允许网络一代自行选择、组织网站信息，其关键在于让以个体为单位的网络一代自行选择和组织网站的信息。从技术角度上可以实现两种形式：一种是网站的信息构建者在信息构建中同时以多种方式和组织原则来构建网站的信息，由访问者在访问的过程中自行选择使用；另一种是由网站的信息构建者事先设计、制作多个类似积木块的信息单元，访问者就像搭积木一样根据自身好恶自由取舍，搭建自己喜欢的网站。笔者把前者称为"自选择"网站信息构建模式，把后者称为"自组织"网站信息构建模式。

8.3.3　专职服务队伍的设立

普通的图书馆员是无法胜任网络一代的工作，因为网络一代的大脑和身体不同于儿童和成人，因此，他们的行为、兴趣、信息和社会需求都不同于儿童和成人，只有经过特殊训练的青少年辅导馆员，通过对青少年相关知识的了解，才能切身地理解青少年的行为兴趣和需求，并因势利导，设计形式多样的活动，构建丰富馆藏，以适应青少年的发展和需要。

另外，美国公共图书馆在服务过程和质量控制方面是绝对注重实效的，并且采取了一系列的细节措施保证其服务的正常开展，以保护青少年的权益 比如对服务主体的资质规范和行为约束等，对我们未来开展的基于网络环境的青少年服务都具有重要的借鉴意义。

8.4　服务内容之一——构建自助平台

在为网络一代提供服务时，图书馆实体和图书馆的工作人员在一定的程度上要"隐藏自己"，渗透到网络一代的信息环境中去，为网络一代提供急需的、贴心的各种服务和平台，根据网络一代的信息需求为他们提供移动化、虚拟化、自助化和吸引性的各种资源和服务。

8.4.1　移动式平台

通过调查分析我们获知网络一代对移动上网设备的持有率和使用率都很高，所以图书馆在为网络一代的服务中，需要大力发展移动上网设备的功能，为网络一代提供移动式的服务。

（1）构建基于4G技术的手机图书馆

网络一代喜欢移动的网络设备，手机图书馆以其短消息服务具有发送方便、沟通及时、覆盖范围广、信息到达率高等优点，自推出以来在国内外图书馆服务领域取得了一定的成绩，但手机短消息因其格式简单、消息长度有限，无法传输图像或音频信息等局限性，使其在图书馆服务中的扩展空间受到了限制。而现在，无线通信与国际互联网等多媒体通信结合的新一代移动通信系统— 4G 网络技术的出现，弥补了手机短消息服务的缺陷，为图书馆信息化服务发展带来了新的机遇。

4G 网络技术在图书馆的应用都可以是基于 SMS（Short Message Service）、GSM 多媒体、WAP 无线网络的改进，只不过网络带宽的增加、传输速率提高、终端计算能力及网络计费能力的提高，解决了手机图书馆信息服务的诸多不足，基于 4G 明显的技术优势，4G 业务已满足不同的个性化需求。目前，数据业务是 4G 时代手机应用服务的主流，其业务体系大致可以分为以下 4 类：①交互式，包括网络电话、可视电话与可视会议、移动银行等等；②点对点业务，包括多媒体短信、移动 E - mail、移动 ICQ、Web 信息浏览及查询、流媒体、音乐及文件下载等；③单向信息业务，包括信息公告、视频点播、远程教育、数字报纸等；④多点广播业务，包括信息递送、城市交通、城市地图、移动黄页、移动定位等。从上述业务中可以看出，4G 不仅可以给手机带来新的人际传播方式，如可视电话，多媒体短信和电子邮件等，同时还拥有了数字报纸、信息传递、城市地图等大众传播媒介的功能，这些功能也将为现代移动通讯环境下的图书馆服务提供新的手段。

（2）引导移动式阅读

在 Web2.0 时代，伴随着手机、便携式笔记本电脑以及即时通讯工具的广泛运用，移动式阅读就已经崭露头角，随着网络一代的成长，这一阅读形态也将有望达到一个新的制高点。图书馆也应该大力发展多种技术，把移动式阅读发扬光大。首先 4G 技术手机的正在面世和推广，不仅使大众阅读成了地铁、机场、公交站台、公园、街头随时随地的事情，更为重要的是，第三代数字通信手机在前两代的基础上将极大地提升用户查看电子邮件和浏览网页的速度，并且可以处理图像、音乐、视频流等多媒体形式，用户除了可以阅读手机报、手机小说等等之外，还可以享受电话会议、电子商务等多种信息服务，加之超大的彩色显示屏，这种个人通信终端将有可能受到大众的极度青睐。其次，图书馆也应该积极引入其他移动流媒体推进移动式阅读的发展，例如公交车移动电视、可折叠的电子报纸、便携式播放器等等，一旦突破壁垒，移动式阅读将迅速成为一种时尚，并逐步转变为一种习惯和常态。

（3）应用即时讯息技术

网络信息时代，传统的图书馆服务越来越难以满足广大群众的需要，读者希望能得到更方便、更便捷、更人性化的服务，而即时讯息（instant messenger）技术作为一个网络载体，可以简易迅速的发布资料，轻松便捷满足个性化和多样化的信息交流平台，它倡导自由开放、共享、贡献、互动，具有高度的个性化和很强的人性化。

比如，QQ 软件陆续新增了公共聊天室、传送文件、无线寻呼、收集短讯、语音聊天、在线视频、网络硬盘、QQ 群、Qzone（类似于网络博客，但功能更为强大）等一系列组件，集休闲、娱乐于一身。目前网络上较流行的交流方式，在 QQ 上都可以找到相应的组件。QQ 及其组件的个性化使其更具规范性和自律性，信息组织更加自由，更加个性化，用户表达思想、进行信息整理所受到的约束也更少，信息的共享更加容易，管理也更为简单、直观。这些功能可以及时的解答读者在使用图书馆过程中所遇到的困难，反映图书馆的动态，实现馆与馆之间的资源共享。网络环境下图书馆可利用 QQ 及其相关组件，更好地展示自己，服务读者，筑起图书馆与读者之间双向交流的平台，使图书馆能够及时地了解读者的需要和对图书馆的建议，使读者能更准确地掌握图书馆的信息资源解决问题。图书馆可运用 QQ 开展诸如新闻报道、文献代查、新书推荐、读者培训、文献预约、续借等。

（4）应用 Web 2.0 各项技术

网络一代喜欢交互式的信息和资源，喜欢与别人进行交流，希望资源能够自组织，并且习惯于 Web 2.0 的各项技术和服务，在构建适合网络一代的各项图书馆服务时，需要大力引进 Web 2.0 的各项技术，包括 Blog、Wiki、RSS、Tag、SNS 等[1]。网络社区类型层出不穷，不同的网络社区提供了不同的服务功能。信息服务部门可以结合各种网络社区服务平台的特点，结合用户需求，不再局限于较为传统的各种社区服务平台，充分利用新型网络社区服务平台，为高校用户提供丰富的社区服务。

基于这些技术可以实现图书馆一些新型的信息服务：第一，具有 Blog 功能，Blog 可以应用在图书馆服务中的各个方面，它既可以是由图书馆工作人员建立的一个工作日志，也可以是由用户（读者）建立的书评文章等，用户可以利用 Blog 的特点比如评论（Comment）和图书馆进行一个有效的沟通，

---

① 黄传慧. Web 2.0 环境下图书馆信息服务的变革［J］. 现代情报，2009（29）：6 51–54.

改变传统的信息单向流动方式，使得图书馆也能够从用户那里获得有用信息①。第二，能够实现维基（Wiki）的工作模式，Wiki 的工作模式可以运用在编写使用指南，对图书馆的各种资源库进行说明和描述等方面，利用 Wiki 协同工作的特点，我们可以对图书馆的各种使用指南、制度信息等实现动态维护，构建基于维基的科研信息交流协作空间、构建个人知识库或机构知识库以利于个人隐性知识的外化，OCLC 甚至将 Wiki 的方式应用在联合编目上；第三，输入和输出 RSS feed，用户可以利用 RSS feed 的输入功能来订阅来自外部和内部的各类信息，例如图书馆的新闻公告，关注领域内 Blog 等，在一定程度上实现了订阅推送的功能，RSS feed 的输出可以将用户产生的信息内容发布出去，便于其他用户订阅，这样一个平台的建立最终将形成一个图书馆和用户的共同协作平台，图书馆馆员发布工作信息、工作流程、规章制度、用户发布需求、请求帮助、推荐资源，一个互动的社区就形成了。RSS 强大的信息发布、推送和聚合功能以及更好的时效性、可操作性、互动性和个性化等特点使得它可以在图书馆个性化信息服务中发挥重要作用。RSS 最简单的应用是借助 XML 编辑工具手工编辑和发布。RSS feed 就是一个符合 RSS 标准的 XML 格式的文件，用户通过该文件的链接实现订阅。第四，Tag 技术应用：图书馆现行的 OPAC 的书目信息揭示功能，还存在着不足，利用 Tag 技术进行书目的组织，打破了自上而下的传统结构性信息分类方式，用 tag 标识信息内容，形式上是简短、易懂的词汇，不会显得呆板和反复；结构上是平行的，不用像目录那样考虑层级隶属关系；tag 的表述和赋予数量也没有限制，可自由创建结合网络，Tag 实现了交叉和重叠信息内容的相关性信息组织，形成相关信息内容的链接，通过相同的 tag 指引寻找到具有同样内容标识的信息，网络一代由此也能够更快速地获取更多相关信息。第五，使用微博进行服务。网络一代对微博的使用比较多，图书馆等信息服务部门应该适当增加微博服务，图书馆利用 Micro - blogging 这种新的交流方式，创建图书馆个性化交流平台。在微博中每个用户都可以建立信息发布台，都可以引发话题，这样加强了用户书写和表达自己感受的愿望，增加了图书馆用户的体验，采用这种微博交流方式，能够使图书馆对读者问题及时追踪、回复，这种与读者亲密互动使图书馆可以第一时间掌握读者需求，图书馆通过 Mico - blogging

---

① 张燕萍，谷皓. Web 2.0 模式对图书馆信息服务的挑战与机遇［J］. 情报理论与实践，2006（29）：6 719 - 722.

实现图书馆品牌营销，微博简洁、快速、有效的特点可以吸引更多用户参与进来，赢得更多读者关注，扩大图书馆的网络知名度。主要的微博服务方式如下：信息推送、参考咨询、内部交流、组建兴趣圈、信息发布等。

8.4.2　自助式平台

由于网络一代在浏览过程中经常会出现信息迷航的现象，而且在检索结果的选择过程中也会存在就近原则等，由此可见，Web 2.0 环境下的信息组织和服务机制还有待进一步的改进，才能满足网络一代对网络信息浏览线索的清晰化、检索结果的精确化。

为了改进 Web 2.0 的平台服务，人们提出了 Web3.0 的理念，即构建一个更加人性化、智能化的网络平台。这样的平台提供给网络一代更加个性、精确、高效的聚合信息和服务，并以其更加友好的人机界面使网络一代获得良好的人性化体验，有效提高信息浏览、检索的满意度。

根据网络一代的个人喜好、使用习惯、个性化的信息需求和偏好，聚合相关的网络信息和服务，使网络一代在平台中可以自由浏览聚合后的网页，获得聚合后更为精确的检索结果，并能实现保存、标签、打印和收藏等各种自助服务。基于网络一代喜好的 Web 3.0 的图书馆自助平台建设包括以下几个方面的内容：

（1）信息需求表达引导

包括网络一代在内的所用的用户信息需求分为客观信息需求、意识到的信息需求、表达出来的信息需求即检索提问，以及检索提问表达式。用户在检索时依次经历这四个状态，在经过感知、自然语言表达、形式语言表达等一系列转化以后，最终将自己真实的客观信息需求用形式化的检索提问式表示出来，并提交给检索系统（网络一代的检索系统主要是搜索引擎）进行检索。网络一代最终的检索提问表达和客观的信息需求之间可能会存在相当大的认知距离和表达差距，使最终的检索提问表达式和最初的客观信息需求之间存在意想不到的认知距离和表达差异，产生信息需求表达"失误"，最终的结果就是检索系统按照检索提问式进行匹配后所提供的检索结果不符合用户的客观信息需求。

虽然他们能够通过后来的浏览不断地"试错"发现正确的信息需求，但是如果自助平台能够在最开始提供一定的语言技术系统，支持用户自然语言检索，即允许用户在检索之初用自然语言表达自己的信息需求，平台通过用户接口接受这样的需求表达，随后进行自然语言解析，运用智能化的自然语言处理技术分析用户的检索主题，调用相关词库选用合适的检索提问式反馈给用户，用户和系统之间通过自然语言的交流确认检索式是否符合信息需求。这个过程把检索提问式方面的困难交给系统进行处理。

为了更好地提高检索效果，自助平台的检索系统可以提供相关的关键词，即对于自然语言解析阶段提供的检索表达式中的各关键词组配，其相关的同义词、近义词、上位词、下位词、方面词、外文表达词等均由系统调用相关词库获得并自动显示到用户接口，用户在与系统进行反馈交互时还可以参考这些关键词进行选择，最终将选中的相关关键词组配到检索提问表达式中修正并完善表达。

在标注标签时，建立提示机制，当用户对同一个复合词采取不同的分割形式和标点符号时，系统可以通过显性的提示向用户推荐符合标准的高质量的标签，建立一站式的跨库跨载体的检索系统，并且提供智能化的检索帮助、拼写检查、纠正提示；建立后台运行的标签索引过滤机制，对用户标注的标签和键入搜索栏的标签做后控式的同义转换，从而方便提高标签系统的兼容性和开放性，根据检索式反馈一系列相关检索词，以帮助用户选择更佳的检索词；在无命中结果时，能够帮助用户修改检索策略，提供自然语言与受控规范语言的参照提示。

（2）个性化检索工具的嵌入

在本文的研究中发现，大部分网络一代倾向于利用百度进行查询，并受思维定势的影响。但是不同的搜索引擎有不同的侧重点、不同的作用，自助平台中应该整合常用的搜索引擎，提供统一的检索界面，利用类似元搜索引擎的思想将各种工具进行整合，实现用户的一站式检索。

整合后的搜索引擎最好能采用"百度"界面，这样能够被网络一代很好的接受，当用户选择一站式检索界面时，启动需求表达的语言技术，引导网络一代确定检索的表达式。由于网路一代在构建检索语言时存在一定的问题，而且不同的检索工具对检索语言有不同的要求，使用检索指令转化工具，将用户的检索需求转化为各检索工具能够识别的检索指令，由各个检索工具分别检索，按照用户需求对查询结果进行相关性排序，并在一站式检索界面中把结果统一处理呈现给用户。

（3）个性化信息导航

信息导航就是有序展示网络信息空间内容和结构的基本手段，也是正确引导用户顺利到达浏览目标的一种信息服务功能，用户对导航的需求源于自身记忆能力的非长久性和认知负荷的问题，因此导航的主要任务就是帮助用户记忆和识别网络信息空间内容和结构，并排除信息干扰，减少浏览的随意性，从而使用户顺利的到达浏览目标。

为了更好的引导用户到达浏览目标，需要在导航运行过程中引入人机交互的机制，通过交互适时比对用户的浏览目标、排除干扰，或者通过交互明确确定用户浏览目标的转移以便动态组织导航。

个性化导航服务，是基于用户目标、偏好和认知风格等构件的用户模型，利用智能导航技术跟踪和分析用户的浏览，不仅能够帮助用户记忆和识别网络信息空间内容和结构，还能主动、智能化的进行浏览目标比对并排除干扰信息，在用户的浏览过程中动态的理解用户，发现用户的浏览意图，提供用户技术支持和及时、准确、灵敏、个性化的反馈机制，实时选择满足用户浏览意图的启发式导航策略指导导航系统的运行。这种导航兼具记忆性、交互性、主动性和智能性，能实现对浏览过程的控制和引导，克服短时记忆的有限性和浏览路径选择的随意性，提高用户浏览效率。

个性化的导航从客观上提供一种鼓励机制以激发用户的高层次的信息需求，通过人机交互、有效引导机制激发用户，使用户在满足信息需求的同时获取心理上的愉悦感受，从而提出更高层次的信息需求。

（4）个性化信息组织

在 Web 2.0 的环境下用户实施文件内浏览、系统内浏览等多种方式，不断的跳转和链接，这些方式带来严重的迷航现象，在新的自助平台上，尝试为每个用户保存记忆，获取他们浏览的数据，对他们访问过的网页进行分析（分析的时候结合他们对网页产生兴趣时行为的时间维度、频次维度和行为维度），分类进行建模，通过分析获取他们的信息需求倾向，并启动智能工具，挖掘他们感兴趣的信息，有效的组织信息，为结果的呈现奠定良好的基础。

在结果的呈现过程中，如果检索结果以线性的方式呈现给网络一代时，当检索结果命中率比较大时，网络一代面对大量的检索结果，只能查看少量的检索结果。在对网络一代的调查中发现，他们期望结果的呈现方式按相关度进行排序，的确按照相关度进行排序，有利于网络一代进行信息筛选，并在一定程度上缓解信息的过载问题。但是按照相关度进行排序是一个比较复杂的问题，不同的用户期望不同的相关度排序，根据用户信息需求把检索结果进行去重、过滤，根据用户的习惯建立用户模型，自动赋予相应结果权重，把符合权重的结果进行聚合，根据权重高低进行降序排列，并以统一的格式在一站式检索界面中呈现给用户。

（5）用户检索过程的可视化

如果在网络一代的平台服务中使用可视化的工具，那样就可以让他们对检索过程变得透明和可控。用户个人门户平台中的可视化工具具体由四个方面构成：

第一，需求表达的关键技术实现可视化，把自然语言解析和相关关键词引导模块对相关词表的调用实施可视化引导，用户在这个过程中可以参与选词。

第二，检索指令的转化过程可视化，让用户感知一站式检索界面背后的工作情况。

第三，各个检索工具实施检索的过程实现可视化，展示检索匹配的过程和不同的检索命中的过程。

第四，检索结果的去重和过滤过程也要透明可视化，并且让用户参与到过滤环节协助过滤。并在结果呈现的格式方面，让用户可视化的设定符合个性需求的呈现方式。

同时对检索工具使用的说明和"帮助"中，使用图形界面，使用多重的视觉表现相结合的方式使视觉表现的方式更加有效，彻底摈弃纯文本内容的"帮助"和说明。

可视化的结果显示应该致力于以下的几个方面：

第一，便于网络一代从整体上了解结果之间的关系。利用统计、聚类、关联分析等手段对命中的信息集合进行分析处理，为网络一代提供全部检索内容的概况视图，使网络一代对所检索的信息资源分布能够一目了然；还可以揭示检索结果之间隐藏的规律和联系（如检索结果和提问、结果和结果之间的关系），并用直观的视图形式向用户展现这些关系。

第二，便于网络一代对检索结果进行动态的调整和过滤。可视化的视图特征一方面能有效地帮助网络一代识别检索结果是否切合自己的信息需求；

另一个方面能帮助网络一代快速找到感兴趣的信息，激发网络一代进一步探索的能力。

由此可以看出，可视化的技术不仅在揭示信息资源的广度和深度上有很大的优势，而且能够将隐藏在信息资源内部的、复杂的、抽象的语意以直观的视图方式呈现给用户，实现人机交互，改进信息检索的策略，提高检索的效率。

（6）智能化信息推送服务

在 Web3.0 的自助平台上，不仅在网络一代检索时提供能够满足其个性化需求的各种资源，而且还要主动提供服务，推送资源，满足网络一代的信息需求。不同的用户个体对同一信息对象的注意程度是存在一定的差别的，"推送"技术恰好可以满足用户的个性化需求。具体做法是将网络信息查询与收集有机地结合起来，建立由面向用户的服务模块和面向主题信息搜索加工模块组成的新型信息服务系统，有目的性地按时将用户感兴趣的急需的信息主动发送给用户。在目前"推送"技术的基础上融入人工智能、知识发现技术及数据库技术，从而形成"智能信息推送"（IIPP）技术，是"push－pull"技术的一个发展方向。它是将"推送"和"拉取"相结合的智能信息技术，将会是未来网上信息获取技术的一个重要发展方向①。平台如果利用 IIPP 技术将信息查询与收集有机结合起来，进行有效的信息匹配，将经过排序和过滤的信息推送给用户，使用户主动地搜集、处理信息并形成决策；将主动采集的信息进行深层加工处理，形成结论或报告，主动挖掘和积累新的知识；将用户需求的内容或动态生成的结果一并推送给用户，实现智能化、个性化的信息推送。

也可以接收用户感兴趣的信息关键词，并建立相应的兴趣模型，以便网站监控与信息提取模块有针对性的提取用户感兴趣的信息，从而进一步提高图书馆的主动信息服务能力。

（7）内容管理的个性化

随着个性化实践活动和研究的不断深入，个性化信息环境 PIE（Personalized Information Environment）应运而生，为图书馆个性化信息服务的拓展提供了新的前景。个性化信息环境的主要思想是建立持久且可定制的、个人或可共享的、能够卓有成效地进行检索并能保障安全的个人信息环境。比如应用

---

① 计算机世界网．［EB/OL］．［2008－12－20］．http：//www.2.ccw.com.cn/01/0145/b/0145b02－3.asp［2010－12－5］．

于信息服务的 Wiki，Wiki 就是一种开放式的多人协作网络平台，读者可以在 Web 上对 Wiki 的文本进行浏览、编辑和发布。一般来说其应用集中在两个方面：一个是针对广大用户的知识共享和在线编辑；另一方面，是针对图书馆馆内员工的培训和继续教育。与 BBS 不同，这里的信息是有针对性且经过分类的；与 Blog 不同，这里强调的是协作、共享和创造，这种创造性的参与使信息不断地丰富和优化，从而将更多地满足读者的信息需求。这些内容管理鼓励个性化，鼓励读者参与信息的共享、共建，读者在提供信息的同时，也可以从他人的信息中受益，这种群体协作的信息服务趋势为个性化信息环境的实现创造了条件。

8.4.3 娱乐式平台

有研究表明，为了在游戏中取胜，练就的技巧常常可以提高年轻人的社交能力、战略思考的能力和领导能力。游戏学者约翰. 贝克（John Beck）和米切尔. 韦德（Mitchell Wade）认为，玩游戏需要各种智力和社交技巧，并且常常使用这些技巧。布兰迪斯大学国际商学院同意这些观点，并成为全球第一所采取 IBM 新研发的"严肃游戏"Innov8 进行教学的商学院。IBM 开发游戏是为了帮助网络一代和年轻的专业人士训练商业和 IT 技能。

教育是图书馆最重要的基本职能之一，好的教育应该是一个互动的过程。在游戏过程中，玩家需要经历不断的沟通合作、迎接挑战、解决问题及处理消极的情绪等一系列的过程，其实这就是教育的互动过程。2006 年 11 月，美国科学家联合会（Federation of American Scientists，简称 FAS）发布的一份报告中提出，游戏将会是转变美国教育的最好方式，也是培养 21 世纪人才所需工作技能的最好方式。美国娱乐软件协会（The Entertainment Software Association，简称 ESA）也表示，对读者而言，游戏可提高其学习能力，增强综合素质，培养冒险精神和创造力，有益于身心健康，实现教育功能[①]。可见，游戏尤其是教育游戏，可以与图书馆的教育职能相匹配，也可以与教育很好地结合。另外，现在许多孩子缺乏沟通、合作的技巧及应变、解决问题的能力，而游戏有助于开发孩子的创造性与合作精神，会产生很多开心的回忆，让学习变得更加有效率。

---

① 于鸣镝. 图书馆学实用研究法［M］. 北京：海洋出版社，2007，42.

（1）游戏教学的作用

游戏对网络一代、图书馆的重要作用体现在以下几个方面：

游戏可以寓教于乐：有利于知识性和趣味性。游戏的使用，通过直观形象的学习、思维特点能够更好地吸引未成年人并能够使他们直观、方便地学会使用计算机，提高他们的应用技能。信息服务部门如果通过游戏开展阅读、信息素养、资源使用、技能培训等方面的培训，可以使网络一代在娱乐中学习、在学习中娱乐，更好地达到寓教于乐。网络一代参与游戏从某种意义上来说就是一种技能的培养和能力的提高。

游戏可以加强防控：有利于安全性和方便性。游戏一般通过电脑配置的硬件设施，加之网络的在线服务共同组成。开展游戏的教学，可以更好的监控网络一代使用的网络资源。

游戏可以形成图书馆的特色馆藏：无论这些馆藏是什么类型、何种载体，都将成为图书馆的专藏，填补图书馆对于社会上游戏类信息收藏的空白，并最终可能发展为图书馆的"新特藏"，为当代服务，供后人研究。如 UIUC 图书馆的游戏资源收藏计划雄心勃勃，并带有明显的研究倾向。试图最终建设一个包括过去、现在及将来所有游戏平台的游戏馆藏，还包括游戏相关的研究资源以及本校教工在游戏设计方面的成果。目前的收藏包括 Playstation2、Sony PSP 等近 10 种平台的游戏以及 Atari 2600 等过时平台的游戏①。

游戏可以创建并宣传图书馆的服务：提供游戏资源借用，甚至在图书馆开辟各类游戏专门空间，其本身就是图书馆服务内容的创新。它拓宽了图书馆资源建设与读者服务的领域，满足了读者在游戏类信息方面的需求。而图书馆提供游戏服务的意义不仅如此，它也是一种图书馆服务理念的提升，是图书馆服务"以人为本"的体现。图书馆通过开发信息素养游戏，举办各类游戏主题活动，可以使更多的人了解图书馆，走进图书馆。游戏生动有趣，传递信息方式独特；图书馆举办各类游戏活动，可以将那些沉迷于电脑游戏中的学生拉入图书馆，只要其走进图书馆的大门，就向一名图书馆的忠实读者迈进了一大步。游戏活动还可以成为图书馆向社会扩大影响的一种方式。

（2）图书馆游戏服务的方式

图书馆要想增加游戏功能，需要做到以下几个方面：

---

① 伊利诺伊大学厄本那—香槟分校（UIUC）图书馆游馆藏．[EB/OL]．[2009 - 04 - 18]．http：//www.library.uiuc.edu/gaming/．[2010 - 8 - 12]．

图书馆除了建立游戏馆藏、划出游戏区域、开展游戏主题活动外还要在服务中加入游戏的理念、将信息素养教育与游戏相结合。如今，在图书馆服务工具软件设计中加入图书馆 2.0 理念备受推崇，实际上，图书馆 2.0 所强调的交互性、共享性、参与性等特点或多或少的都带有游戏的意味。而通过有意识地在图书馆服务工具软件设计中加入游戏理念，可能会收到更好的效果。如在图书馆主页上规章制度的介绍中不采用单纯的文字，而是通过一些交互选项增加趣味性；在图书馆 OPAC 检索结果页面增加游戏化元素等。向读者提供经过选择的有针对性的精品游戏，对读者玩游戏的行为加以引导，达到寓教于乐的效果。

图书馆还可以根据自身情况，寻求将游戏融入信息素养教学之中的最佳途径。笔者认为，信息素养教学视频游戏必须在设计上趋于完美才能达到满意的效果，在此之前，可以借鉴其他图书馆的成果，如在图书馆提供的游戏源文件上进行二次开发，开发出适合本馆读者的信息素养游戏。此外，还可以自行设计一些传统的卡片、棋牌类游戏应用于信息素养课堂教学，增强教学效果。

同时，游戏是一种特殊的数字信息资源，对其管理和利用能够形成图书馆界的"游戏学"研究范畴。当然，游戏服务的开展必将引起广泛争论，必定有读者认为游戏服务是对图书馆知识殿堂的亵渎。但在网络应用日趋个人化的今天，图书馆游戏服务的推出对完善图书馆的公共知识场功能，吸引网络一代了解图书馆、了解图书馆阅读，以及提升读者的阅读兴趣都具有积极作用。在我国图书馆界推动游戏服务，面临着公众接受度不高、经费短缺、专业馆员缺乏、游戏资源组织和标引技术落后、游戏法律法规不完善等多方面的障碍。

（3）图书馆游戏和网吧游戏存在根本不同

图书馆游戏与网吧提供的游戏存在根本不同：元素不同：网吧的网络游戏一般具有空间虚拟性，加入了暴力等不良元素。在网络游戏中，玩家可以担任一种虚拟的角色，通过杀怪升级提升战斗力，从而获得一些特权，以满足现实生活中无法满足的权利欲望及发泄现实生活中的压抑；而图书馆的游戏主要是一些培养游戏者知识、技能、智力、情感、态度、价值观且具有一定教育意义的游戏。这些游戏提供了丰富的学习资源，排除了暴力、色情的元素，但也同样具有网络游戏所具有的趣味性、挑战性。目的性不同：网吧游戏的目的是吸引玩家，通过加入暴力、色情等不良元素来满足人性的需要，并采用升级制度来增加游戏者的游戏时间，使游戏者沉迷于此。

当然，虽然网吧游戏会让网络一代成瘾对其造成危害，但是我们不能因此就一味地否定所有的游戏。游戏是集艺术、文学、教育和娱乐于一体的特殊信息资源，是具有许多正面、积极的功能的。有研究表明，游戏能够帮助网络一代学习团队合作、解决问题和处理消极情绪①，图书馆的游戏服务正是要利用游戏的这些功能，根据网络一代的特性选择和开发符合网络一代成长需求的游戏。图书馆的游戏服务旨在为网络一代提供一个纯净的游戏空间。

8.4.4　虚拟性平台

在网络时代，图书馆的各项服务能够在虚拟中实现，图书馆是一个集各种虚拟服务为一体的虚拟平台。在这个虚拟平台中，技能和信息素养教育融入到游戏中，各项服务融入到虚拟环境中。

（1）虚拟图书馆建设

第二生命（Second Life）是林登实验室开发的联网 3D 虚拟世界，玩家（Second Life 中称之为"居民"）使用鼠标和键盘，控制着他们自己的网络替身，与其他用户互相聊天，参与社区的各个活动②。不少图书馆也宣布了他们在 Second Life3D 虚拟空间中的位置，大约有 400 家图书馆已经建立了他们的 Second Life 社区。Second Life 中的图书馆服务项目也以前所未有的速度增长，美国排名比较靠前的大学基本都有这项服务，国内来说，香港理工大学和台湾中央大学都在 2009 年开始建设虚拟图书馆，大陆的大学图书馆基本没有这项服务。

随着国内网络一代进入大学，他们中很多人对图书馆存在认知偏见，喜欢网络资源，不喜欢去图书馆查找资源，他们将是图书馆流失的大量潜在用户，同时网络一代喜欢网络虚拟社区进行交互，而这些潜在用户的特点决定了图书馆的发展方向。国内图书馆应该积极的发展虚拟服务形式，满足网络一代的需求。

Second Life 3D 技术可以为图书馆发展以下几个方面的服务：第一，虚拟

---

①　Fulton C. Pleasurable Pursuits: Leisure and LIS Research ［J］. LibraryTrends, 2009（4）.

②　What is Second Life? ［EB/OL］.［2009 - 12 - 23］http：//secondlife. com/whatis/.［2010 - 9 - 12］.

会议，虚拟会议简单地讲就是一个构建在互联网上的会议系统。参会者使用的设备可能是 PC 台式机，Nete book，Table 平板电脑，Windows Phone 智能手机，甚至是 NetTV 网络电视。只要他们可以连接互联网。任何类型的现场会议会耗费大量的财力支付组织费用和参加成员的交通费用，但是在虚拟环境中情况截然不同，与会人员可以轻易地开展讨论和辩论，而不受人员所在时间和地点的限制。同时旁听者也可以不受限制的在会场中聆听讨论。第二，虚拟参考咨询，我们的图书馆，无论实体图书馆和虚拟图书馆，其基本功能都是帮助用户寻找需要的资源。在虚拟图书馆里，参考咨询也是其提供的基本服务，图书馆员可以每日定时在虚拟图书馆开设参考咨询台，提供广泛的图书馆资源和材料方式服务于用户。此外，虚拟图书馆还拥有当馆员不在场，用户可以在线进行信息咨询的机制。虚拟馆员拥有自己的形象为用户服务，与现在的冷冰冰的虚拟咨询网页相比，更加人性化，更有亲和力。第三，虚拟讨论会。作为人性化服务的一部分，图书馆也应当给学生和老师提供研讨和试验的空间。现时，许多大学图书馆不能提供足够的地点给需要的研讨的人员，虚拟讨论会则解决了这个问题，在虚拟的 3D 空间中，几乎可以无限制的划分你所需要的空间，同时它也可以模拟出各种需要的环境，学生和老师们可以在完全自由的空间即时的讨论和试验。第四，虚拟用户培训，在实体图书馆中，馆员定期为用户开展讲座，教授如何有效地利用图书馆设备并介绍提供的服务。在虚拟图书馆中，每个馆员都知道他们的参考咨询台和欢迎中心应该要设立在靠近用户移动地点，它能帮助虚拟人物快速了解到图书馆功能和目的。同时由于不受时空的限制，可以很轻松地对图书馆的设备和设施直观的认识，而不用耗费大量的人力组织和安排。对于图书馆书本资源和电子资源的讲座，则可以做成 3D 教程的形式存在虚拟图书馆中，用户可以随时参加自己需要的培训。

　　虚拟图书馆作为传统图书馆服务的一个补充，为丰富图书馆对读者的服务提供了新的机会。首先，这个虚拟平台为教师和学生提供了一个高度互动的，有效替代面对面交流的沟通方式，借助虚拟平台及其内嵌的工具实现，大大延伸和扩大了图书馆对教师和学生服务的多样性。其次，虚拟平台可以帮助图书馆的工作者们培养一种强烈的协同意识，塑造一个具有强烈共享和合作精神的在线社群。

（2）充分保护个人信息

图书馆在开展信息服务，尤其是个性化信息服务的过程中离不开对用户个人信息的搜集。图书馆只有掌握了充分、详细的用户个人信息，才能提供高质量的个性化服务；用户只有提供了全面、准确的个人信息，才能获得最符合自己需求的信息服务。如果对用户的个人信息保护不力，造成了个人信息的泄露，用户就会感到个人的人格尊严受损，对图书馆产生防范、敌视的心理，丧失信息服务的忠诚。因此，图书馆需要提出一种有效的个人信息保护模式，在图书馆与用户之间建立起相互尊重、相互信任的和谐关系。目前国际上对个人信息的保护主要采取两种模式：一是以欧盟为代表的法律规制模式；二是以美国为代表的行业自律模式。鉴于上述两种模式各有优劣，笔者认为图书馆在开展信息服务过程中对用户个人信息的保护应采用综合保护模式：即在图书馆内部运用完善的法律体系进行约束，并实行规范的自律措施，同时辅以用户的自我保护，用这三道防线为个人信息保护筑起坚固壁垒，营造一个安全的个性化服务空间，提高用户对图书馆信息服务的忠诚。

8.4.5　吸引性平台

图书馆网站是一个聚合的信息平台，需根据网络一代的特点，从内容、外观、结构和界面等方面改变自己的形象，变成一个吸引性的平台。适合网络一代使用的图书馆网站内容和界面应该具有吸引性的高质量的内容、良好的外观、合理的结构、智能化的界面等。

（1）高质量的功能设计

网站的信息是网站的灵魂，网站的信息质量对用户非常重要。网站的信息质量可定义为关于网站信息的一组属性（特征），如正确性、适时性、完全性、一致性和相关性等①。曹瑞昌等人将网站信息质量划分为信息内容质量、信息集合质量、信息表达质量、信息效用质量②。

网络一代的认知能力低，网站信息质量的好坏直接影响网络一代在网站上的浏览行为。首先，高质量的网站信息能够减轻网络一代在形成认知地图

---

① Wang R Y, D M strong, . Beyond Accuracy：what Data Quality Means to Data Consumers ［J］. Joumal of Management Information Systerm. 1996，12（4）：5 – 33.

② 曹瑞昌，吴建明. 信息质量及其评价指标体系 ［J］. 情报探索，2002，（4）：7 – 8.

时的认知负担①。比如当网络一代面对网站中不同的路标时，一个全面的、易于理解的网站信息内容能够使网络一代在头脑中构造认知地图时形成详细的路标知识，从而很快就能辨认出每一个网站路标，网络一代便能很清楚地知道自己在网站中的位置，网站中哪里能够找到这些路标。Johnson 认为，提供一些质量较高的信息对于帮助用户构建认知地图并修正原来的认知地图有着非常重要的意义②。其次，高质量的网站信息能够帮助网络一代在浏览网站时制定决策，并且判断决策是否执行。另外，高质量的网站信息能够使网络一代尽量避免浏览一些不必要的信息，从而很方便地完成他们的任务。最简单的例子，电子网站根据用户的群体不同，设计了适应于家庭和企业使用的用户分类，这样用户就能方便的根据自己的身份选择需要的信息，避免不必要的信息干扰。

适合网络一代使用的图书馆网站的内容设计应该包括：（1）检索范围的扩展，图书馆界面最重要的功能就是将分布于各个异构系统的数据整合在一起，将检索范围从传统的信息，扩大到整个电子资源、网络资源等。（2）引导发现，图书馆界面的重要特点之一是在相关度的基础上提供检索结果的聚类和分面导航，及其他一些导览项，特别是链接到外部资源的 URL 链接地址，引导用户从一个资源发现其他有价值的、新的相关资源。（3）整合检索与全文获取，图书馆界面产品的核心设计观念之一是能够对各种资源进行跨库检索，并快速的定位结果、获取全文信息以及相关信息。

（2）良好的外观设计

终端用户界面的设计至为关键，它直接决定用户从视觉角度感性评价界面的友好性。

网站的信息内容需要良好的网站外观设计来展现，良好的网站外观设计能够让用户赏心悦目，能够感受到明确的网站风格和主题，所以网站外观是网站设计中需要考虑的重要因素。近来，斯坦福大学的一项研究发现：用户利用网站外观判断网站可信度和满意度③。网络一代对问题的感性化认识比较

---

① Gek, W., Kwok, K. An empirical study of web browsing behavior: towards an effeetive Website design [J]. Electronic Commeree Researh and Applications. 2006 (5): 266.

② Johnson, Laird, Mental model in Foundations of cognitive Science [M]. MA: MITpress, 1989: 469 –499.

③ 网站外观设计也很重要 [EB/OL]. [2008 –1 –9] http: //www. w3pop. com/learnviewp/1/osizedoc/How_ Important_ Is_ The_ Look_ n_ Feel_ Of_ Your_ Website/ [2010 –12 –30].

严重，所以网站外观设计良好，更易于网络一代浏览网站。针对网络一代需求的网站设计应该遵循以下几个方面：

首先，网站的外观设计需要遵循一般网站设计的原则，也可称为网站的一致性原则，这样能够方便网络一代在浏览网站时的学习过程，即网站一般是可预知的，网络一代感到一切尽在掌握之中，不会感觉实际的操作结果与自己所设想的有所出入。

其次，良好的网站外观设计应该是图形设计，图形设计能够帮助网络一代更容易地浏览网站。恰到好处的图形设计能够吸引网络一代的注意，提高网络一代对于信息的理解。网站中图形设计的路标比文本描述的路标好得多①。这样，网络一代对于网站中的路标能够产生更加清晰的认识。

最后，网站的易读性能够帮助网络一代集中重要的信息。网站易读性的本质就是信息展示方式的方便与合理，让网络一代迅速发现并轻松解读自己所需的信息。

为了更加迎合网络一代的需求，根据网络一代的认知特点，设计网络一代所需的网站界面：

视觉认知：视觉是用户从人机界面中获取信息的主要感知手段，用户的视觉认知是重要的界面设计因素之一。视觉认知因素主要包括颜色、亮度感知特征，时间、空间分辨率和注意搜索规律。重要信息用醒目的颜色或能够区别于背景的运动来强调，以引起用户注意，根据青少年的习惯简单、大方、醒目的设计适合网络一代需要的界面。

记忆认知：记忆认知关系到用户能否有效地通过用户界面掌握系统的使用方法。人类记忆可分为感觉记忆、长期记忆和短期记忆。命令型用户界面对用户长期记忆要求较高，如命令语句、快捷键，长期记忆的形成需经过一个学习过程。屏幕用户界面元素中的菜单、按钮的形式通过短语提示和图标隐喻所能够完成的工作，一定程度上降低了用户在使用系统时的记忆负担。网络一代的长期记忆相对比较弱，而且求便心理较为严重，需要根据其认知特点布局界面元素，在设计界面时有一致的操作序列，在提示、菜单和求助屏幕中必须产生相同的术语，自始至终使用一致的命令，这样便于用户记忆，并进一步减轻网络一代的记忆负担。

---

① Fiore, S. Cuevas, R. A picture is worth a thousand connections: the facilitative effect of diagrams on mental model development and task Performance [J]. Computer in hurnan behavior, 2003 (19): 185–199.

　　理解能力：由于网络一代的年龄、文化程度、知识结构的不同而产生的理解能力、需求表达能力的不同，需要界面设计时能够提供不同的可视化水平表达、提供帮助和提示的频率、场合以及形式有所不同。

　　（3）合理的结构设计

　　网站的结构决定了一个网站的方向和前途，合理的网站结构能够正确表达网站的基本内容及其内容之间的层次关系，站在用户的角度考虑，使用户在网站中浏览时可以方便地获取信息，不至于迷失方向。信息构建（information architecture）是网站结构设计的理论基础。

　　网站导航是网站结构设计中的主要工作之一。从认知本质上讲，设计网站导航的目的，就是辅助用户形成正确反映客观信息环境的认知地图，使用户在浏览网站过程中不至于迷失方向。Nileson 指出，"没有导航的辅助，所有再好的网站设计都是徒劳的；如果找不到信息，有谁会在乎网站设计的好坏？导航的目标就是能够简单地帮助用户找到他们的路径，能够帮助用户回答诸如"我在哪里？""我去哪里？""如何到达想去的地方？"等问题①。网站导航设计的好坏与否直接影响着用户对于网站的感受，也是网站信息是否可以有效地传递给用户的重要影响因素之一。

　　设计适应网络一代需要的网站导航时，一定要根据认知地图的特点进行设计，以助于网络一代形成正确的认知地图，指导网络一代在网上航行，减少迷航。Martin 认为网站应该提供良好的结构组织，让用户可清楚看见网站的全部或局部结构。用户通过清晰的结构，快速地浏览②。这种导航可称为结构导航，它的设计目的是使用户很快形成纵览知识，从而在脑中建立清晰的认知地图。此外，结构导航中的网络地图也可以帮助网络一代克服信息迷航的问题，它可以通过不同的颜色、形状、大小等区别各结点的内容。因此，网络地图使用户形成纵览知识的同时，也增加了网络一代对于路标知识的了解。

　　网络一代在浏览时若对某网页有兴趣，会产生保存、收藏、打印、复制、检索等行为，为此，在设计个性化的网站及个人平台时也要考虑为网络一代提供相关辅助服务，如开辟专门的工具栏、菜单等，将满足浏览后的各种行为需求。

---

　　①　Nieson，J. Multimedia & Hypertext：the Internet and beyond［M］. Boston：AP professional，1995：8.

　　②　刘纯芳. 全球资讯网使用者浏览行为分析［D］. 台湾：辅仁大学，2000：51.

（4）智能化的界面设计

随着网络的发展和计算机应用领域的扩大，为了满足网络一代多样化的信息需求，应该建立一个多通道、智能化、集成的个性化用户界面，以便更加自然、更直观、能够自适应、更易被接受的界面形式呈现给网络一代。

多通道用户界面可以利用语音识别、视线跟踪、手势输入、感觉反馈和面部表情识别等技术和用户交互，并结合相关智能化技术感知与识别用户浏览信息时的需求。它将不同的感觉通道进行互补和整合来获取增强型的整体信息，更好的提供了人机交互的自然性和高效性。在多通道交互基础上，可以将个性化的信息组织阶段所聚合的信息类目和内容按照网络一代的兴趣进行集成，并在个性化的门户下职能化的布局信息类目和内容。在这个界面，也需要多通道技术获取网络一代的导航需求，智能化、自适应地实施动态导航，且导航的组织应寻求更易被网络一代所接受的直观方式呈现。希望能够集成各种阅读软件，减少网络一代的认知负担。同时在这样的界面中，网络一代可以自主设计自己所喜爱的浏览界面风格色彩、布局等表现元素，使浏览时个性化的体现更为淋漓尽致。

多通道的图书馆用户界面应该实现的功能是：第一，界面可定制：图书馆可根据自己的偏好定制检索框，既可定制为简洁如 Google 搜索界面的风格，进行关键词检索；也可定制为类似传统 OPAC 高级检索的风格，进行关键词组配检索。同时，还可以对结果页面进行内容增强方面的定制。第二，排序功能：可对结果集按多种维度，甚至相关度进行排序，将匹配程度高的记录放在结果集最前面。第三，内容增强：记录信息不再仅限于 MARC 记录涵盖的范围，而可从不同的资源和服务提供商获取介绍、评论等多种增强内容。第四，注重个性化与社会化网络功能、应用 Web 2.0 的相关技术和理念：终端用户可以管理个人借阅信息，同时还增加了用户评分、书评功能，鼓励用户参与。

8.5　服务内容之二——构建教育平台

新的技术环境下，图书馆教育职能要随着创新发展，同时网络一代的特殊性也需要图书馆教育职能快速、方便的发挥。无论信息（包括处理信息的手段和技术）怎样发达，都不能取代图书馆提供的教育功能。教育职能规定了图书馆的基本特征和存在价值。图书馆要主动出击,从幕后走到台前,从边缘走向中心,从被动走向主动,从间接参与走向直接参与,从局部参与走向整体参与,参与到教学中,提供适合网络一代年龄、特点的各项服务。

8.5.1 图书馆教育平台的实施原则

由于信息环境的不同以及网络一代的不同特点,针对网络一代的信息素养教育有别于非网络一代的信息素养教育。图书馆实施信息素养教育以及图书馆教育平台发挥作用的具体原则也应该不同,具体包括:嵌入式教学、使用认知弹性理论教学、体验式教学等。

(1)嵌入式教学

嵌入式教学注重多层次、多角度的嵌入,这样可以让学生循序渐进地获得信息素质教育。比如在基础技能课程中,嵌入讲授利用图书馆的方法和技能;在专业课程中讲授相关学科的主要信息源及利用技能,并且培训学生如何利用信息源及信息工具来开展研究工作和科研活动,将信息素质嵌入到多年级的多门专业课中,针对网络一代的不同发展时期,如本科生入学时、就读中期时和毕业时持续进行信息素质测评。这样循环渐进地嵌入到不同年级、不同课程中,使学生的信息素质有个系统性的提高。

获得真正嵌入的基本途径在于进行问题导向式的学习。这是一种基于资源的、问题驱动的、探究性的学习。在这种模式下,学习者以类似于科学家探索未知、解决问题的方式学习。会经历形成问题、分析问题、提出假设、检验假设、修正假设等过程,其间会依托丰富的资源反复进行信息的检索、收集、评价、组织、使用等活动,直至问题解决。它引导学生在现实的复杂的信息环境中解决真实的、往往是开放式的问题。在分析、综合和评价已得到信息的基础上提出自己解决问题的方法,最大程度地发挥学生创造、创新和自我学习的能力。

嵌入式教育过程中要根据网络环境的变化,信息素质教育教材要较快的更新,融入了新的教学内容;根据不同年龄段的网络一代的特点和需求,设计不同的教学重点。教学内容要包含新的教学理念和方法。

(2)使用认知弹性理论教学

认知弹性理论(Cognitive Flexibility Theory)是美国伊利诺斯大学的斯皮

罗（Spiro）等人于 1990 年提出的①。该理论的教学哲学定向于不良结构领域
中高级知识的获得以及为该领域所必需的社会性认知加工技能的发展。该理
论强调建构知识的重要性，要求教师必须为学习者提供机会开发他们自己的
信息表征，用更适宜他们的方式学习。认知弹性理论有两条重要内容，即在
组织教学内容时要以多视角来呈现和表征概念以及要将概念与案例相互交叉，
用多情境表征来促进迁移。这种方法要求学习者对同一内容的学习要在不同
时间、不同情境、以不同目的从不同角度多次进行，以达到获得高级知识的
目标。换句话说，学习者可以随意通过不同途径、不同方式进入同样的教学
内容去学习，从而获得对同一事物或同一问题的多方面的认识与理解。这种
方法具有很高的相互作用性、很强的一致性、激励性和挑战性以及多途径解
决问题的后备性。

（3）体验式教学

20 世纪 70 年代，体验式学习（Experiential Learning）在美国兴起，经柯
尔保（Kolb. D·A）等人研究和推动，受到美国教界普遍重视②。体验学习是
一种以学习者为中心、从体验和反思体验学习，通过让学习者在精心设计的
活动、游戏和情景中观察、反思和分享，从而获得新的感受和认识，鼓励学
习者在真实情景下和行动实践中寻求自我真实体验，从而全面、系统地理解
和吸收所学知识，并将之用于新的学习和实践。信息素养教育实施体验式教
学，就是要在信息素养教育过程中强调以学习者为中心、让学习者自行确定
学习活动的课题和方式、方法，亲身体会运用所学知识和技能的过程和途径；
教师从现成结论灌输者变成观察者、引导者和资源提供者，尽可能提供真实、
具体的学习情景和舒适、安全的学习环境，并科学评价学习者的学习成果。
体验式学习方式能使学习者在真实的情景下和行动的实践中理解概念的复杂
性和实例间的差异性，并将所学知识和形成的经验灵活运用于新的具体学习
和研究中，解决实际问题。

　　体验式教学中要鼓励自主学习能力：网络一代自学性增强，自主学习能力
增强，根据网络一代的这个特点，需要积极倡导在线的自主学习。在线信息素
质教育作为一种良好的自主学习模式已受到国内愈来愈多高校的认同和重视，
适合网络一代的在线信息素质教育需要有明确的需求引导和明显的入口。

---

① 认知弹性理论，［EB/OL］．［2010－10－12］．http：//baike. baidu. com/view/4220831. htm.
② 王嘉毅，李志厚．论体验学习［J］．教育理论与实践，2004，（23）．

8.5.2　教育内容之一——开展阅读指导

网络一代在网络环境下形成的快速阅读、浅阅读等多种习惯，并且在阅读学习过程中更加相信同龄人提供的资源，所以对于网络一代的信息素养教育需要开展阅读指导。

开展学生网络阅读思想道德教育和阅读指导工作：学校图书馆和相关教育部门要加强对学生网络阅读思想道德教育和法制宣传，帮助学生树立正确的网络文明意识，自觉遵守国家、学校和图书馆的有关规定，规范自己的阅读行为，增强自我约束意识，自觉抵制各种不良信息的干扰和腐蚀。同时学校图书馆和相关教育部门要积极开展对学生网络阅读过程中的指导工作，通过研究分析他们的生理、心理发展要求及特点，充分考虑其网络阅读需要，积极引导他们从浅层次的表象文化进入深层次的精神追求[①]。通过网络阅读指导努力解决他们因缺乏有关网络阅读的基本知识、网络阅读方法不理想、没有养成良好的网络阅读习惯等而造成网络阅读效果不佳的实际问题，进而提高网络一代掌握网络阅读信息的查找、整理、分析、利用能力，避免学生网络阅读过程中的随波逐流，浪费宝贵的时间和精力。

注重网络阅读环境的营造和阅读空间的净化：面对错综复杂的网络一代网络阅读环境，学校图书馆和相关教育部门不仅要努力净化网络阅读空间，更要营造一种阅读文化底蕴浓厚、阅读界面清爽简洁、用户体验性良好、提供随时下载和释放空间设计以及图文并茂、动静相宜的知识传播与接受图景，激发网络一代应用已有的知识和经验，通过联想、补充、深化等来理解网络阅读材料的实质，引发网络一代深邃的内心活动，提升网络一代网络阅读效果。同时网络阅读环境中独特的页面设计以及可以自由调解的翻页文字变色效果，既能使网络一代抓住重点而不偏离阅读中心，又可以满足网络一代的多种阅读需求。因此，优化网络阅读环境，净化网络阅读空间，提高网络一代网络阅读理解力，有效控制网络一代网络阅读过程中的干扰因素，可以促进网络一代达到高效网络阅读的目的，从而把网络一代网络阅读引入到更广阔的生活空间，有利于网络时代的信息传播。

加强网络一代网络阅读资源的建设与开发：面对网络海量的信息资源，

---

① 林小勇．高校图书馆对大学生网络阅读的指导［J］．图书馆学研究，2008，(1)：90－93.

学校图书馆和相关教育部门不仅要为网络一代提供较为完善的、健康有益的、融科学性、引导性、知识性、趣味性、服务性于一体的综合性网络信息服务，更要关注网络一代潜在的网上阅读需求，积极、主动地开发与建设适宜有序的网络阅读资源，为网络一代构筑一个多维的网络信息资源平台，最大限度地为网络一代提供优质的网络阅读资源。同时，学校图书馆和相关教育部门还可以通过对网络一代网络阅读内容的整理分类与阅读过程的导读工作，如通过打造阅读专题网站、资源推荐、信息导航等作为网络一代网络阅读的辅助工具来协助网络一代明确网络阅读目标，提高阅读内容的可读性，防止发生"网络阅读迷航"现象。

技术策略：①加强网络技术的研究开发力度，依靠网络技术手段，通过网上监控、过滤、屏蔽等措施加强对网络的控制力度和对各种不良信息的屏蔽能力，完善网络技术管理体制，健全网络登录安全规范，努力解决网络阅读中遇到的技术难题，防止网上不规范操作，净化网络阅读空间，为网络一代创造一个安全可靠的网络阅读环境；②通过开发和应用集成化的网络一代阅读资源推荐导航、实时快捷的在线交互以及建立阅读伙伴圈等技术支持服务功能，帮助网络一代准确高效地获取网络阅读资源，参与到网络阅读的活动中去，以便节省更多的时间和精力去理解网络阅读内容。

精读和泛读相结合：网络环境下，网络一代已经不再（或者很难）坐下来慢慢地孤立地阅读一本书了，他们倾向于从一本书（或文章、网页、数据库记录等）的一段内容跳跃到另一本书的另一段内容，让思维跳跃在信息的海洋上，以便跟上信息爆炸的速度，这种现象对图书馆未来的服务提供了新的空间，即教育、指导和帮助网络一代阅读，不仅包括传统的安静、独立的阅读，也包括那种在新环境下利用新的方式的开放、合作展示与试验的阅读，使图书馆成为 试验与展示的空间（libraries as places of experimentation and demonstration），使阅读变成文字与思想、与生活交互的过程（the written word acting on peoples thoughts and lives）。同时精读和泛读相结合。所谓泛读就是我们平时所说的放本书在案边，有时间了随手翻翻，这样可以培养网络一代的知识广度，拓宽网络一代的知识面。所谓精读就是在读书过程中采取举一反三的方式，把其中内容彻底掌握透彻并且从中学到自己要掌握的问题这两种方法各有利弊，只有两者适当结合才能够相得益彰。

8.5.3 教育内容之二——培养媒体素养

面对以几何级数暴涨的信息量，网络一代的信息处理能力并没有随之变化和提高，这就意味着，面对蜂拥而至的媒介信息，网络一代必须进行有选择地识读、理解、记忆和传输，这无疑给信息时代的网络一代提出了更高的要求和更大的挑战，而所有这些选择活动大部分都取决于网络一代自身的媒介素养。

1992 年美国媒介素养研究中心这样定义：媒介素养是人们面对媒介各种信息时的选择能力、理解能力、质疑能力、评估能力、创造能力和制作能力以及思辨的反应能力①。如果说媒介是人体的延伸，那么，媒介素养就是传统文化素养的延伸，它包括人们对各种信息的解读能力，除了现在拥有的听、说、读、写诸能力之外，还应具有批判性地接收和解码影视、广播、网络、报刊和广告等媒介信息的能力，以及使用电脑、电视、照相机、录音机、录像机等广泛的信息技术来制作、传播信息的能力。

为了培养网络一代的媒体素养，信息服务部门和教育培训部门应该从以下几个方面进行：

信息服务部门要提供多种媒介配置：如提供可供阅览的印刷媒介、传统电子媒介，如电影、电视以及数字化媒体播放器等。

整合文献检索课程加入媒介素养教育：在信息素养教育中，偏理论的内容篇幅缩小，适当加进去一些媒介素养教育的内容，包括媒介的基本运用方法（如：常见网络信息搜索使用方法，如何分辨媒介信息的权威性和真伪性等）以及如何利用媒介发布自己的信息（常见的如：博客、论坛、个人主页等），这样既提高了学生学习这门课的兴趣，又普及了媒介素养教育的内容。

培养学生的五种能力：信息搜集能力，要在图情教育中培养学生全方位、多渠道、快速、准确获取信息的能力，要培养学生在实践中学习体验新媒体技术，并掌握跨媒体查阅的能力。有句名言，所谓"条条大路通罗马"，信息搜集能力也是如此，要十分熟悉各类信息获取的渠道和到达的不同路径。信息提炼能力，要在图情教育中培养学生善于将信息转化为知识和智慧，如二次情报和三次情报，将浩如烟海的信息集约为短小精炼的知识，将杂乱无章

① 张光明，谢寿昌. 生态位概念演变与展望 ［J］. 生态学杂志，1997, 16 (6)：46–51.

的信息整理为分类有序的知识，将散在各处的信息整合集中为一索即得的知识。信息分析能力，要在图情教育中通过案例等教育新方法，培养学生了解新动态，把握新发展，认清新趋势，发现新热点，归纳新特点，提升新理念，将信息上升为智慧。要在大学的学习生活中，锻炼归纳撰写能力，做到文字表达言简意赅，深入浅出、逻辑清晰、具体生动。同时，在全媒体时代，还要掌握多媒体的读写能力，善于在各类媒体中应用链接自如，交互切换自如，阅读撰写自如。

从网络方面开展创新型服务：可利用 Web 3.0 新生平台，以其鲜明的、丰富的娱乐形式和自由的个人表达方式，对网络一代进行媒介素质的教育与培养。另外还可在图书馆网站中整合补充媒介素养教育的内容，若有条件，与学校相关单位合作成立专业独立网站和网络一代网络媒体中心，用于媒介素养教育。网站上开辟专栏，针对学生"浅阅读"现象，介绍一些经典的书、刊等，在帮助树立网络一代读书意识的同时，引导他们多读经典，多思考，能自己辨别哪些书必须读，哪些书值得精读，哪些书只是为了消遣可一扫而过；②组织学生针对某一媒介或媒介行为，如"人肉搜索"、"网上通缉"等网络事件，在网上开辟论坛展开讨论，对如何认识这些现象，给予正确及时的引导；③依托 VOD 视频点播技术，实现视频信息双向点播的交互式服务，还可以利用 FTP、BBS 与学生进行影视信息、影视评论的交流。

8.5.4　教育内容之三——拓展资源的获取技能

Web 2.0 既是一种资源，也是一种信息获取与处理工具。使用 Web2.0 工具的多种获取功能，满足网络一代多样化的信息需求。具体做法是：

第一，利用 SNS 技术构建发布和共享社区：有针对性的发布和共享可以为网络一代的学习和生活提供更多的信息资源和交流空间。针对网络一代喜欢交流的特点，在平台中利用 SNS 技术构建交流社区，使学生们可以在社区中利用"学术关系"共享可信的资源，与可信任的人群分享学术信息，利用信任关系拓展自己的社会化网络。同时，将 BLOG、播客、IM 等都融入这一社区，帮助网络一代及时发布资源、记录有价值的资源，随时方便的发布自己的见解。

第二，利用 IM 和 Wiki 实现实时交流与协作：交流协作是网络一代喜欢的方式，在图书馆的服务中，尽可能的引用网络一代喜欢的服务方式，比如可以通过即时通讯软件（IM）来进行咨询，为网络一代提供随时随地的各项服务。在协作化学习中通过 wiki 的方式进行协作，方便的交流自己的想法。

第三，利用 RSS 主动拓展信息获取内容和渠道：RSS 是很多图书馆的订阅方式之一，针对网络一代获取信息单一化的特点，帮助网络一代学会使用 RSS 订阅工具，拓展其信息的来源。

总之，各级图书馆在对网络一代的信息素质教育中，重点培养网络一代对现代信息环境理解力和应变能力，无论在什么时间、什么地点，总是极为关注信息，把信息运用的自觉性、主动性、预见性和独立性融合于潜意识当中，把自身潜在的信息需求转化为显在的信息需求，对特定信息发生敏感的心理反应，善于从习以为常的信息中发现有价值的线索、内容，善于识别信息的真伪，善于将信息现象与现实生活、学习和工作任务联系起来，善于主动地挖掘信息，搜集整理加工信息，找出解决问题的关键。

8.5.5　教育内容之四——训练思维过程

思维是网络一代各项能力的核心，在培养网络一代各项能力的同时更要注重思维的培养和训练。把思维训练融入信息素质教育，不仅有利于网络一代信息素质的提高，融入思维训练的信息素质教学有利于网络一代整体素质的提高。

不同的思维方法产生的作用是不同的，通过科学的分类、深度剖析各种思维方法的作用，并且挖掘对信息素质各方面提高起主要作用的思维方法，有目的地对其进行训练，为信息素质中运用思维这个环节做好准备。

要将思维训练融入信息素质教学：首先，教师需要理清信息知识、信息观、信息能力三部分中主要涉及的或者可以起到明显作用的思维形式和思维方法的种类，如在信息获取过程中，通过发散思维的训练，能够克服网络一代的思维定势，增强网络一代思维的灵活性，从而为信息获取途径和信息交流方式的增加做好铺垫；联想可以调动网络一代积累的知识、经验等在实践中加以运用，通过对网络一代进行联想训练，不仅可以为信息的运用提供帮助，同时也可以对网络一代所掌握的知识起到查漏补缺的作用；然后设计出一套科学、合理的教学方案，在网络一代信息素质教学中进行实践。

信息素质对其他学科教学会起到良好的辅助作用，而将其他学科的理念、方法合理地引入信息素质的教学，是提高网络一代信息素质的有效途径之一。

通过对教学的总结，多学科的知识涉猎、汲取相关的理念、方法应用在网络一代信息素质教学中，可以为信息素质教学探索新方法。

　　以网络一代的兴趣为导向，正确引导其内心的渴望，通过情感交流来激活思维，达到网络一代主动思维、正确思维的目的，从而为网络一代的信息素质教学注入新的活力。在网络一代信息素质教学中，教师根据教学内容的需要、网络一代的兴趣、思维的特点等因素提供多种途径来进行思维的训练。比如：创设情景可以使网络一代从形象的感知达到抽象的理性的顿悟，可以激发网络一代的学习情绪和学习兴趣；提问可以激活网络一代的思维，提高信息的敏感度和兴趣；角色定位可以锻炼网络一代思维的准确性，从而提高对信息的敏感度和对信息价值的洞察力；激励网络一代辩论，可以集中网络一代的注意力和积极性，提高思维的敏捷性，在高度集中的状况下，会有效地促进对知识的吸收，而且通过辩论可以提高思辨能力，从而提高捕捉、分析、判断和吸收信息的自觉程度。

　　网络一代在信息查询的过程中，由于个体的特征因素以及领域知识欠缺等原因，以及网络速度等外界原因容易产生焦虑心理。如果网络一代在检索时长期处于高度的焦虑中，如遇到检索结果过多、检索质量过低、多次检索仍不能满足信息需求等情况时，则可能导致用户紧张、恐慌、自我效能感降低、不能理性思考，对自身的信息检索能力产生怀疑，进而使用户在行为上表现出消极选择信息、回避信息甚至拒绝信息。在网络一代的信息素养教育中需要引导网络一代将消极的焦虑转化成积极的心态，提高检索的质量和效率。

8.5.6　教育内容之五——引导情感因素

　　从前面的分析我们可以清楚地认识到，信息查询是一种行为的过程，同时也高度体现了个体情感的心理过程。情感对个体信息获取行为的影响并非仅仅在行为的同时发生，有时先期的影响或后续的影响同样会影响到信息查询的各种行为，因此，需要对情绪及其可能造成的影响有所意识，这样才能自觉地、主动地对情感造成的影响进行有效的控制。从以下几个方面对网络一代的查询过程的情感因素进行引导。

　　第一，保持积极的心态：从心理学的角度上来说，无论做任何事情，积极的心态都会使精神得到放松，使个体高度集中注意力，增强判断力和控制力，避免情感的随意性和倾向性的影响，有利于个体能力的最大效用的发挥，所以良好的心态对网络一代的信息获取是重要的而且是必要的。

第二，克服不良的情绪：在信息查询的过程中，不可能总是一帆风顺、没有任何阻碍的。事实上，信息查询障碍可以来自各个层面，如：动机层面、认知层面、技术层面、系统层面，策略层面等等。但不管来自哪个层面，都会给人带来消极的情感，比如挫折感、沮丧、失望甚至愤怒。因此，需要引导网络一代在信息查询的过程中克服挫折心理、恐惧心理、焦虑心理等多种因素。

第三，适当地降低期望值：信息查询行为是在个体信息需求超过一定的临界值而引发的一种外显行为，这种行为同时也伴随着个体对信息系统中可获信息的预期。由于网络一代只是使用表层信息，他们在为信息超载焦虑的同时，会对没有找到更好的信息抱有更大的希望，这种心理往往在主观上降低了信息获取的效率。所以不仅要在技术上实现排在前边信息的高度相关，而且还要在信息素养教育中对其心理和情绪进行调节。

8.5.7　教育内容之六——心理援助

北京师范大学 2009 年所做的课题研究发现，在过去的一二十年里，我国青少年的心理健康水平并未随着经济的高速增长而提高，而是随着负面社会问题的增多而明显下滑。其中，部分消极的心理特征如焦虑、敌对、抑郁等逐渐增多，部分积极的心理特征如自尊水平却在逐渐下降[①]。

网络时代，网络一代中容易出现网络心理障碍、网络成瘾症等，他们无节制地花费大量的时间和精力在互联网上漫游、聊天、游戏，耽误学习，损害身体，同时也出现了一些心理异常，同时社会结构和价值取向日趋多元化，社会心理也日益复杂、多样和失衡。网络一代正处于身心发展的不稳定阶段，思想尚未成熟，社会、学校及家庭处处显现的竞争、压力和负面影响，很容易在学习、生活和人际交往等方面给其带来种种困惑和障碍。

针对这些现象，需要加强对网络一代的心理指导，开展网上心理咨询服务，完善网络一代人格。一方面图书馆可利用网络多媒体化界面，以网络一代喜闻乐见的形式，传播普及网络一代心理健康知识，帮助网络一代掌握心

---

① 调查发现：近 20 年青少年心理健康水平下滑．［2009 – 11 – 29］．http：//edu. people. com. cn/GB/8591562. htm.

理健康知识，学会进行心理健康状况自测；另一方面，图书馆可通过网上聊天对话、专家咨询、心理辅导自助软件等交互方式，为网络一代开展网上心理测量、心理咨询、心理辅导、心理诊治等一系列个性化、多元化服务。此外，学校还可以开设针对性的心理指导课，让网络一代及时了解网络心理障碍产生的原因，对已出现不同程度的网络心理障碍的学生及时做好咨询、调适和治疗工作，使网络时代的网络一代健康地成长，重新回归正常的学习生活。

8.5.8　教育内容之七——保护知识产权

知识产权教育是信息素养教育的一个重要的方面，对网络一代的知识产权教育包括两个方面：如何保护自己的知识产权不受侵害；如何不对别人的知识产权造成损害。

通过立法对知识产权予以规范，已成为图书馆事业发展中的一项迫在眉睫的大事。而完善个人信息法律保护体系，本身就是一个复杂的、高难度的、难以一蹴而就的系统工程。图书馆等信息服务部门也应该敦促国家立法机关采取相应的行动，比如加快立法进程、完善配套法律、完善罪名体系、完善监管机构等，构建一个比较完备的读者个人信息法律保护屏障。再者就是对别人知识产权进行保护：树立保护意识，认清保护要素，构建和谐的知识产权保护环境。

8.5.9　教育内容之八——加强舆论引导

网络舆论的强大力量已经引起了各方面的广泛关注。网络在组织群体性活动方面所发挥的作用是极其重大的。加强网络一代的网络舆论引导，有利于了解该群体的生存发展情况，有利于保证其健康的社会化方向，因此是非常必要和迫切的。

图书馆在日常服务中应该注重信息时效性，排除有害信息的干扰。网络一代的其他信息获取途径相对较少，更能凸显出网络媒体时效性的重要性和网络有害信息的负面影响力。当与网络一代相关联的热点问题发生时，第一时间发布权威信息，用客观的事实防止和消除各种杂音和噪音的干扰，有利于赢得舆论先机，提升公信力。在排除信息干扰时应合理地"堵"与"疏"。在应对方式上，区别对待生活娱乐事件和政治、工作及道德等事件。对于娱乐事件采用"疏"的方法，能使网络一代真正地享受娱乐；而对于带有明显负面性的舆论则要以"堵"的方法，避免带来更大范围的消极影响；但对于已经形成的舆论要特别注意坚持事件的真实性，以免带来更大的负面舆论。

　　总之，图书馆在发挥自己教育平台作用的同时要积极培养网络一代的教育观，让其养成自我学习、团队学习、继续教育、终身教育和多媒体学习的习惯和方法。

9 结　语

本书主要研究了网络环境下，伴随着网络成长起来的网络一代信息行为特点。其中主要研究了网络一代基于"问题解决理论"的信息查询行为特点。信息查询行为的研究中主要完成了以下三个方面的内容：把"问题解决"理论引入信息查询过程的研究；根据"问题解决理论"对网络一代信息查询的心理和行为过程进行分析并对网络一代信息查询行为的影响因素进行总结。根据网络一代信息行为和心理特征，以及信息行为的影响因素构建适合网络一代需求的服务策略。

9.1　理论研究结论

认知心理的理论很丰富，随着认知心理学引入到信息查询行为研究的发展，本书选取与网络一代基于问题的信息查询行为相关的问题解决理论作为研究的理论支持。应用问题解决理论有重要的理论意义，并且应该遵循一定的步骤。

9.1.1　网络一代信息查询行为应用"问题解决"的理论意义

"问题解决"理论是认知科学的一个分支，认知科学的发展把信息查询行为第三阶段"认知导向"的信息查询研究引入到一个新的理论环境，认知科学能有效的探测到网络一代信息查询过程中认知加工机制。

网络一代信息查询行为的过程符合"问题解决"理论的问题解决过程：问题解决理论的过程正好符合网络一代信息查询的整体流程，使用问题解决理论能够把信息查询过程的各个阶段集中到一起。从影响因素来说，"问题解决理论"主要探测思维方面影响因素、考察思维方面特征的理论，能把外部因素和内部因素有效结合在一起，能够把用户的心理活动、情感、认知、外界的各种因素统一集中到一起。

网络一代信息查询行为的问题符合问题解决理论中"问题"的特征。本书研究的网络一代信息查询行为的查询问题都是基于一定目的的，非娱乐性、无目的性的活动，是"结构不良的问题"。网络一代信息查询的问题对于网络一代来说都有较强的探究性、启发性和可发展的空间、并具有一定的开放性。

"问题解决"理论引入到网络一代信息查询行为的研究过程，是认知理论在信息查询领域的深化发展，为信息查询行为的研究提供一个新的视角，把心理因素和情景等多因素有效地进行整合。

9.1.2　网络一代信息查询行为使用"问题解决"理论的步骤

问题解决理论的问题包括给定、障碍和目标。根据"问题解决"理论首先对网络一代信息查询行为的问题"给定"进行扫描。从环境因素来说，网络一代从开始认知就接触网络环境，网络环境为网络一代提供了电子化学习生活空间、移动的互联网技术、日渐丰富的数字化资源、并对海量资源实行自组织。网络一代在国内作为一个特殊的群体也有自己本身固有的特点，物质生活相对丰富、竞争压力大、接触的各种信息的渠道比较多，在使用信息技能的某些方面略高于其父母和师长。在这种情况下，网络一代在信息查询的过程中也表现出很多的困难，关键词的选择和组配能力、合适的检索系统和检索入口的选择能力、有效的查询方法的使用能力、对于查询到的信息的筛选能力等。

根据"问题解决"理论以及信息查询行为的组成对网络一代信息查询行为进行划分，包括五个方面：信息需求的表达、查询策略的选择、浏览行为、结果选择行为、结果处理行为等。同时，根据认知理论解释每个阶段的心理过程，构建问题轮廓图、根据问题轮廓图和网站的信息构建认知地图、通过模式识别改变认知状态，这些过程都是在感知、记忆、注意、思维、元认知等心理状态的影响下发挥作用。

9.2　实践研究结论

使用"问题解决"理论作为理论基础研究网络一代信息查询行为，根据实际情况对网络一代信息查询行为进行实验、访谈和调查，对网络一代信息行为的过程进行总结，对网络一代信息行为的心理过程进行探测并总结网络一代信息行为的影响因素以及可能产生的一些影响。

9.2.1　网络一代信息查询过程的研究结论

（1）网络一代与非网络一代信息查询行为的不同点

网络一代通过浏览来明确信息需求、比对查询结果，网络一代的信息浏览作用远大于非网络一代，这也是网络一代信息查询行为的最大特征。网络一代的浏览过程是一种启发式的浏览，通过浏览明确信息查询的目标；信息偶遇成为网络一代重要的信息获取手段；网络一代的浏览路径多是非线性的复杂路径，并经常发生迷路。

网络一代与非网络一代选择关键词方面存在不同：网络一代主要是自然语言法、中心词法、拆分法、自我理解法选择关键词。非网络一代能够组配关键词、排除不必要的关键词、另行的增加专有名词。网络一代的试错法主要是缩检、开始新检索、点击提示词等方法，非网络一代能根据需要改变方法，调整检索式、变换检索工具等。同时网络一代在信息表达的认知、信息需求的表达、检索表达式的书写等多个方面较之非网络一代存在模糊性。

网络一代与非网络一代在信息查询的策略方面存在不同：网络一代信息查询的过程中使用的技巧简单，使用关键词检索、按分类法检索、按顺序检索等；喜欢多任务并行处理；喜欢自上而下的检索策略；更加符合最小努力法则，较少使用高级检索功能。非网络一代查询技巧相对复杂、高级检索功能使用较多，主要使用自下而上的检索策略。

网络一代与非网络一代在选择查询结果方面存在不同：网络一代的信息查询结果选择的标准是：查看少量的信息，期望查询结果按相关度进行排列；希望查询的信息即刻出现；期望免费的资源；喜欢电子化的资源和屏幕阅读等。非网络一代在选择查询结果时会根据需要查看不同数量的结果、不一定查看排在前边的结果，根据情况可以对资源进行付费等。

（2）网络一代与非网络一代信息查询中使用搜索引擎相似点

网络一代和非网络一代进行信息查询时多数人都会想到搜索引擎，只是随着年龄的增长对于搜索引擎的依赖逐渐降低，希望尝试书签、博客、论坛的评论等多种方式选择查询的入口。

9.2.2　网络一代信息查询的认知心理过程的研究结论

网络一代信息查询活动是一个伴随着认知甚至情感等心理因素在内的、

并与"物理行为"交织在一起的身心俱动过程。

（1）网络一代与非网络一代信息查询的认知心理过程发生器官和发生机理具有一致性

网络一代与非网络一代在信息查询过程中的认知心理过程的发生器官、发生机理都是一致的：在信息查询过程中对信息的感知是信息查询的第一步；注意是浏览过程中对信息的指向和集中；记忆是用户对输入信息进行编码、存储，并在一定条件下进行检索和提取的加工处理过程；思维是对信息进行间接、概括反映，并指向问题解决过程的认知活动过程；元认知能力是更高级的认知活动，只是发生的程度有所不同。

（2）网络一代与非网络一代信息查询的认知心理过程不同点

网络一代和非网络一代在信息查询过程中的认知心理过程的步骤和程序都是一致的，不同点是因为其领域知识、理解能力的偏差所造成的。网络一代和非网络一代在信息查询认知心理过程方面存在的不同是：

第一，网络一代构建认知轮廓图的能力差，浏览的过程同时在修补认知轮廓图。从认知学角度来看，网络一代的这些特点的形成是因为其修改认知情境的能力低，把握认知行为规律的能力低造成的。

第二：网络一代构建认知地图的能力低：认知地图的构建过程是一个概念配对的过程，由于网络一代的具体经验少、构建的认知轮廓图不清晰、联系能力差等原因，网络一代构建的认知地图明显的低于非网络一代。

第三：认知状态改变的时间不同：能刺激到网络一代的信息源种类与能刺激到非网络一代的信息源种类不同，网络一代发现了新信息一般会下载保存，下载保存后很少再翻看，从这个意义上来说，网络一代认知状态改变的过程只是一瞬间，非网络一代对待新信息的态度不同于网络一代，其认知状态的改变时间也不同于网络一代。

第四：选择信息的心理不同：网络一代在选择信息时主要是求快、求变、免费、求实、急躁、随性等多种心理因素，而非网络一代除了有这些心理以外还有求新和创新的心理。

第五：从认知角度来看，网络一代在信息查询的过程中只能算新手，而非网络一代的某些行为特征更像专家。

9.2.3 网络一代信息查询行为的影响因素总结

网络一代信息查询过程中，会有很多因素影响其信息查询的效用。这些因素，既来自个体，又来自环境；既可以是主观的，也可以是客观的；既可以是信息系统之内的，也可以是信息系统之外的。文章从个体的基本特征、个体的能力特征、个体认知特征、惯性思维特征以及客观环境特征五个方面总结基于问题解决理论的网络一代信息查询行为的影响因素。

影响因素中，年龄、兴趣、经验、习惯和情感等个体基本因素随着年龄的增长可能会发生变化；领域知识少、信息需求和需求的表达能力差、形成提问式的能力弱、相关性判断的能力差以及语言表达方式独特等网络一代的个体能力因素以及认为网上信息的可信度高、知识产权的意识差、求知欲强、自我认同感强、倾向于自己解决问题等个体认知因素会随着信息素养教育的发展得到不同程度的提高；惰性强、"不确定性"规避、结果够用即可、适度满足等惯性思维因素如果不正确的引导和教育可能会一直影响网络一代的信息查询行为；超链接、信息过载、信息服务环境、信息组织和呈现方式、信息技术环境等客观条件需要根据网络一代的特点适当的改变才能适合网络一代的发展。

9.2.4　网络一代信息使用行为研究

网络一代信息使用行为主要研究了其对查询结果的使用情况、图书馆的使用情况、阅读行为以及网络一代信息使用过程中存在的问题。

网络一代与非网络一代对查询结果处理存在不同：网络一代遇到合适的信息喜欢下载保存，对内容进行浅阅读；非网络一代则使用更多的全文和摘要信息，一般是先阅读再下载。网络一代对感兴趣的问题占有欲很强，对"一无所获"的问题一般是重新检索，但是非网络一代在查询结果"一无所获"时更能够理性分析、采用多种方式和多种工具进行修正查询。

网上信息服务的快捷性、网络一代对图书馆的认知缺陷、大众传媒的影响等原因造成了网络一代使用图书馆变得越来越少。从使用图书馆的功能来说，网络一代主要使用图书馆进行借书、找资料和阅览室学习。非网络一代主要使用图书馆进行借书、找资料和使用网络资源等。

网络拓展了阅读的空间和渠道，阅读介质的改变使网络一代的阅读行为发生了根本的变化。网络一代喜好数字化、电子化的阅读介质；网络一代习惯于知识点式融合、互动的阅读方式；网络一代容易形成功利性的浅阅读习惯。研究发现网络阅读不能代替传统的阅读方式。

网络环境下网络一代的信息使用也存在诸多问题，网络一代的阅读能力存在下降趋势，网络一代在信息使用的过程中存在着思维危机、诚信危机和心理危机。网络一代在信息使用的过程中存在孤独感。

9.2.5 网络一代信息交流行为研究

网络环境为网络一代提供了全新的交流模式。网络一代也有不同于非网络一代的信息交流的特点：网络一代在虚拟社区中喜欢匿名发表评论；网络一代的网络交流语言诙谐、调侃且非规范化；网络一代隐私保护意识差；网络一代喜欢公开自己的各种信息；但是网络交流是现实交流的一种延伸。

网络一代喜欢网络环境下的舆论表达方式，网络舆论表达的心理特点主要是：批判现实的心态、解构权威的心态、追求差异的心态、反抗叛逆的心态、娱乐时尚的心态、跟风从众的心理、平等参与和创新的心态等。

网络环境下的网络交流方式容易让网络一代形成跟风、滋生谣言、挑战权威的影响；同时网络交流容易使网络一代感情"变异"，产生自我意识的异化等。

9.3 信息服务对策及建议

图书馆作为重要的信息服务部门，（这里的图书馆包括为网络一代服务的各种图书馆，以及现在没有，以后将出现的各种图书馆形式）应该树立危机意识，加强对网络一代信息需求与行为特点的研究，未雨绸缪、主动应对，建立以用户为中心的信息服务对策。

图书馆在集中关注了信息查询过程和信息查询要素之间的相互作用的基础上，根据网络一代的认知能力和偏好，需要从服务理念、服务机制、服务队伍以及服务内容的方面进行变革，使用网络一代偏爱的技术、组织适应网络一代的资源、设计能强化网络一代自然认知能力的系统并对网络一代进行信息素养教育。

首先在服务理念上应该树立知识化的创新服务观点，强调知识化的服务过程、搭建知识化的信息环境、提供知识化的各种服务，使图书馆变成信息整合的场所、知识创新的场所。其次在服务机制上需要集合多个图书馆和搜索引擎的多种功能，整合多方面的资源，实施合作性的服务模式，同时图书馆应该积极培养潜在用户为忠诚用户，实现自己服务的长足发展。再次在服务队伍上要提升服务主体的各项能力、吸引网络一代共同参与策划，同时要对网络一代进行信息素养教育，使其更好的参与构建、使用各项信息服务，并强化对图书馆的感情。最后要把图书馆变成移动式、自助式、虚拟性和吸引性的自助平台和实施信息素养教育的平台。为网络一代构建基于 4G 技术的手机图书馆、引导移动式阅读、并在图书馆的服务中应用即时讯息技术、Web 2.0 的各项技术；构建基于 Web 3.0 的自主信息平台，在平台中实现信息需求表达引导、个性化检索工具嵌入、个性化信息导航、个性化信息组织、用户检索功能的可视化、智能化信息推送等。在虚拟世界中实现图书馆的信息服务，在游戏中学习各项技术。并通过高质量的内容、良好的外观、合理的结构、智能化的界面等来吸引网络一代的兴趣。在对网络一代的信息素养教育中要着重实现阅读指导、媒体素养培训、资源获取拓展、思维过程训练、情感因素指导、知识产权保护等。

9.4　研究的不足和展望

　　本书在问题解决理论的基础上，总结了网络一代的信息查询行为的行为和心理过程。问题解决理论作为认知科学的一个重要的理论，首次引入到信息查询行为的基础研究。通过本书的研究证明问题解决理论是分析信息查询行为的一个有力的框架，它能有效的分析信息查询行为的过程，并将情境、人的认知、情感、系统等多个方面统一集中到一个框架中，以便挖掘相互之间的影响和关系。但是本书只是把认知科学和信息查询问题的结合做了一个初步的尝试，问题解决理论只是认知科学一个很小的分支，认知科学的其他诸多方面可以引入到信息查询的研究过程中，在今后的研究中还有很多可以拓展的地方。同时对信息使用和信息交流行为特点的研究只是一个初步的尝试和粗略的总结。

　　研究方法上，除了传统的问卷调查和访谈研究以外，本书也使用了心理学的重要研究方法—实验法，并且对实验方法进行改进，在实验前访谈、试验后访谈。同时比较的方法贯穿文章的始终，通过比较得出网络一代的特点。由于时间和作者水平的限制，本书的研究存在一些不足之处，这也是今后发展的方向：

（1）研究方法上，由于水平有限，问卷的、访谈和实验的设计存在一些不尽人意的地方，问题和结论之间的关联性有待进一步的论证。在以后应加强社会科学研究方法的学习，使方法的使用更科学、结论更具有说服力。

（2）鉴于作者的水平和时间的限制，本研究对于网络一代信息查询的心理过程研究可能存在一定的片面性，得出部分结论，这也是今后继续研究和学习的方向。

（3）研究的过程只是对网络一代整体进行把握，没有对网络一代进行分类研究，为了更好地提供个性化服务，需要对网络一代的不同个体进行分类讨论，这将是今后继续关注的问题。

（4）由于研究资源的限制，本研究还是一个探索式的研究，如果要使研究结论更有普适性，还需要在更大范围的研究人群中进行证实。

附录1：网络信息查询的工具调查

亲爱的同学，您好！

为了解同学们的网络行为特点，特进行一次匿名问卷调查，您所提供的信息将作为我论文研究的基本素材。因此，请您客观、真实地填写这份问卷，我保证此问卷只在自己的研究范围内使用。非常感谢您的大力支持！

回答本问卷大约需要 10 分钟。

1. 性别：

① 男　　② 女

2. 身份：

① 高中生　　② 网络一代　　③ 研究生

3. 年龄：

① 14 岁及以下　　② 15 – 20　　③ 21 – 25　　③ 26 岁及以上

4. 网龄：

① 不到一年　　② 1 – 3 年　　③ 4 – 6 年　　④ 多于 6 年

5. 每天上网的时间（包括使用所有上网工具）

① 没有或很少　　　　　　② 1 小时以内

③ 1 小时到 3 小时之间　　④ 3 小时到 5 小时之间

⑤ 大于 5 小时

6. 查询信息经常使用的场所：

① 家或宿舍　　② 办公室　　③ 网吧　　④ 图书馆

7. 您学习过哪些信息技术课：（可多选）

① 算法与程序设计　　② 多媒体技术应用

③ 网络技术应用　　　④ 数据管理技术

⑤ 人工智能初步　　　⑥ 其他　　　　⑦ 无

8. 您接触过哪些计算机编程语言：（可多选）

① C 语言　　② Visual Basic　　③ JAVA

④ Python　　⑤ 其他＿＿＿　　　　⑥ 无

9. 您接触过哪些办公软件：（文字 \ 演示 \ 表格）

① 微软 Office（word/powerpoint/excel）　　② WPS　③ OpenOffice　　④ 其他__

10. 接触过哪些图像处理软件：

① ACDSee　　② Photoshop　　③ Fireworks　④ 其他__

11. 您是否有自己的微博客：

① 有　　② 没有

12. 您是否制作过网页：

① 是　　　② 否

13. 您使用过以下的移动上网设备吗？（多选）

① 手机　② PDA　③ iPod touch/iPhone　④ ipad　⑤ 其他电子阅读器

⑥ 没有任何移动上网设备

您使用移动上网设备主要做什么？（可多选）（如果没有移动上网设备，此题不做）

① 聊天　② 看新闻　③ 看小说　④ 查地图　⑤ 淘宝　⑥ 游戏　⑦ 查资料，辅助学习

15. 联系朋友经常使用的方式：（选最常用的 3 种）

① 发邮件　② QQ　③ MSN　④ 打电话　⑤ 见面聊天　⑥ 飞信　⑦ 短信　⑧ Gtalk

⑨ skype　⑩ 其他

您使用过以下哪些网络交流方式：（多选）

① 论坛（bbs \ 博客等）　　② 在线聊天　③ 收发邮件　④ 在线咨询问题　⑤ 协作学习（如网络课堂、在线课堂等）　　⑥ 讨论组（邮件组等）　　⑦ 网络游戏

17. 您去图书馆的频率：

① 从来不去　② 一个月不到一次　③ 一周超过 3 次　④ 介于②/③之间

18. 您去图书馆的主要目的：（可多选）

① 借书、找资料　② 用网络找资源　③ 在阅览室学习　④ 休息、交友的场所

⑤ 其他

19. 您与别人交流和交互的主要目的：（可多选）

①　深入了解某一特定问题　　② 获取新信息　　③ 就共同感兴趣的问题进行探讨

④ 咨询别人，获得帮助　　⑤ 实现情感交流，减少孤独感

20. 您上过信息检索课或者受过信息素养教育吗？

① 上过　　② 没上过

21. 看过论坛或者博客以后，您经常会：

① 看看而已　　② 跟帖说几句　　③ 发给好朋友分享　　④ 转帖　　⑤ 事后于朋友讨论　　⑥其他

22. 您常逛的网络社区＼小组：（可多选）

① 人人网　　② 百度贴吧　　③ 开心网　　④ Chinaren　　⑤ 豆瓣　　⑥ 淘宝网

⑦ 优酷　　⑧ 天涯　　⑨ 土豆　　⑩ 其他　　⑪ 无

23. 在跟帖、转帖，或者校内分享、空间转载时，如果能自由选择，您将使用何种网名：

① 真实姓名　　②假名或者匿名

24. 如果在网络社区中，您要转帖，您会：

① 征得原作者和网站同意并注明来源出处　　② 不征得原作者和网站同意，仅注明来源出处　　③ 既不征得原作者和网站同意，也不注明出处　　④ 不知道转帖是否需要别人同意

25. 您通常在哪种情况下发表您的看法和观点

① 观点与多数人一致时，发言支持　　② 观点与多数人一致，但有人发表了不同见解时，发言反驳有不同意见的人　　③ 观点与多数人不一致，有人发表了与自己相似的观点，发言支持少数人　　④ 观点与多数人不一致时，独立发表自己的新观点　　⑤ 很少发表

附录 2　信息查询的过程调查

亲爱的同学，您好！

　　为了解同学们的网络行为特点，特进行一次匿名问卷调查，您所提供的信息将作为我论文研究的基本素材。因此，请您客观、真实地填写这份问卷，我保证此问卷只在自己的研究范围内使用。非常感谢您的大力支持！

　　回答本问卷需要 10 分钟。

　　1. 您通过网络获取信息的主要方式

　　① 通过搜索引擎查找相关信息　　② 直接访问已知网页或网站　　③ 浏览网站或网页　　④ 其他方法

　　2. 查询时最先想到的入口（单选）

　　① 直接用搜索引擎、门户网站　　② 朋友、同学的推送　　③ 老师、师长的介绍

　　④ 书签、链接的方式　　⑤ 博客、论坛等个人网站链接　　⑥ 直接访问已知的网站和网页　　⑦ 浏览网站和网页　　⑧维基百科、百度百科等

　　3. 查询时，如果第一次找不到合适的信息，您会再如何选择入口（可多选）

　　① 直接用搜索引擎、门户网站　　② 朋友、同学的推送　　③ 老师、师长的介绍

　　④ 书签、链接的方式　　⑤ 博客、论坛等个人网站链接　　⑥ 直接访问已知的网站和网页

　　⑦ 浏览网站和网页　　⑧维基百科、百度百科等

　　4. 您常使用的搜索引擎（可多选）

　　① Google　　② 百度　　③ 搜狗　　④ 其他__

　　5. 您对高级检索功能（advance search）的使用频率

　　① 未使用过　　② 偶尔使用　　③ 经常使用　　④ 不知道有高级检索功能

　　6. 一般来说，您使用搜索引擎的主题词汇查询信息时，是否存在困难

① 没有困难　　② 存在部分困难　　③ 困难很大　　④ 根本不会用

7. 使用搜索引擎进行检索时，通常输入的词（单选）

① 提取关键词检索　　② 直接输入要找的问题　　③ 把题目拆分后输入

8. 在使用搜索引擎进行检索时，一个问题您通常输入几个关键词

① 1 个　　② 2 个　　③ 3 个　　④ 4 个及 4 个以上

9. 你是怎样掌握有关信息获取的技能的（多选）

① 家长指导　　② 朋友指导　　③ 学校图书馆员授课　　④ 自己看说明书学习

⑤ 通过反复试验学习　　⑥ 通过学习班学习　　⑦ 没有学习

10. 您使用下列的哪些搜索技巧（可多选）

① 按顺序浏览　　② 在类别中搜索（如 Yahoo 中的分类计算机、经济等）

③ 使用多个关键词　　④ 使用布尔逻辑检索（and or not）　　⑤ 截词检索（使用字符？代替某些拿不准的资源）　　⑥ 使用搜索引擎提供的相关检索

⑦ 没用过任何技巧

11. 您希望搜索引擎给出结果的排列顺序

① 按相关度排序　　② 按时间排序　　③ 最好能根据自己的需要选择排序

④ 其他

12. 对检索输出的结果，您查看的记录数目一般为

① 5 条及以下　　② 6 - 10 条　　③ 11 - 20 条　　④ 20 条以上

13. 对于检索输出的结果，您的查看方式

① 首先点击您认为最重要的　　② 首先点击排序在前的结果

③ 首先点击排序在后的结果　　④ 随意点击结果

14. 查询信息时，网页浏览的使用情况

① 经常使用　　② 偶尔使用　　③ 从来不用

15. 您在浏览过程中发现感兴趣的信息时：（单选）

① 仔细阅读该页的内容　　② 以该页为起点，进行相关的主题链接

③ 利用搜索引擎查找更多该主题的信息　　④ 其他

16. 在浏览某一相关主题时，您一般会使用的超链接数量

① 1 - 3 个　　② 4 - 6 个　　③ 7 - 9 个　　④ 10 个及以上

17. 如果您检索的结果显示的很多（可多选）

① 随便找个结果就行　　② 前几项　　③ 从头开始浏览，直到找到比较满

意的结果

④ 找最新的资源、⑤ 看表面感觉不错的　⑥ 换检索词，重新检索

18. 检索过程中遇到问题（可多选）

① 问老师或家长　② 问同学或者朋友　③ 查看"帮助"　④ 自己琢磨，自己试

19. 您在使用超链接查询信息时，是否出现过迷路现象（迷路指点击超链接的次数太多以致不知道自己身在何处，或者忘记自己最初的信息需求）

① 经常　② 偶尔　③ 不确定

20. 信息查询时出现迷路现象，您的具体做法

① 继续上网　② 求助别人　③ 查书或者网上求助　④ 停止检索　⑤ 换检索词

21. 当您在网上"迷路"时，您的感受（可多选）

① 焦虑　② 迷茫　③ 很想回到原来走过的某一条路上

④ 不管它，顺着现在的路走下去

22. 迷路时，如果你想回到原来走过的路上去，您通常采取的方式（可多选）

① 点击后退键一步步回去　② 重新用搜索引擎输入关键词进行检索
③ 点击历史记录

④ 重新输入自己知道的网站链接过去　⑤ 通过建立的收藏夹链接过去
⑥ 请别人帮忙

附录3 网络信息查询行为的结果调查

亲爱的同学，您好！

    为了解同学们的网络行为特点，特进行一次匿名问卷调查，您所提供的信息将作为我论文研究的基本素材。因此，请您客观、真实地填写这份问卷，我保证此问卷只在自己的研究范围内使用。非常感谢您的大力支持！

    回答本问卷大约需要10分钟。

    1. 您选择资源时，以下特征对您的吸引力：

非常   吸   一   不   一点
吸引   引   般   吸引   不吸引

① 内容便于理解（与我的知识水平相当）

② 老师或家长推荐的

③ 同学或朋友推荐的

④ 方便获取

⑤ 资源类型生动（如图像、声音等）

⑥ 外部特征简单

⑦ 费用低廉或免费

⑧ 最新的信息

    2. 在以下资源都存在的情况下，使用信息时首选的信息类型：

① 文本   ② 图像   ③ 声频   ④ 视频

    3. 您认为对于掌握知识，最有效的信息类型是：

① 文本   ② 图像   ③ 声频   ④ 视频

    4. 阅读首选：

① 纸本（包括打印件）   ② 在线阅读   ③ 电子阅读器（如手机、MP4、电子书等）

5. 下列哪些信息的内容形式最有效：（可多选）

① 目录　② 关键词　③ 摘要　④ 全文　⑤ 案例（如图文并茂、生动有趣的）

6. 您如何判断信息的准确性：（可多选）

① 自身经验　② 实验验证　③ 咨询专家　④ 咨询同学　⑤ 有资料可以证明是正确的资源

7. 您认为可靠的信息资源：（可多选）

① 网上查到的　② 老师、家长提供的　③ 朋友提供的　④图书馆查的　⑤书店里查出来的

8. 信息时效性的要求：（可多选）

① 刚刚发布的　② 三个月以内的　③ 一年以内的　④ 2 年以上的　⑤ 无所谓

⑥ 根据任务而定

9. 如果系统输出的结果没有您所需的信息，您最可能的反应：（单选）

① 选择另外的系统重新检索　② 重新输入关键词在该系统中查找　③ 放弃查找

④ 其他

10. 对信息付费的看法：

① 无所谓　② 免费的信息，付费使用让人很难受　③ 付费的信息可信度比较高

④ 免费最好，但有价值的信息可以考虑付费

11. 找到自己需要的信息后，您的做法是：

① 一边找一边看　② 先保存并在最短时间内阅读　③ 保存起来以后再看，肯定看

④ 保存起来再说，也可能看也可能不看

12. 您选择信息的习惯：

① 前几条　② 大体浏览题目一遍，再选择自己喜欢的　③ 浏览一遍内容，再选择自己喜欢或者需要的　④ 选择来源可信度比较高网站的信息

13. 你从网上找到自己所需要的信息时，使用的程度是：

① 通篇拿来用　② 成段使用　③ 从多处选择拼接　④ 把别人的话换成自己的话使用　⑤ 少量完整地引用，注明出处

14. 你如何使用别人的成果的：

① 能随便用，放在网上就是给别人用的　② 所有的信息都不能随便用
③ 应按照规定使用　③ 巧妙地用，只要别人看不出来

15. 您认为网络传输信息或者网络聊天是否安全（不被别人窃取信息等）：

① 非常安全，经常传输　② 不太安全，很少这样做　③ 不知道是否安全

④ 有一定风险，但是不经常发生，所以常用

附录 4　访谈提纲

1. 场所：您经常去图书馆吗？去或不去的理由。移动上网设备的使用情况，游戏

2. 您喜欢学习新技术吗？用哪些新技术？都是如何学习？

3. 给你一个问题你查询的步骤是什么？

4. 查询的过程中你的困难是什么？

5. 搜索引擎的使用情况？您用搜索引擎的高级检索功能吗？用或不用的理由

6. 如何正确表达自己的信息需求（检索词怎么构建、提示词的使用情况）

7. 您学过信息检索技巧吗？学过什么信息检索技巧？感觉效果怎么样？

8. 您上网时喜欢专心做一件事还是多任务并行处理？为什么？

9. 您经常浏览信息吗？作用是什么？您浏览中经常出现的问题？您如何解决？

10. 您找到信息时都是怎么阅读信息？（整体、部分、保存情况等），下载保存的信息还回看吗？

11. 你认为影响网络信息查询的环境因素、用户因素各是什么？

附录 5　实验提纲

1. 基本信息

性别

年龄

学历

以前是否学过信息检索或者文献检索的相关课程

a 有 b 没有

您认为自己的检索技能

a 很高 b 较高 c 高 d 一般 e 较差

如果可以自由选择检索题目，您选择的依据是：

a 该题目包含在自己的专业范畴

b 对该题目内容较为感兴趣，关注较多

c 比较而言，可能较容易检索

d 仅为完成检索任务

2. 检索题目

（1）蜱虫 咬伤的发病原理、预防、消毒、主要事项

（2）航天飞机机械故障及安全可靠性

（3）关于 CPI 的问题

（4）近视眼的手术治疗

（4）水中重金属污染的危害和防治

（5）查找价格在 5000 元左右的数码相机的品牌、生产厂家及主要功能对比（指定网站）

您是否清楚如何检索到这样的内容

非常清楚 比较清楚 清楚 不太清楚 一点不清楚

您对要查询的结果是否了解

十分了解　比较了解　了解　不太了解　一点不了解

检索系统

您之所以选择这个检索系统，原因是（可多选）

a 自己长期使用该系统

b 听别人说起该系统

c 该系统的内容丰富

d 该系统的内容真实

e 该系统的权威性高

f 该系统专业性强

g 该系统的知名度高

h 该系统易于使用

3. 实验过程的观察问题（自由选择检索系统）

关键词

选择匹配方式：精确匹配、模糊匹配

排序问题：时间排序、相关度排序

对于检索结果，采用的点击浏览方式是（单选）

逐一顺次点击浏览

扫描确定较为相关的再点击浏览

只点击浏览前面数页的内容

随意点击浏览

每个题的检索浏览的页数

每个结果浏览的超链接数量

时间记录

浏览结果后，判断为相关的检索数：

4. 完成后访谈问题

您判断相关检索数的主要依据

a 所查找的结果的标题和检索课题一致

b 通过阅读标题下的简要内容判断是相关的

c 通过相关链接阅读全文后判断是相关的

是否满意本次的检索结果

a 很满意　b 满意　c 一般　d 不太满意　e 很不满意

如果不满意检索结果，您的反应是（可多选）

a 选择新的检索系统

b 在原系统中进行二次检索

c 在原系统中使用高级检索

d 放弃检索

实验结束时，请再次评估您的检索技能水平

a 很高　b 较高　c 一般　d 较差